MUTABOR
oder Ich rieche, rieche Menschenfleisch / Märchenland, Anderland.

**Zusammengestellt von Jürgen Krätzer & Katja Lange-Müller /
Mit Bildern von Samuel Bak, Hans Scheib & Annette Schröter.**

Inhalt

Fortsetzung Seite 3

52. Jahrgang, Band 1 / 2007, Ausgabe 225

D1699360

Marginalien

Mehr als zwanzig Personen sind in dem Märchen geschäftig, / Nun, und was machen sie denn alle? Das Märchen, mein Freund.

Friedrich Schiller: Xenien und Votivtafeln

* * *

Märchen: das uns unmögliche Begebenheiten unter möglichen oder unmöglichen Bedingungen als möglich darstellt.

Johann Wolfgang Goethe: Maximen und Reflexionen

* * *

Durch den romantischen Meister von Goethe zieht sich, wie durch einen ungehörten Traum, ein besonderes Gefühl, als walte ein gefährlicher Geist über den Zufällen darin, als tret' er jede Minute aus seiner Wetterwolke, als sehe man von einem Gebirge herab in das lustige Treiben der Menschen, kurz vor einer Katastrophe der Natur. Unter den Märchen werden seines in den Horen und unter den Dramen sein Faust als romantische Himmelszwillinge über der Nachwelt schimmern.

Jean Paul: Vorschule der Ästhetik

* * *

Nur durch solch tiefes Anschauungsleben, durch die »Unmittelbarkeit« entstand die deutsche Märchenfabel, deren Eigentümlichkeit darin besteht, daß nicht nur die Tiere und Pflanzen, sondern auch ganz leblos scheinende Gegenstände sprechen und handeln. Sinnigem, harmlosem Volke in der stillen, umfriedeten Heimlichkeit seiner niedern Berg- oder Waldhütten offenbarte sich das innere Leben solcher Gegenstände, diese gewannen einen notwendigen, konsequenten Charakter, eine süße Mischung von phantastischer Laune und rein menschlicher Gesinnung; und so sehen wir im Märchen, wunderbar und doch als wenn es sich von selbst verstände: Nähnadel und Stecknadel kommen von der Schneiderherberge und verirren sich im Dunkeln; Strohhalm und Kohle wollen über den Bach setzen und verunglücken; Schippe und Besen stehen auf der Treppe und zanken und schmeißen sich; der befragte Spiegel zeigt das Bild der schönsten Frau; sogar die Blutstropfen fangen an zu sprechen, bange, dunkle Worte des besorglichsten Mitleids.

Heinrich Heine: Reisebilder

* * *

Wir armen Prinzessinnen, wir haben schon nicht viel, und aus der Welt der Wirklichkeiten sind wir so gut wie verdrängt; nimmt man uns auch noch die Märchen- und Balladenstelle, so weiß ich nicht, was wir überhaupt noch wollen.

Theodor Fontane: Unwiederbringlich

* * *

Vielleicht bist du, o mein Leser, auch so wie ich, des Sinnes, daß der menschliche Geist selbst das wunderbarste Märchen ist, das es nur geben kann.

E.T.A. Hoffmann: Prinzessin Brambilla

* * *

Indessen lernt nicht ein Kind seine erste Weisheit und Sittenlehre durch Märchen?

Johann Gottfried Herder: Ideen zur Philosophie der Geschichte der Menschheit

Inhalt

Samuel Bak: Der Leser. Öl/Lw, 1980/90. © Aus der Sammlung des Künstlers.

Wer hat mit meinem Löffelchen geschlafen, fragte der König Drosselbart die sieben Schwaben

Zu diesem Band

Es soll ja Menschen geben, die, seit sie das Märchen von Hänsel und Gretel kennen, keine Pfefferkuchen mehr mögen. Und von einem Mann war zu hören, daß er, wie jedenfalls sein Analytiker behauptet, Rapunzels wegen auf Frauen mit langen, blonden Zöpfen fixiert sei. Und wieder ein anderer sammelt alte, unnütz gewordene Haustiere und füttert sie durch bis zu ihrem Tode ...

Die scheinbar so einfachen, wenngleich wirklichkeitsfremden, widersinnigen und doch völlig logischen Märchen haben uns in der Kindheit geprägt, oft waren sie verbunden mit der Stimme der Mutter oder des Vaters, Vorlesende auf dem Bettrand, und, als wir selbst zu lesen anfingen, unsere erste Lektüre. Denn Märchen thematisieren das Existentielle; es geht um Leben und Tod, ums Gewinnen oder Verlieren, und immer siegt am Ende der oder die Gute.

Und wir konnten fragen: Ist Köhler Peter aus dem »Kalten Herz« der Mann von nebenan oder heißt unser Nachbar bloß ebenso? Was ist ein Spinnrad? Und, ganz wichtig, woran erkennt man Hexen oder Feen? In den Märchen gibt es Figuren, Gegenstände, Wörter, die längst nicht mehr zu unserm Alltag gehören und gerade deshalb die Phantasie enorm beschäftigten und uns ganz nebenbei – wie durch die in ihnen geschehenden Wunder – unsere »kulturellen Wurzeln« lebendig machen.

Später, wenn wir nicht mehr so viel fragen, stellen wir selber vieles in Frage, auch die Märchen. War Hänsels und Gretels Stiefmutter böse oder nur unglücklich? Wurde Aschenputtel froh an der Seite des königlichen Eintänzers? Was hätte Rumpelstilzchen mit dem Kind gemacht, wenn dessen Mutter ihr Versprechen hätte halten müssen? Wäre Schneewittchen mit sieben (!) kleinwüchsigen Fans, die einer geregelten Arbeit nachgingen, nicht glücklicher geworden als mit einem adligen Haudegen? Waren die von mißtönendem Altnutzvieh in die Flucht geschlagenen Räuber nicht auch arme Schweine? Ist Froschküssen einem jungen Mädchen zumutbar – oder grenzt hier Zoophilie an Sodomie?

Auch und gerade, wenn wir nicht mehr an sie glauben, obwohl oder weil wir die ihnen zugrunde liegenden Wahrheiten verstanden haben, beschäftigen uns die Märchen weiter, erfaßt uns manchmal das Bedürfnis, die eine oder andere Märchengestalt, der wir uns womöglich verwandt fühlen, umzudeuten, ihre Handlungsweise so zu lesen, daß sie sympathischer oder zumindest verständlicher wird.

Doch auch ohne solche – vielleicht eigennützigen – Motive sind die uns zwar bekannten, oft genug dennoch kaum mehr vertrauten Märchen unerschöpfliche Topoi, deren Helden, Bösewichte, Einfaltspinsel unsere Gemüter provozieren zur Rebellion wider die Moral (oder Unmoral) »der Geschichte«, zu neuer Deutung, zu eigenen Kreationen dieses Genres.

Ob Adaption, Kunstmärchen oder Gothic Novel – die Märchenmotive werden immer wieder zitiert, gedreht, abgewandelt, von düsteren Varianten wie etwa Franz Fühmanns späte Märchen sie darstellen, bis zu absurden Potpourris, wie sie uns Karel Capek vorsetzte: »»Es war einmal eine schöne Prinzessin, die hatte an jedem Haar einen goldenen Schuh. Wer hat mit meinem Löffelchen geschlafen?‹ fragte der König Drosselbart die sieben Schwaben.«

* * *

Grund genug, die schreibende Zunft einzuladen, jene Spielwiese zu betreten und neu zu bestellen, sie umzugraben und anderes einzupflanzen, auch, wenn es denn sein muß, längst Bekanntes genetisch zu manipulieren. Oder sich einfach in den Schatten zu legen, zum Träumen, Räsonnieren oder um bunte Sprechblasen aufsteigen zu lassen.

All inclusive war da freilich nichts zu haben, und so manche schnell gegebene Zusage verschwand hinter den sieben Manuskriptbergen ins Nimmerland.

Daß der Band dennoch geworden ist, freut hoffentlich nicht nur die Beteiligten – sondern vor allem die Leser. Denn diese sind nun eingeladen, die Lichtung zu betreten, diesen mal sonnen-, mal mondbeschienenen Fleck in Augenschein zu nehmen, gleich hinter der A 7, mitten im Märchenwald, dem überaus wandelbaren, aber noch nicht zum Themenpark mutierten...

Katja Lange-Müller & Jürgen Krätzer
Berlin und Taucha im Januar 2007

Günter Eich

Brüder Grimm

Brennesselbusch.
Die gebrannten Kinder
warten hinter den Kellerfenstern.
Die Eltern sind fortgegangen,
sagten, sie kämen bald.

Erst kam der Wolf,
der die Semmeln brachte,
die Hyäne borgte sich den Spaten aus,
der Skorpion das Fernsehprogramm.

Ohne Flammen
brennt draußen der Brennesselbusch.
Lange
bleiben die Eltern aus.

Aus: Günter Eich, *Sämtliche Gedichte in einem Band*. Hrsg. von Jörg Drews. Suhrkamp Verlag, Frankfurt am Main 2006.

Beate Mitzscherlich

Weggeschafft

Ich hab' gedacht, es wird besser, wenn die Kinder aus dem Haus sind. Ich hab' dafür gesorgt, daß sie wegkommen. Gretel mit ihrem Gejammer. Ich konnte es nicht mehr mit anhören. Wenn hier eine was zu jammern hätte, wäre ich das. Und Hänsel, der schlaue kleine Bursche. Hat mir Steine in den Weg gelegt, als ich den Mann endlich soweit hatte, daß wir die Kinder in den Wald bringen können. Der wollte das ja nicht. Aber die Blagen denken nur ans Fressen. Und ich muß sehen, wo ich's herkriege. Der Mann bringt ja nichts heim. Der sitzt nur da und stiert in die Gegend. Ich hab mich geirrt. Hab' gedacht, er ist Holzhacker, kräftig ist er auch – der kann eine Familie ernähren. Könnte er. Will er aber nicht. Kauft ja keiner mehr Brennholz bei ihm, seit die Frau tot ist. Haben früher auch nur aus Mitleid bei ihm gekauft, mit der Frau und den Kindern. Das Haus von außen war ordentlich. Aber drin war nichts. Gar nichts, bis auf einen blankgescheuerten Tisch und eine leere Speisekammer. Mich hat's gleich gefroren, als ich reinkam. Wenn ich das gewußt hätte. Ein armer Witwer dachte ich, klar, arm sind sie alle, ohne Frau… muß nur erst die Richtige kommen. Ich hab' mich geirrt. Ich dachte, es hätte was mit den Kindern zu tun. Die sind aber gar nicht wie richtige Kinder. Die erinnern ihn immer an seine erste Frau. Gretel soll ihr ja wie aus dem Gesicht geschnitten sein. Wie er sie immer angestiert hat, der Alte. Nichts wie weg mit dem Mädchen, hab' ich gedacht. Im Wald ist sie besser aufgehoben. Wilde Tiere, ach was. Der Junge kann sie beschützen. Dumm ist der nicht. Schlauer als sein Vater. Deswegen hat der ihn ja verprügelt. Der wußte zuviel. Doch, der Junge mußte auch weg.

Aber seitdem wir die Kinder in den Wald gebracht haben, ist es noch schlimmer geworden mit dem Mann. Den ganzen Tag hockt er in der Stube und brütet. Weint den Kindern hinterher. Jetzt auf einmal. Genauso wie früher der Frau. Die hat er auch ins Grab gebracht. Weiß keiner, woran sie gestorben ist. Man hört nur so einiges. Der Mann redet ja nicht. Nicht mal Holz zum Heizen holt er mehr. Sitzt nur da und schleift seine Axt. Kalt ist es geworden. Die Kinder werden frieren. Aber vielleicht sind sie irgendwo untergekommen. Hübsch sind sie ja. Es soll eine Hexe geben im Wald, die Kinder fängt, aber ich glaub' nicht an so was. Schlimmer als hier kann's nicht sein. Wenn sie zu essen haben und einen warmen Ofen, ist das schon viel wert.

Wenn ich könnte, würde ich auch weggehen. Aber ich muß hierbleiben. Für alle Fälle. Für den Fall, daß die Kinder zurückkommen. Zu dem Mann, der da in seiner Ecke sitzt mit der Axt. Als würde ich nicht merken, wie er mich ansieht, wenn ich ihm den Rücken zudrehe. Er denkt, ich sei schuld, daß die Kinder weg sind. Froh bin ich, daß ich sie rechtzeitig hier rausgebracht habe. Weggeschafft hab' ich sie. Ein Glück, daß der Mann so dumm ist. Wenn er es begreifen würde. Ich weiß nicht, was er täte. Die Kälte bringt mich noch um. Eines Tages. Die Kinder können froh sein, daß sie mich gehabt haben.

Kalt ist mir. Kalt.

Katja Lange-Müller

Entzaubert

Wäre es nur schon Winter und still. Aber nein, der Sommer glüht, der sechste, seit ich nicht mehr bin, was ich wurde, bevor ich wurde, was ich wieder bin: Ein anderer und doch wie früher, obwohl ich jünger war, als ich noch wie früher war... Diese Metamorphosenmathematik bringt mich um. Die Luft ist heiß als wär' es Tag, und schwül, wie ich es mag. Ist es schon früh? Um zwei? Um drei? Ich sollte aufstehen, nach der Uhr sehen; sie duldet keine in ihrer Nähe, weil sie das Ticken stört. Das Ticken! Lächerlich!

Ich liege neben ihr im Bett, wie jede Sommer- und manche Winternacht, wie damals, als ich mich beschwatzen ließ, ihr das schwere, runde Ding zurückzubringen, und sie nicht halten mochte, was sie mir dafür versprach. Ein dummes Mädchen, so dumm, daß sie mich für noch viel dümmer hielt und nicht mal staunte über meine Menschenstimme. Nicht sie, ihr Vater hat mir leid getan, doch wär' sie nicht auch hübsch gewesen, er hätte mich für seine Sache nicht gewonnen. Sie sollte aus dem Haus, die Kleine. Platz da, für die wunderschöne Hexe, die ihn zum Witwer machte und mich zum Frosch, sonst hätte er, ob König oder nicht, reden können, was er wollte.

Sie schläft, ich liege wach. Besser so als umgekehrt. Gestern Morgen meinte sie, ich hätte sie geweckt mit meinen dumpfen Gurgellauten. Sie nennt es Gurgeln, weil die Geräusche, die ich manchmal wirklich mache, sie ängstigen, noch immer. Ich mag's ja auch nicht, wenn sie mich dabei ertappt, wie ich mir hin und wieder einen fetten Brummer fange, mit hohler Hand, geschickt wie früher mit der Zunge. Kann man versteh'n, daß ihr so was peinlich ist: Ihr Angetrauter, ein König, der am liebsten Fliegen frißt.

Wenn wir bei uns sind, auf Chateau Minaux, ertrage ich es leichter, Mensch zu sein und ihr Gemahl; ihren Gatten kann und will ich mich nicht nennen. Doch die Wochen hier, zu Gast im Schlosse ihrer mutterlosen Kindheit, sind schlimmer als das Heimweh, das mich wiederum zuhause plagt.

Sollte ich die Fenster schließen? Will ich euch hören, Freunde und Nebenbuhler von einst? Oder will ich nicht? Ein paar Glasscheiben werden nicht verhindern, daß euer Quaken mich erreicht; zu gut bei Stimme seid ihr heute. Ich möchte aufstehen und zum Brunnen springen; von ganz alleine zappeln meine Beine und wieder spür ich, wie's im Hals vibriert. Ich kann es noch, aber eben nur Töne. Ich könnte auch den königlichen Kescher nehmen, mir endlich eine süße Fröschin fangen, aber mehr wohl nicht. Und was war ich für ein Draufgänger! Ich geh noch drauf, wenn ich weiter daran denke. Nein, eine Umkehr gibt es nicht, nur den Weg zum Brunnen; und wie traurig kam ich gestern erst von dort zurück. Ich war der beste unter uns, der Papa ungezählter Fröschinnen und Frösche. Ach, Jungs, ich weiß, ich bin es nicht, für den ihr musiziert; nicht Opi gilt dies herrliche Konzert. Aber wenn ich euch schon zuhöre, warum nicht auch zusehen und selbst ein Stündchen quaken? Zerspringt womöglich mir das Herz dabei, wie die Eisenbande barsten, in denen Heinrichs treues Herzchen lag, bis zu dem verfluchten Tag, an dem die Kleine mich voll Ekel an die Wand geworfen und den Zauber, der mein Froschsein über alle Maßen war, gebrochen hat, was nur den guten Heinrich freute und den Alten, doch kein bißchen sie, die kalte, traurige Marie, für die ich Frosch blieb, selbst in meiner menschlichen Gestalt, so wie für mich die Froschhaut nichts verbarg als meine Menschenseele. Nein, Marie, ich war nicht betrübt, wenn ich, vom Lattichblatt aufs Wasser runterschauend, in meine goldig großen Augen glotzte; ich erkannte mich, obwohl ich einem Frosche glich. Gestern hingegen, als ich beim Rasieren, das einem Frosch erspart bleibt übrigens, meine bleiche königliche Fresse sah, war die mir so abscheulich fremd, wie nie mein Froschgesicht. Marie, ich muß dir nicht erklären, daß es besser ist, ein Frosch zu sein, in dem ein König steckt, denn ein König, der vor Kummer fast vergeht, weil du ihn sowieso nicht liebst, und der darum gerne wieder tauchte, hüpfte, quakte und viele, viele dieser gleichmütig-sanften Froschweibchen umklammerte, eins nach dem anderen, den ganzen Sommer lang, und einen noch, und einen mehr. Nein, das Dasein als ein flinker Frosch ist nicht gefährlich, wenn man sprechen kann und denken wie ein Mensch – von blauem Blute obendrein, strategisch also: Immer auf Gefahr gefaßt. Wenn man wie ein Mensch sich freut, an Fliegen, Blumen, Sonnenstahlen, und fähig ist zu träumen, aus Sehnsucht, die den echten Fröschen völlig fremd. Mein Leben im Bann des Zaubers wäre ein langes, womöglich ewiges gewesen. Nun bin ich sterblich, allein darin dir gleich.

Nicht der Frosch, der Mann, der in ihm steckte, ließ sich erweichen von deines Vaters Bettelei. Und hätte ich gewußt, was kommt, wenn das Mariechen folgt, und nur dem strengen, aber gar nicht so moralischen Befehl, ich hätte mich verleugnet, wär' sofort zurückgehüpft zum Brunnenloch. Er schmeckte nicht, der schwarze Wein, noch weniger die faule Milch, Fromage genannt, die ich, um euern Koch und selbst den Alten nicht zu kränken, tapfer runterschluckte, und später dann dein erster Kuß war vollends widerlich. Ich habe, Heinrichs wegen, nicht gezeigt, wie abgrundtief du mich enttäuscht und hoffte auch, dich doch noch zu gewinnen und wollt' es wieder mal versuchen mit der Menschlichkeit – als König Bernhard von Minaux. Die Liebe, die ein Frosch nicht kennt noch braucht, die hat alles mir versaut, denn du empfandest keine und schnell erlosch darum auch meine.

Soll ich dich verlassen? Mir eine Hütte bauen an einem Wasser irgendwo? Würde dort ich wieder froh – als pflichtvergess'ner König, der kein Frosch mehr sein kann, nur quaken und Angst machen – denen, die nicht ahnen, wie verwandt er ihnen einmal war?

Marie, Marie, ich werde jetzt zum Brunnen und für immer gehen; was dann geschieht, das mag geschehen.

Julia Veihelmann

Abgründe

Wenn das ans Licht kommt, wirds ihm genauso ergehn wie dem Wildschwein. Mach, daß du fortkommst von hier, so schnell, wie du nur kannst, hab ich ihm gesagt. Aber er is schon zu betrunken gewesen, hat nur gelacht. Ich kann meinen Vater heut noch hörn, wie er immer gesagt hat: Paß gefälligst auf deinen Bruder auf! Recht hat er gehabt. Mein Bruder, der isn kleines Kind geblieben. Wenn er nich zu faul wär für ordentliche Arbeit, dann könnt sowas gar nich geschehn. Jäger, daß ich nich lach. Den lieben langen Tag im Wald herumspaziern, das is es, was er tut. Schau dich mal an, sag ich ihm immer, schau dich an, und dann schau mich an. Ich bin nämlich Leibkoch am königlichen Hof. Ich muß Fleisch braten, Gemüs anrichten, Teig kneten, von früh bis spät. Und ich versteh was von meinem Fach. Hoch angesehn bin ich im Ort, die Leut ziehn den Hut und verbeugen sich, wenn ich vorübergeh.

Wenn die Königin nich diesen unglücklichen Menschen angestellt hätt, der ihr Essen vorkosten muß, ich würd ihr Gift in die Sauce rühren. Mit dem Alchimisten könnt man verhandeln, der wüßt schon was aufzutreiben, Schierling oder Tollkirsch. Der hat ja auch ne Wut auf sie, seit sie angefangen hat, ihm in sein Handwerk zu pfuschen und selber Tränk herzustellen. Giftigs Obst hat die Königin produziert, das kann man für die Mäus nehmen, hat sie gesagt. Als würden die Fallen nich ausreichen, in die man ständig reinlatscht, wenn man durchs Schloß geht. Noch nie haben wir hierzuland so viel Todesurteil gehabt wie unter ihr. Die alte Königin war da anders. Das Mädchen is ja auch noch von ihr. Die Kleine hat so schönes schwarzes Haar, genau wie ihre Mutter das gehabt hat, und is so lieb und fröhlich. Ich hab der Kleinen immer Äpfel und Honigkuchen zugsteckt, wenn sie zu mir in die Küch gelaufen kommen is. Nie hätt ich gedacht, daß einer ihr Böses wollen könnt. Aber mein Bruder hat gewiß nich gelogen, sowas könnt der sich im Leben nie ausdenken. Wegrennen möcht ich vor der Königin, rennen vor Angst. Möchtst du nich auch rennen, hab ich meinen Bruder gefragt, aber der arme Idiot hat nur gelacht.

Natürlich hab ich gleich gesehn, daß es Wildschweininnereien warn, was er mir da gebracht hat. Naja, *gleich* hab ich es nich gesehn. Erst mal dacht ich, das Herz bleibt mir stehn. Is mir nämlich schon komisch vorkommen, daß mein Bruder mit der Kleinen in den Wald gegangen is – das konnt ich vom Küchenfenster aus sehn. Was nimmt er das Mädel mit auf die Jagd, hab ich mir gedacht. Tiere totschießen, das is doch kein Anblick für so ne feine Prinzessin. Wie er dann ohne sie zurückkommen is, wurds mir mulmig zumut, und dann is er plötzlich in der Küch gestanden und hat mir die blutigen Eingeweid in die Händ gedrückt, da wollt ich schreien, bis ich tot umfall. In Salz kochen und der Königin serviern, hat er gesagt, der Königin allein. Das Blut lief über meine Händ, und ich hab mich gezwungen, hinzusehn. Was für ein Stein mir da vom Herzen gefallen is, ich kann's gar nich sagen. Die Form, die Maserung, junges Wildschwein, eindeutig. Ich hätt lachen können vor Erleichterung. Aber dann mußt ich meinen Bruder doch fragen, wo er das Kind gelassen hat und warum er es denn überhaupt mitgenommen hat. Er wollt nich rausrücken mit der Sprach. Eine Flasch von dem guten Wein hab ich ihm geben müssen, hoffentlich hat das keiner von den naseweisen Küchenjungen mitgekriegt. Oh heilige Einfalt, mein Bruder is so dumm wie er gutmütig is. Der is sich noch gerissen vorkommen, daß Wein für ihn rausgesprungen is. Der weiß gar nich, was das heißt, einen Befehl von der Königin mißachten. Und was für einen Befehl! Ich möcht rennen, dabei is er doch derjenige, der zusehn sollt, daß er wegkommt. Versuch mal einer, ihm das begreiflich zu machen. Der sieht das nich ein. Der säuft Wein und hält sich für besonders schlau. Wenn es nur der Kleinen gutgeht, wenn nur die Wölf sie nich fressen. Das Kind allein so mitten im Wald, man mag es sich gar nich ausmalen. Gar nich ausmalen mag man sich das. Vielleicht nimmt einer sie auf. Hoffentlich gerät sie an einen anständigen Menschen. Hast du ihr wenigstens was zu essen mitgeben, hab ich meinen Bruder gefragt. Ja, hat er gesagt, aber er is rot worden dabei. Man könnt meinen, er hätt den Verstand verlorn. Wenn er ein Wort gesagt hätt, das schönste Zuckerzeug hätt ich dem Mädel einpacken können, und Brot und Käs und Milch. Aber jetzt läßt sich da natürlich nix mehr machen.

Gezittert hab ich am ganzen Leib, als ich der Königin Herz und Leber vorgesetzt hab, rennen wollt ich und mußt doch neben ihr stehnbleiben. Dem Vorkoster hat sie ein Handzeichen gegeben, daß er gehn kann. Gierig haben ihre Augen gefunkelt, als sie sich übern Teller gebeugt hat. Gewöhnlich nimmt sie nur ein, zwei Bissen und verlangt dann, daß ich noch Kräuter zugeb oder mehr Rahm. Diesmal nich. Wie sie gegrinst hat, als sie den ersten Bissen nahm, mir wurd ganz anders, in der Küch hab ich zu würgen angefangen, die Küchenjungen sind alle um mich rumgestanden und haben mir feuchte Umschläg machen wolln. Schlimm muß ich ausgesehn haben. Sowas wie die neue Königin, sowas verdient es nich, daß man es als Mensch bezeichnet.

Ich kann nich aufhörn, an meinen Bruder zu denken, und an die arme Kleine. Ich kann ihnen nich helfen, ich wüßt nich, wie ich ihnen helfen könnt. Der Alchimist könnt mir gewiß ein Gift besorgen, das erst nach ein paar Stunden wirkt, aber draufgehn würd der Vorkoster doch, und die Königin würd sehn, daß er krepiert, und sich womöglich noch rechtzeitig ein Gegenmittel zusammenbraun. Ständig macht sie sich an den Mixturen und getrockneten Kräutern zu schaffen, der Alchimist kommt täglich zu mir in die Küch und schimpft und säuft mir den Wein weg, genau wie mein Bruder. Und letztendlich würd alles auf mich zurückfalln, und es würd mir an den Kragen gehn. Mir sind die Händ gebunden, wie man so schön sagt. Ich kann nur Fleisch braten, Gemüs anrichten, Teig kneten, von früh bis spät, und hoffen, daß doch noch alles gut ausgeht, irgendwie.

Róža Domašcyna

Bär aufgebunden

Das wurstene Ende der Legende riß,
am Baum hängt noch der Zipfel
einer Mär.

I.

Falsche Fährte

sie trat in die Fußtapfen die sie führten
kam durch den Wald und hinterließ keine Spur
gut genährt wie sie war mit Fuchsmilch gesalbt
zwei Mohnkapseln trug sie unterm Hemd
bekam sie ihren Rappel warf sie die Beine hoch

es ging ihr total ab daß das Morgen schon heut war
sie war wählerisch war zurechtgemacht
daß jeder Popanz erblaßte so kam sie an eine Hütte
und trat ein

hier war alles komplett mit Kühlschrank und Waschmaschine
die rissen den Rachen auf und warteten aufs Reinstopfen
doch das Mädel dachte nicht daran sie drehte sich
um die eigene Achse gab ihrem Affen Zucker
und fantasierte sich ein Drachensteigen

da klopfte es

schon wollte sie öffnen und leeres Stroh dreschen
da besann sie sich daß Klopfer
einem die Taschen umdrehen können so fragte sie
die Maschine und den Schrank um Rat

die wußten nichts zu sagen außer: *hast nichts gegeben*
hast selbst geschleckt so koch es selber aus

und da sie auf Abwechslung aus war fegte sie
die Bedenken beiseite zeigte ihre Apfelbacken
und das Katzenfellchen hob die Füße
räkelte sich und stelzte in Richtung Falle

der Klopfer ein Lumpenkerl bekam das Flattern
machte Augen wie sechseckige Räder

vergaß die Rolle des Scheinheils pfiff
auf den Safe auf der Stelle

forderte er daß sie ihm die Schuhe öffne
die Socken abstreif schon beim Eintreten
wollte er das Hoppereiter

bis es dämmerte im Pechkübel gerieten sie nicht
außer Atem *Kühlschränkchenmaschinchen* turtelnd

und die Leute die auf schmutzige Wäsche aus waren
warteten umsonst auf den Surrton von Schrank
und Maschine auf eine Frau die sich in Seide präsentiert
und einen Mann der die Hütte umbaut zur Burg

II.

Goldläuse im Kopf

es war ein Mädchen erwuchs zum Mädel die Mutter starb
der Vater schnurrte sich eine Stiefmutter ins Haus
wollte weitertanzen predigen sich's gut gehen lassen
so machte er es und ein pudliges Mädchen wurde geboren

nun war das erste überzählig am Gängelband stolperte es
aus jeder Ecke den Mann packte ein Gewissen er kaufte
ihr ein Bäumchen (kein Hündchen, das würde Steuern kosten)
ein Bäumchen zum Aufziehen immer wenn die Stiefmutter
nutzlose Fresserin rief zog sich das Mädel
auf der Stelle zurück und den Mechanismus auf

das war keine gewöhnliche Tanne mit Tand und Lichtern
das war eine Linde mit gläsernen Blättern
(nicht aus Kristall, den Kristallbaum bekam die Pudlige)
wenn die Linde sich drehte schlugen die Blätter
ineins das gab ein Geklingel

das Geklingel war eine Rarität (der Baum mit dem Kristall
drehte in Zeitlupe die zu schweren Blätter)
die Nachbarn hörten das wohl und schlachteten
hinter geschlossenen Fenstern die Technik kräftig aus

so hörte ein Reicher von diesem Wunder
das mußte er haben denn er war Sammler
er setzte sich in seinen Sternenwagen
und ließ sich zum Baume kutschieren

wie angegossen stand dort ein Mädel
hielt ein Zertifikat die Besitzurkunde
war korrekt und das gefiel ihm

überhaupt fehlte ihm noch so ein Kücken
und solche Linde sowieso doch das Mädel wollte das
nicht mal für eine Stange Nullen vorm Komma abgeben
so nahm er sie kurzerhand zur Frau
und die Linde als Brautgabe drauf

die Stiefmutter weinte drei Scheuerhader voll
die Pudlige wurde zum Tier sie stach sich die Puppe
doch die Schwester war futsch
und mit ihr die billige Putze
da kam ein Brief an sie wären nun Oma und Tante

die Stiefmutter gab sich 'nen Ruck und begab sich
auf den Weg der junge Opa kutschierte
schwarz führten sie die Pudlige mit sich im Sack
kaum angekommen sagte die Stiefmutter: *das sind
Vitamine Dörrpflaumen*

nun setz dich ich will dir die Läuse suchen
die Junge welcher der Gehorsam noch in den Knochen
steckte setzte sich aufs Fensterbrett die Stiefmutter
stieß sie in den Weiher dort ertrank sie schnell

erlöste die Mutter die Pudlige angelte sich aus dem Schrank
ein Hemd zogs der Pudligen über und legte sie dem Herrn
ins Bett der faßte nach ihr erkannte den Deal nicht
sie war gut gebaut in der Lüsternheit reichte das

in der Nacht kam eine Ente zum Fenster hinein badete
das Kind und flog fort am Morgen schaukelte eine Wanne
auf dem Weiher in der Wanne schwammen Läuse aus Gold
die sich nicht fangen ließen doch

der Weiher und die Wanne gehörten dem Herrn
so auch die Läuse in der nächsten Nacht
kam die Ente wieder danach zählten alle die Läuse
gegen Morgen fehlte eine

den Herrn wunderte und ärgerte das er gab sich
dem Nachdenken hin was es wohl mit den Läusen
in der Wanne auf dem Weiher auf sich hatte
nun wollte er selbst die Wanne bewachen
womöglich selbst die Läuse zählen

die Ente kam wieder wurde zu seiner Frau badete
das Kind und weil sie sich so schön in die Wanne
schmiegte wollte er auf der Stelle den Beischlaf
er faßte sie bei der Hand und sie gingen zum Bett
wo die Pudlige schlief

doch Kondition für zwei hatte er nicht überdies
steckte die Andere in seinem Nachthemd das konnte er
für den Tod nicht leiden so schmiß er sie raus

jetzt war alles vorbei und vergessen: die Linde
erklang das Zertifikat wußte seine Besitzerin nah
und die war der Urkunde nach die Gemahlin des Herrn
was bewies daß jedes Lindenblatt zur Hälfte seins war

die Stiefmutter wurde irr an der Aufgabe die Linde
aus Kristall zum Klingen zu bringen sie verkaufte
das Patent und ernährte sich durch den Anbau von Kohl
die Pudlige aber ward davon ewig beschissen

III.

Was sein muß, kann man nicht verhindern

sie waren Zwillinge Bruder und Schwester
sie kleideten sich gleich schliefen in einem Bett
aßen aus einer Schüssel den Eltern war dafür nichts
zu teuer so machten sie Schulden die tilgte
der Bruder durch schwere Arbeit drüben im Westen

er wurde Kutscher und weil sein Chef nie ins arme
Land wollte und der Bruder so großes Heimweh hatte
fotografierte er seine Schwester und malte ihr
eine Rose zwischen die Lippen so hängte er sie
als Poster an die Wand seines Spinds in der Garage
war er froh nach Feierabend traurig

das brachte ihm Mißgunst da er am längsten
schurwerkte und Geld häufte das wiederum
rief den Arbeitgeber auf den Plan höchstpersönlich
begab er sich zu ihm und sah am Spind die Rose
am Lächeln der Schönen die wollte er haben

so öffnete sich alsbald das Tor der Garage
die Nobelkarosse mit Kutscher fuhr vor
dann jagte das Auto gen Osten

dort gaben sie unter Vorbehalt die Tochter heraus
denn sie wußten was sie wußten so mußte
eine Anstandsdame mit hinter zugezogenen Gardinen
ein steiler Zahn und längst nicht zu alt

sie trug Ketten Puder und Lack auf den Lippen
den erblondeten Zopf hielt sie züchtig gesenkt
die schöne Schwester trug nur ein Hemd
wohlweislich in weiß

sie sah aus dem Fenster den Fluß der war blaß
der Bruder rief: *Liebes steck den Kopf nicht raus*
die Dame sagte: *er ruft das Wasser errötet*
beug dich nur raus

sie bugsierte die Schwester flugs aus dem Fenster
als sie ankamen öffnete der Bruder die Tür der Chef
sah die rote Tante erkannte den Puder und fluchte

fand sich getäuscht verknackte den Bruder
zur saftigen Strafe dem ging das Geld aus
der Chef nahm dem Nackten auch noch sein Hemd
und hing ihn verkehrtherum in die Esse

des Nachts kam eine Ente und ward die schöne
Schwester die zog dem Bruder ihr Hemd an
früh sah man ihn weiß in der Esse mit Hemd
das ihn wider die Erdenschwere bedeckte

sie zogen am Stoff doch der gab nicht nach
das irritierte den Chef er ließ es mit Bohrer
und Meißel versuchen doch das Hemd blieb wo es war

Wer hat dich derart bekleidet? Das war meine Schwester
jetzt wollten sie ihn martern doch das Hemd
deckte ihn schamhaft von Scheitel zur Sohle
und alles stechen war zwecklos da wollte der Chef
auch so einen Schutz für alle Fälle

in der folgenden Nacht kam wieder die Ente
ward die schöne Schwester und splitternackt
der Chef haschte nach ihr zerriß sich die Kleidung
was sie dann sah machte sie nüchtern und praktisch

sie zog dem Bruder das Hemd über den Kopf
und dem Chef zog sie es über dann
half sie dem Bruder auf die Beine
und sie hingen den Chef in den Rauchfang

jetzt war alles wieder in Ordnung: ein Mann verkehrt
in der Esse zwei im Adamskostüm beim sich Lieben
die Anstandsdame in der Nobelkutsche
mit einem Hexenschuß der sie dann hatte

IV.

Schön, wie sonst keine

das brodelte in ihm: die Söhne sind heiratsbereit
er also – alt
wer alt ist gibt weiter sein Gut

Bringt mir den kostbarsten Ring eurer Braut.
Der Teuerste sei der Schönste. Die Braut
mit dem Schönsten bekommt das Gut!

die Söhne ließen ihre Muskeln spielen
sie fielen aus der Grätsche in den Hockstand und auf
nur der Jüngste blieb hocken vorm Tümpel

am Haus blies eine Kröte Kreise ins Wasser
er streckte den Ringfinger rein fing einen Kreis
die Kröte sagte: *Der ist für deinen Vater!*

Nur für mich? Der Vater fragte der Sohn
nickte der Vater dachte sich einen Reif
aus purem Gold und vom Finger einer Schönen

Welche Braut besitzt das feinste Brusttuch?
die Kröte atmete sie atmete einen Schleier
aus Entengrütze darauf die Kontur ihres Ringes

der Vater erkannte ihn er breitete
das Tuch übers Bett: da wartete sie darunter
die Freiin die griff er das Tuch lernte das Fliegen

schon hatte sie gewonnen schon war sie aus dem Sumpf
Stiefmutter gar und der Vater der alte Vater rief:
Schluß mit den Vergleichen – meine ist die Schönste!

Anmerkungen:

I *Motive aus der sorbischsprachigen Überlieferung »Krosnodej« (Der Kriecher / Land-*
streicher) meiner Großmutter, der Märchenerzählerin Hana Chěžcyna aus Horka,
deutschsprachig gehört es zur Märchengruppe »Waldhaus«, auch in tschechischer,
polnischer und slowakischer Sprache bekannt.

II *Motive aus der sorbischsprachigen Überlieferung »Klinkotata lipka« (Die klingende*
Linde) meiner Großmutter, der Märchenerzählerin Hana Chěžcyna aus Horka, ähnliche
deutschsprachige Märchen z. B. das »Erdkühlein« (Wesselski, deutsche Märchen vor
Grimm und/oder »Einäuglein, Zweiäuglein, Dreiäuglein«, Grimms Märchen Nr. 130, aus
der Oberlausitz, Aufzeichnung von Th. Peschek, 1817).

III *Motive aus der sorbischsprachigen Überlieferung »Rjana sotra« (Die schöne Schwe-*
ster) meiner Großmutter, der Märchenerzählerin Hana Chěžcyna aus Horka, deutsch-
sprachig ähnliche Motive in »Bruder und Schwesterchen«, auch in
tschechischer, polnischer und slowakischer Sprache bekannt.

IV *Motive aus der sorbischsprachigen Überlieferung »Złote kubło« (Das goldene Gut)*
meiner Großmutter, der Märchenerzählerin Hana Chěžcyna aus Horka, aufgezeichnet
auch durch Dučman im Jahr 1900, deutschsprachig ähnlich »Die Padde«, deutsche
Märchen vor Grimm, Nr. 3, und »Die entzauberte Kröte«, Versionen auch in
tschechischer und slowakischer Sprache.

Die Sach muß wahr sein, es steht in alle Geschichtsneuigkeiten von
Feenmärcher, nun! ich glaub's, weil viele Märchenshelden es wollen wahrgenommen haben, und weil eine ganze Geschicht draus entstanden ist, die durch glaubwürdige Dokumente und gleichzeitige Ge-
schichtschreiber, wo einer dem andern immer die Hand hat gearbeit,
bis auf unsere Lebzeite reicht; und durch Tradition und Beglaubigung
großer weiser Märchens-Väter als gewiß angenommen und geltend bis
zum Lebensend dieser beiden Glückspilze, wenn sie allenfalls nicht
schon gestorben sind, wie das in den Märchen eine bedeutende wahr-
heitliebende Bemerkung ist.

Bettina von Arnim: Dies Buch gehört dem König

Kerstin Hensel

Seifenmärchen

Als die schöne Marie auf der großen Straße beim Brunnen saß, trat Holm, der Seifenkoch, auf sie zu. Er war jung, stark und hatte große weiße Zähne, die, wenn er den Mund auftat, den Betrachter blendeten.

»Was tust du hier, fleißige Jungfer?«, fragte Holm.

»Meine Stiefmutter hat mir befohlen, zu spinnen.«

»Das ist nicht die richtige Arbeit für dich«, sprach der junge Mann, entriß Marie die Spule und versetzte ihr damit einen Stoß unter die Schürze.

»Zieh mich 'raus! Zieh mich 'raus!« wimmerte die Spule, die in Marie stak, und Marie fiel in ihrem Schmerz und ihrer Herzensangst in den Brunnen hinein. Holm blickte ihr hinterher und sah, was er schon oft gesehen: auf dem Wasser schwamm ein blutroter Streif. Holm, wie er es kannte, wartete nun geduldig, bis Marie wieder oben auf der Welt war und der Hahn auf dem Brunnen rief: »Kikeriki, unsere goldene Jungfrau ist wieder hie.«

Sofort fing Holm das Mädchen ab, band ihr den Mund zu und zog es mit sich fort in sein Haus. Dort führte er es in den Hof, wo über offenem Feuer in kupfernen Kesseln Seife siedete.

»Zieh dich aus«, befahl der Seifenkoch.

Marie, die es gewohnt war, allem Folge zu leisten, streifte die goldene Schürze von sich.

»Los, auch das Kleid!« rief Holm und ließ seine Zähne funkeln. Da Marie einen Moment lang zögerte, entriß ihr der Mann alles was sie am Leib hatte. Marie trug nur noch den Knebel. Als sie voller Angst versuchte, aus Holms Hof zu fliehen, stellte er sich ihr in den Weg, packte und warf sie in den heißen Kessel. Tage später handelte Holm, wie jede Woche, mit frischer Seife auf dem Markt.

Goldmaries Stiefmutter, die, seit sie ihre fleißige Stieftochter verloren glaubte, selbst das Putzzeug in die Hand nehmen mußte, kaufte ein Pfund Schmierseife. Als sie dieselbe unter Klagen und Fluchen ins Wischwasser tat, erschien plötzlich Maries Antlitz im Eimer.

»Trink mich aus! Trink mich aus!« rief das Bildnis.

Da erschrak die Stiefmutter, dachte, es sei der Teufel, tat was ihr geheißen wurde und starb.

So endet das Märchen, und der ganze Dreck blieb an der rechtmäßigen Tochter hängen. Die aber war ihr Lebtag so herzlich faul gewesen, daß sie nicht einmal wußte, was eine Spule ist, und es auch nie erfahren wollte, so daß sich Holm, der Seifenkoch, an ihr die großen weißen Zähne ausbiß.

Andreas Jungwirth

Schonzeit

(Auszug)

Personen:
    Mädchen
    Mutter
    Jäger
    Großmutter
    Wolf

18

In der Hütte / Vor der Hütte. Der *Wolf* liegt im Bett, hat die Haube der Großmutter aufgesetzt. Auf dem Tisch steht die Flasche mit Blut und ein Teller mit Fleisch. *Mädchen* steht in der Stube. Später tauchen der *Jäger* und die *Mutter* auf.

MÄDCHEN Hier bin ich, Großmutter. *Pause.* Großmutter, die Tür war offen.
WOLF *mit verstellter Stimme* Ich weiß. Warum kommst du erst jetzt? Ich hab dich längst erwartet.
MÄDCHEN Ich –
WOLF *mit verstellter Stimme* Bevor du eine faule Ausrede suchst, sag lieber nichts. Stell die Sachen weg, setz dich an den Tisch und iß und trink was Ordentliches.
MÄDCHEN *stellt den Korb ab und setzt sich an den Tisch.*
WOLF *mit verstellter Stimme* Du hast doch sicher Durst, nicht wahr? Nimm von dem süßen, frisch gepressten Traubensaft. Schenk dir ein! Er wird dir schmecken.
MÄDCHEN Nein, danke. Ich hab bereits getrunken.
WOLF *braust auf* Das hast du nicht!
MÄDCHEN Aus der Flasche mit der Milch. Sie ist halb leer.
WOLF *überrascht, mit verstellter Stimme* Aha. Dann iß vom Fleisch und stärke dich!
MÄDCHEN Ich habe, glaub ich, keinen Appetit.
WOLF *mit verstellter Stimme* Von mir mit Liebe für dich aufgespart, und du hast, glaubst du, keinen Appetit? Was soll denn das?
MÄDCHEN Weil ich bereits gegessen habe –
WOLF *mit verstellter Stimme* Ha! Wann denn? Wo denn? Wo?
MÄDCHEN Das Brot im Korb ist angebissen.
WOLF *laut, mit verstellter Stimme* Iß, was auf dem Teller liegt! Verwöhnte Göre!
MÄDCHEN Das Fleisch ist roh. Das mag ich nicht.

WOLF *zunächst noch mit verstellter Stimme, gerät er immer mehr in Rage und vergißt das Imitieren* Was soll mit rohem Fleisch nicht stimmen? Gebraten serviert man es im Wirtshaus. Man ißt dort auch mit Gabel und mit Messer. Hier draußen packt man Fleisch mit seinen Klauen. Man schlägt seine Zähne hinein, zerreißt die Sehnen, riecht nur allzu gern das frische Blut und schleckt daran. *Er demonstriert es.* Jetzt zier' dich nicht, und machs wie ich!
MÄDCHEN Nein.
WOLF Nein?
MÄDCHEN *nickt.*
WOLF Gut, gut! Dann – hm – ja dann will ich mich nicht streiten. Ich war in Sorge, daß du hungrig bist. Egal. Vergiß es, ja?
MÄDCHEN *starrt ihn überrascht an.*

Vor der Hütte tauchen der Jäger und die Mutter auf. Der Jäger bleibt stehen.
MUTTER Was denn? Was?
JÄGER *flüsternd* Die Großmutter schließt aus Prinzip die Tür von innen oder außen ab. Folglich ist wer anderes hinein oder heraus und hat die Tür offen gelassen.
MUTTER Das Kind –
JÄGER Oder der Wolf! Da ist jetzt jemand drinnen oder eben nicht.
MUTTER Dann –
JÄGER Still! Da stimmt was nicht.

WOLF *mit verstellter Stimme* Was hast du denn?
MÄDCHEN Wenn ich mit Mutter kam, da warst du anders. Ach. Ich glaub, ich bin nur etwas müde von dem weiten Weg.
WOLF *mit verstellter Stimme* Ja, klar! – Dann zieh dich aus! Und leg dich neben mich!
MÄDCHEN Ja. *Zieht seine Schürze aus.*

MUTTER *will am Jäger vorbei* Ich gehe –
JÄGER I c h schleich mich jetzt ein wenig weiter vor. Du bleibst so lange hier. *Nimmt sein Gewehr in Anschlag.* Da stimmt was nicht. *Er schleicht näher heran.*

MÄDCHEN Wohin soll ich die Schürze legen?
WOLF *mit verstellter Stimme* Wirf sie ins Feuer! Du wirst sie nicht mehr brauchen.
MÄDCHEN *steckt sie in den Ofen, zieht das Mieder aus* Wohin soll ich das Mieder legen?
WOLF *mit verstellter Stimme* Wirf es ins Feuer!
MÄDCHEN *steckt es in den Ofen, zieht das Kleid aus* Und das Kleid – wohin damit?
WOLF *mit verstellter Stimme* Wirf es ins Feuer!
MÄDCHEN Ja. *Steckt es in den Ofen, zieht die Strümpfe aus.* Wohin die Stümpfe?
WOLF *mit verstellter Stimme* Ins Feuer.

JÄGER *lugt durchs Fenster.*
MUTTER *flüsternd* Was tut sich dort?
JÄGER Psst! *Starrt hinein* –

MÄDCHEN *steckt die Strümpfe in den Ofen, zieht das Unterhemd aus* Das Unterhemd –
WOLF *mit verstellter Stimme* Jawohl! Ins Feuer. Du wirst die Sachen nicht mehr brauchen!
MÄDCHEN *wirft es ins Feuer und steht nackt da.*
WOLF *mit verstellter Stimme* Du starrst mich an, als würdest du dich wundern. Jetzt komm –
MÄDCHEN *erregt* Du bist so haarig…
WOLF *mit kaum noch verstellter Stimme* Haha! Natürlich. Um soviel besser halte ich dich warm, mein Kind! – Jetzt komm!

MUTTER Warum sagst du nichts?
JÄGER *dreht sich zur Mutter um* Uns bleibt jetzt nicht viel Zeit!
MUTTER Was soll das werden?
JÄGER *sieht gierig durch das Fenster* Da drin passiert was mit dem Kind. Der Wolf ist auch beteiligt –
MUTTER *stockt der Atem.*

MÄDCHEN Und lange Nägel hast du, Großmutter.
WOLF *mit verstellter Stimme* Ich seh beim Schneiden mit der Schere nicht mehr gut. Um soviel besser geht es, wenn's mich juckt und ich mich kratzen muß, mein Kind – so komm!

MUTTER Laß mich zu –
JÄGER *noch immer mit Blick zum Fenster* Bleib stehen! Dort, wo du bist! Ich kann es retten.
MUTTER Dann tu es doch.
JÄGER Muß aber nicht!
MUTTER Mein Gott, was wird denn das? *Will auf den Jäger los.*
JÄGER *wendet sich ihr zu und richtet die Waffe auf sie.*
MUTTER Mein Gott!

MÄDCHEN Was für breite Schultern du hast, Großmutter!
WOLF Damit hab ich Jahrzehnte lang das Feuerholz getragen, mein –. Komm!
MÄDCHEN Was du für große Nasenlöcher hast –
WOLF Was soll die Fragerei, was weiß denn ich, warum? Die sind halt so gewachsen. Genug gefragt! Komm, komm, mein Kind!

MUTTER Ich will zu meinem Kind!
JÄGER Halt! Verdammt, du mußt doch wissen – mußt sagen können, was –
MUTTER Ich weiß nicht, was ich wissen soll!
JÄGER Dann sage ich dir's vor, verdammt! »I c h h a b d i c h l i e b!« – Dann rette ich das Kind!
MUTTER Dann rettest du das Kind?
JÄGER »Ich hab dich lieb!« Wie in meinem Traum. Dann rette ich das Kind!

MÄDCHEN – und was für einen großen Mund!
WOLF *mit verstellter Stimme* Um soviel besser, Kind, kann ich dich fressen.
MÄDCHEN Wie du das sagst!
WOLF Drum hör jetzt endlich auf zu fragen!
MÄDCHEN Ja. *Geht zum Bett hinüber.*
MÄDCHEN Da bin ich. *Schlüpft zu dem Wolf unter die Decke.*
WOLF *knurrt befriedigt.*

MUTTER Also gut – gut, ich sage es. Jetzt rette du das Kind!
JÄGER Ich will die Worte hören: »I c h h a b d i c h l i e b!« Dann rette ich das Kind!
MUTTER Da hast du sie: »I c h h a b d i c h l i e b!«
JÄGER *dreht sich um, stürmt mit einem Kampfgeheul in die Hütte. Schüsse fallen. Tumult.*

19

Der tote *Wolf* liegt auf dem Bett. Das *Mädchen* sitzt starr in eine Decke gehüllt. Die *Mutter* verbindet ihm mit einer weißen Mullbinde den Kopf.

MUTTER Achtung! *Tupft eine scharfe Flüssigkeit auf die Wunde von einem Streifschuß.*
MÄDCHEN Ahhh –
MUTTER Halt still! – *tupft abermals scharfe Flüssigkeit* – und – schon – ist – es – gleich – vorbei! – Vorbei! *Sie beginnt einen Verband um seinen Kopf zu wickeln.*
JÄGER *singt leise* Der Wolf ist tot, der Wolf ist tot … Niemand kann mir einen Vorwurf machen – schließlich hat er erst die Großmutter gefressen – und sich dann über das arme Kind hergemacht.
MUTTER *scharf* Ja! Wir wissen das! Es wäre aber fast schief gegangen!
JÄGER – das Leben hinterläßt bei allen Schrammen.
MUTTER *wickelt den Verband fertig. Zum Mädchen* So. Das war's.
MÄDCHEN Danke, Mutter.
MUTTER *geht zum Wolf und starrt ihn an* Jetzt ist sie tot im toten Wolf. Es mußte ja so kommen. Ich habe da kein Mitgefühl. Sie wollte nicht ins Dorf, wo man zumindest sicher leben kann. In den letzten Jahren gab es nur noch Streit. Ich habe oft daran gedacht, mit ihr zu reden – nun ist es zu spät.
JÄGER *klickt mit dem Gewehr, zum Mädchen* Deine Mutter hat gesagt, sie hat mich lieb. Ich rate dir dasselbe. Von jetzt an leben wir zu dritt. So hab ich mir's immer erträumt. *Zur Mutter* Sei klug und tu, was du versprochen hast. *Zum Mädchen* Und dir: Ohne das »I c h h a b d i c h l i e b« von deiner Mutter wärst du tot.
MÄDCHEN Wär ich nicht!
JÄGER *nimmt einen kräftigen Schluck aus der Flasche mit dem Blut und beißt ein Stück von dem rohen Fleisch ab.* Und noch etwas für beide: Wer nicht tot ist, kann sterben. Vergeßt das nicht.

MUTTER Bilde dir nicht ein, daß du irgendeinen Eindruck auf mich machst! Ein erpreßtes Wort gilt gar nichts! Glaubst du wirklich, ich küsse dich ein zweites Mal? Ja, glaubst du, daß irgendwas an dir reizvoll oder gar schön wär' – *lacht* – oder mir Angst machen würde? Ich hab's dir jetzt schon oft gesagt: Ich mag dich nicht! Dich überhaupt einmal geküsst zu haben, bereue ich. Ach was, nicht einmal das.

JÄGER *ißt stumm von dem Fleisch und trinkt aus der Flasche Blut.*

MUTTER *zum Mädchen* Komm, gehen wir nach Haus!

JÄGER Hier geblieben!

MÄDCHEN *leise* Ich habe auch noch was zu sagen. *Pause.* Er hat mich gern gehabt. Zum fressen gern. Er sagte das so witzig. *Lacht.* Und dann noch diese Maskerade. Und die verstellte Stimme. Er wollte mir nichts Böses tun. Ich werde ihn nie vergessen. Mein ganzes Leben nicht.

MUTTER Du weißt nicht, was du redest! Komm mit!

MÄDCHEN Er war nicht so, wie ihr ihn denkt! Wißt ihr, warum er diesen breiten Rücken hat? Er hat der Großmutter das Holz gebracht –

JÄGER Das ist gelogen. Ich hab's gebracht! Nicht er!

MÄDCHEN Wißt ihr, warum er diese langen Nägel hat?

MUTTER *zum Mädchen* Komm!

JÄGER *lacht* Die schlägt er in das Fleisch von kleinen Mädchen.

MÄDCHEN Das Fell mit seinen langen Haaren hätte m i c h gewärmt.

JÄGER Dieses Fell gehört jetzt mir und wärmt niemand sonst.

MUTTER Er hat die Großmutter getötet.

JÄGER Schluß jetzt! Ich hab euch Weiber lang genug reden lassen! *Ißt von dem Fleisch.*

MÄDCHEN Ja. Aber sie war alt. Es war wohl Zeit zu sterben. *Pause, sieht zum Jäger.* Der Wolf hat sie getötet. Der Jäger ißt sie auf.

MUTTER Was?

JÄGER *legt das Fleisch langsam zurück.*

MÄDCHEN *zur Mutter* Komm! Gehen wir!

Beate Mitzscherlich

Brief aus dem Nachlaß des Schweinehirten

(von dem nicht einmal der Pfarrer wußte, daß er schreiben konnte)

Prinzessin, Du meine Schöne, Allerliebste, da liegst du nun und kriegst die Augen nicht mehr auf. Hättest du auf mich gehört, wäre es anders gelaufen. Aber ich bin ja nur der Schweinehirt und habe gar nichts zu suchen in deiner Geschichte und in deinem herrschaftlichen Schloß. Das hat auch schon mal bessere Zeiten gesehen. Damals deine Taufe zum Beispiel, als all die hohen Herrschaften an deiner Wiege vorbeidefilierten und dich mit guten Wünschen und anderem Krempel überhäuften. Deine Eltern hatten lange warten müssen auf ein Kindchen, wahrscheinlich haben sie sich ein bißchen blöd angestellt. Dafür haben sie dich dann wie ihren Augapfel gehütet, auf jeden deiner Schritte aufgepaßt und ihre kleine Prinzessin keine einzige Minute aus den Augen gelassen. Das ging dir schon bald gegen den Strich, du hast neidisch aus dem Fenster gesehen, wenn wir Dorfkinder uns draußen im Dreck herumbalgten. Ich habe dich stehen sehen und zu meinen Freunden gesagt: Wenn ich groß bin, heirate ich die Prinzessin.

Als du älter warst, hast du dich oft aus dem Schloß geschlichen, hinunter in die Wiesen am Fluß, wo ich die Schweine hütete. Wir hatten viel Spaß und ich hab dir so allerlei gezeigt: Wie man Rebhuhngelege ausnimmt – Rebhühner kanntest du ja nur gebraten –, wie man aus Weidensträuchern Flöten bastelt und spielt oder wie man Frösche aufbläst. Das hättest du später gebrauchen können, als dir der goldene Ball in den Brunnen gefallen war, aber da ist dein Temperament mit dir durchgegangen und du hast den Frosch gleich gegen die Wand geknallt.

Mich wolltest du allerdings auch nicht küssen, wegen dem Geruch, hast du gesagt, dabei hatte ich mich an dem Tag, als ich dich gefragt habe, extra im Fluß gewaschen. Trotzdem bist du immer wieder zu mir gekommen und ich habe gedacht, ich muß nur warten, vielleicht bist du einfach noch zu jung. Aber je älter du wurdest, umso besser haben sie auf dich aufgepaßt. Wir haben uns nur noch selten gesehen. Ich war inzwischen ein kräftiger Bursche geworden, hatte mir ein weißes Hemd nähen lassen wie ein Herr und wusch mich jeden Tag zweimal. Die Dorfmädchen waren alle hinter mir her, aber ich habe nur an dich gedacht, Prinzessin. Du hast oben im Schloß gesessen und Trübsal geblasen und dein Vater, der König hat allerlei Unterhaltungskünstler kommen lassen, um dich bei Laune zu halten. Aber nur bei dem Typ mit der goldenen Gans hast du mal gelacht. Muß auch zu komisch gewesen sein, wie die ganzen Lackaffen da festklebten. Dann kam dein Papa auf die Idee, daß du heiraten solltest. Ich hab ihn gehaßt! Klar, er brauchte einen Erben für sein Königreich. Ich kam ja nicht in Frage. Scharenweise kamen sie angeritten, obwohl du dich von deiner zickigsten Seite gezeigt hast, und ständig mit Wünschen kamst, die keiner erfüllen konnte. Ich hätte dir die Meinung gegeigt, aber die haben bloß die Augen verdreht und sind ausgeritten, weil du schön warst oder wegen dem Königreich – das war nicht zu unterscheiden. Zurück kam jedenfalls keiner. Mit der Zeit hast du dir eine ziemlich raue Schale zugelegt, aus achterlei Pelz wurde erzählt, ich weiß es nicht, ich kam nicht mehr an dich ran. Das weiße Hemd hat mir nichts genützt und auch nicht, daß ich mich so oft gewaschen habe. Ich wurde nicht mehr reingelassen ins Schloß.

Den Prinzen, mit dem sie dich dann zuerst verheiratet haben, habe ich von weitem gesehen. Ein Muttersöhnchen. Wer mit Schweinen Umgang hat, kennt sich bei Menschen aus. In der Nacht vor der Hochzeit hast du dich zu mir geschlichen, heimlich in meine Hütte. Ich weiß nicht, ob du die Wachen bestochen hattest, oder wie du sonst an Ihnen vorbeigekommen bist. Ich lag wach auf meinem Strohlager, aber als du hereinkamst, dachte ich, es wäre ein Traum. Du hast mich geküßt und deine Lippen waren weich, viel weicher als alles, was ich kannte. Weich und weiß und duftend war alles an dir, wie es das sonst nur im Märchen gibt. Als früh vor dem Hellwerden die Vögel zu zwitschern begannen und du wieder fort mußtest, hast du mich angesehen, als wüßtest du nun, wer ich bin. Aber du bist dann doch mit dem Herrchen mitgeritten. Aus Angst vor deinem Vater oder weil du lieber in einem weichen Bett im Schloß schlafen wolltest als auf dem Boden meiner Hütte? Es war jedenfalls ein Fehler. Gleich nach der Hochzeitsnacht hat er dich zurückgeschickt, grün und blau am ganzen Körper. Im Schloß wurde erzählt von einer Erbse, die du nicht bemerkt haben sollst. Aber das war eine Lüge, ich wußte doch, wie empfindlich du warst, mein Bett war dir viel zu hart und jeder einzelne Strohhalm hatte dich gepiekt.

Dein Vater war sauer, wegen der Schande und wegen dem Erbe. Er hat dich gleich mit dem nächsten Bewerber wieder weggeschickt. Der Typ hatte einen bläulichen Schimmer im Bart. Er roch nach Blut. Schweinehirten haben einen feinen Geruchssinn. Ich habe geschrieen, »Das ist doch ein Mörder!« Da haben sie mich an Händen und Füßen gepackt und in den Kerker geworfen. Es hieß, ich sei verrückt geworden, aber ich wußte genau, der Typ hat Leichen im Keller. So war es dann wohl auch. Im Grunde hast du Glück gehabt, daß du da heil wieder rausgekommen bist. Was heißt heil. Angeblich hast du wochenlang nicht mehr geredet. Mit niemandem. Nicht mal mich wolltest du sehen. Und immer wenn eine Tür aufging, sollst du ganz starr geworden sein und kalt wie ein Eiszapfen.

Dein Vater wußte dann auch nicht weiter und hat dich dem erstbesten Bettler mitgegeben, der vorbeikam. Konnte ja keiner ahnen, daß es der König Drosselbart war. Gut ging es dir bei dem auch nicht. Der soll allerlei Geschirr zerschlagen haben. Er wird sich gerächt haben, weil du ihn nicht rangelassen hast. Aber ich war in der Zeit unterwegs mit meinen Schweinen, weil ich das Elend nicht mehr mit ansehen konnte. Ich dachte, ein bißchen Abstand wird mir gut tun, aber es hat nicht viel genützt.

Als du wieder im Schloß zurück warst, wolltest du nur noch Frauen um dich haben. Da tauchte dann die schwarze Fee auf. Mir war sie von Anfang an unheimlich. Aber ihr hattet irgendein spezielles Verhältnis. Ich hab keine Ahnung, was da ablief und was sie dir alles versprochen hat. Als ich dich gefunden habe, hingst du schon an der Nadel und warst nicht mehr wach zu kriegen. Ich habe dich hier aufs Bett gelegt und wollte Hilfe holen. Aber es war zu spät. Alle waren in einem merkwürdigen Koma. Das Schloß war in kurzer Zeit rundherum zugewachsen und überwuchert von Dornengestrüpp. Außer mir wußten nur noch wenige, daß du da liegst und darauf wartest, erlöst zu werden.

Ab und zu kamen ein paar, die sich für Prinzen hielten, brachen die eine oder andere Rose ab und sprachen Gedichte. Ich glaub nicht, daß du davon etwas mitbekommen hast. Ein paar Ritter haben auch versucht, sich zu dir durchzuschlagen, aber ihre Schwerter und Eisenpanzer haben den Dornen nicht standgehalten. Einige von ihnen haben mich nach dem Weg gefragt, wenn ich vor dem Schloß meine Schweine hütete. Es war ihnen anzusehen, daß sie mich für einen alten Trottel hielten und manche haben sich die Nase zugehalten, wenn sie an mir vorbeigeritten sind. Ich hab sie alle in die Dornen geschickt. Ich dachte, jeder, der darin hängen bleibt, ist einer weniger, der dir wehtun kann.

Ich selbst gehe immer hinten über den Hof, da gibt es ein Tor, durch das früher der Müll hinausgeschüttet wurde. Meine Schweine haben es gleich gefunden. Noch schaffe ich es, jeden Tag über die steile Stiege zu dir hoch ins Turmzimmer zu kommen und nach dir zu sehen, obwohl es von Tag zu Tag schwerer geht. Schön bist du. Eigentlich wirst du jeden Tag schöner. Die dünne Haut an den Handgelenken, das blaue Blut, man sieht es besser jetzt, wenn die Adern so hervorkommen. Ich würde dich gern noch einmal küssen. Ich kann mich gut daran erinnern, wie es war. Aber ich habe Angst, daß du dann die Augen aufschlägst. Und mich nicht erkennst. Nicht nur, weil ich alt geworden bin. Die letzten Jahre waren nicht gerade meine besten, Prinzessin. Aber das ist es nicht, Liebste. Ich habe Angst, daß du, wenn du die Augen öffnest, wieder nur den Schweinehirten siehst.

Und nicht mich.

Julia Veihelmann

Brautschau

Vor zwei Jahren ist Vater gestorben. Zuletzt hat er Blut gespuckt, und wir mußten ihm einen Blechnapf hinstellen und neben dem Bett sitzen und warten. Dagegen ist kein Kraut gewachsen, sagte der Doktor, da hilft nur noch beten. Wir haben tagelang gebetet, und seither glaube ich nicht mehr an Gott.

Dann wurde das Geld knapp. Wir brauchen einen, der für uns sorgt, hat Mutter gesagt und ist auf Bälle und Empfänge gegangen. Die Nachbarn haben schon angefangen zu tuscheln, aber das spielte keine Rolle. Es dauerte nicht lang, bis wir unser altes Haus verließen und hierher kamen. Achtet darauf, daß die Haare sitzen, ermahnte uns Mutter, und meine Schwester und ich hörten genau zu. Die Haare müssen sitzen, hat sie gesagt, darauf schauen die Männer zuerst.

Ganz hinten im Schrank hab ich eine Spange versteckt, die Vater mir geschenkt hat, kurz bevor er krank wurde. Sie ist mit Rubinen besetzt. Hoffentlich findet das dreckige Aschenputtel sie nicht. Ich trau dem kleinen Biest nicht über den Weg. Neulich waren schwarze Fingerabdrücke an der Truhe, in der meine Schwester und ich unsere Kleider aufbewahren. Marie hat das Aschenputtel auch mal erwischt, wie es durch ein Schlüsselloch gaffte. Elende Schnüfflerin.

Unser Stiefvater hat mehr Geld, als ihm gut tut, und kauft Seidenkleider und Diamantbroschen für Mutter. Das Haus ist groß, aber es ist dunkel und staubig, und es stinkt. Er hat was gegen meine Schwester. Marie ist Mutters Liebling, das paßt ihm nicht in den Kram. Marie, mach dies, Marie, mach das, Marie, du hast nicht abgespült. Man könnte fast meinen, er wär eifersüchtig. Sobald Mutter nicht hinguckt, haut er Marie eine runter, und das Aschenputtel grinst blöde. Es hat was Hämisches an sich, das Aschenputtel. Marie und ich wollten dafür sorgen, daß ihm das Grinsen vergeht, aber da ist wohl nichts zu machen. Wir haben ihm die Kleider weggenommen, und jetzt muß es in einem Lumpenkittel und in Holzschuhen den Boden schrubben und unsere Hausarbeiten übernehmen. Unser Stiefvater bekommt davon nichts mit, er ist häufig auf Reisen wegen seiner Geschäfte. Vielleicht ist es ihm ja auch egal, was mit seiner Tochter geschieht. Dabei soll Blut doch angeblich dicker sein als Wasser. Daß ich nicht lache! Der alte Hengst hat nur noch Augen für Mutter. Marie und ich schütten immer Linsen in die Asche, und das Aschenputtel muß sie dann herauslesen und beschmiert sich dabei von Kopf bis Fuß. Hochnäsiges Biest. Hockt auf dem Boden, klaubt Linsen aus der Asche und trägt die Nase immer noch in der Luft. Ich wär auch gern so.

Marie und ich wollen nur noch weg von hier. Wenn wir wüßten, wo unser Stiefvater sein Geld aufbewahrt – vielleicht könnten wir uns dann irgendwie durchschlagen, wer weiß. Jedenfalls reichten seine »Verbindungen«, wie er das nennt, um an die Einladungen zur Brautschau ranzukommen. Einen Versuch ist es wert, haben wir uns gesagt. Mutter war natürlich gleich Feuer und Flamme. Dann wäre wenigstens eine von euch unter der Haube, sagte sie und flocht Bänder in Maries Haar.

Wenn der Prinz durch die Reihen geht und die Frauen mustert und anstarrt, kommt man sich vor wie auf dem Viehmarkt, obwohl alles so stinkvornehm ist. Ein Ballsaal und Blumengestecke und so viel Eßbares, daß die Tischplatten fast durchbrechen, und eine Kapelle und so weiter. Das Fest dauert drei Tage, die ersten beiden sind schon vorüber. Am ersten Tag hat das Aschenputtel gefragt, ob es auch mitkommen kann. Lächerlich. Mutter hat ihm zwei Schüsseln Linsen in die Asche gekippt und gesagt, wenn es die innerhalb von einer Stunde ausgelesen hat, darf es mitkommen. Das Aschenputtel trickst. Ich wette, es hat die Linsen weggefegt und irgendwo neue aufgetrieben. Zwei Schüsseln in einer Stunde, das ist unmöglich. Mitgenommen haben wir das kleine Biest natürlich trotzdem nicht. Hat ja auch nichts anzuziehen.

Ich frage mich nur, wo der Taubendreck in der Küche herkommt. Auf der Treppe habe ich Federn gefunden. Als wär das Haus nicht schon muffig genug. Das Aschenputtel muß die Fenster aufgesperrt haben, während wir auf dem Ball gewesen sind, und die restlichen Linsen in der Küche werden die Viecher angelockt haben. Anders kann ich es mir nicht erklären. Aber jetzt muß ich irgendwas mit meinem Haar anstellen. Der heutige Abend könnte meine letzte Gelegenheit sein. Ich bin vier Jahre älter als Marie, es wird wirklich Zeit für mich. Ich muß was mit den Haaren machen. Hochbinden oder flechten, was weiß ich. Auf jeden Fall werde ich die Spange mit den Rubinen tragen. Gestern und vorgestern hat der Prinz mich und Marie kaum angesehen.

Eine Frau kam beide Male zu spät – bestimmt absichtlich, denn man sah ihr deutlich an, wie sie die Blicke der Leute genoß, als sie den Ballsaal betrat und alle Köpfe sich ihr zuwandten. Sie war herausgeputzt wie ein billiges Flittchen, am ersten Abend trug sie ein goldenes Kleid, und was sie gestern anhatte, mag ich gar nicht beschreiben. Die Art, wie sie die Nase in die Luft reckte – es klingt verrückt, aber irgendwie hat sie mich ans Aschenputtel erinnert.

Natürlich hat der Prinz nur mit ihr getanzt. Kunststück! Wenn unser Stiefvater uns solche Kleider kaufen würde, die den Rücken frei lassen… Nicht daß Marie und ich scharf auf den Prinzen wären, aus der Nähe betrachtet hat er abstehende Ohren und schlechte Zähne, und wenn er an uns vorbeitanzte, konnten wir seinen Schweiß riechen. Ich wüßte gern, was für einen Unsinn er der Frau ins Ohr geflüstert hat. Sie warf ständig den Kopf zurück und lachte über das, was er sagte, und den Rest der Zeit grinste sie ihn verliebt an. Verlogenes Stück. Wer findet schon Gefallen an so einem Kerl? Aber es wär doch immerhin besser als das hier, besser als das dunkle Haus und die muffige Luft und unser Stiefvater, der Marie anbrüllt, und das schmutzige Aschenputtel, das in der Küche auf dem Boden hockt. Wenn ich an all die Edelsteine denke, die mir gehören würden, und an die Diener, die mir jeden Wunsch von den Augen ablesen müßten – und das Aschenputtel würde grün anlaufen vor Neid! Vorhin hat es mich mit einem ganz hämischen Ton in der Stimme gefragt, ob ich gestern mit dem Prinzen getanzt hätte. Als wüßte es von der Frau im goldenen Kleid. In zwei Stunden gehen wir. Ich muß irgendwas mit meinen Haaren anstellen.

Kathrin Schmidt

Der Fretschenquetscher oder der eiserne Heinrich

Es waren einmal ein König und eine Königin, die wünschten sich sehr ein Knäblein, kriegten aber keins. Da ließ die Königin eines Tages den Oberhofmedicus kommen. Ein paar Eilein wurden entnommen und mit dem Samen des Königs befruchtet, und ehe eines davon der Frau Königin eingepflanzt wurde, kontrollierte der Oberhofmedicus die Zellhäuflein auf ihr Geschlecht. Ein männliches wurde herausgesucht, besprochen und im Bauch der Königin seinem Schicksal anheimgegeben. Im dritten Monat begann eine Zeit, die der Oberhofmedicus die Fetalperiode nannte. Jetzt wollte er die Königin nicht aus den Augen lassen, aber der König kam ihm dazwischen: Oft trachtete er ihr nach den Kleidern, denn er sah sie gern nackt. Dazu brauchte er keinen Oberhofmedicus. Und wenn Heinrich, der treue Diener, die beiden am Abend allein ließ, nachdem er der Frau Königin ein Glas heiße Honigmilch und dem König einen doppelten Whisky gebracht hatte, so stand er immer noch einen Augenblick hinter der Tür und lauschte voller Rührung.

Die Zeit verging, und das Knäblein sollte zur Welt kommen. Die Königin hatte sich eine goldene Wanne für die Wassergeburt ausgesucht. Das Kind glitt in einem Schwall lauwarmer Flüssigkeit aus ihr heraus, aber schon bald verlor sie jegliches Interesse an dem Jungen. Auch dem König wurde es rasch zu viel, sein Interesse an seiner Frau mit einem kleinen Kinde teilen zu sollen, so daß er es dem treuen Heinrich übergab, der es aufziehen sollte, bis es erwachsen war. Und wirklich wuchs es in der Obhut des Dieners zu einem hübschen Kerl heran. Sein Verhalten aber ließ sehr zu wünschen übrig. War Heinrich in der Nähe, so gab er den Folgsamen, war dieser aber fern, so hampelte er ohne Zügel, daß es seine Art hatte. Überaus angenehm schien ihm sein Leben, aus dem Heinrich und der ganze Hofstaat alle Mühsal genommen hatten. Er brauchte sich nicht anzustrengen und tat es auch nicht, und alle Tage flogen ihm dennoch die gebratenen Tauben ins aufgesperrte Maul. Nach Vater und Mutter fragte er nicht, denn er kannte sie kaum.

Als er nun einmal im Garten herumsprang und Fretschen jagte, nur um sie zu zerquetschen, erzürnte sich die Teichhexe Lurchunke gar sehr über sein Tun. Sie, die die Tierlein liebte und jedem von ihnen für die kurze Dauer des Lebens Füßlein und Schwimmhäute gegeben hatte, auf daß sie sich zu Wasser und Erde gleichermaßen fortbewegen konnten, stellte den Königssohn zur Rede. Der aber lachte nur hämisch und warf ihr eine Handvoll Quetschfretschen in den Rock. Da verwünschte sie ihn, denn es waren jene Zeiten, in denen das Wünschen und Verwünschen noch half. »Ein Frosch sollst du sein und bleiben, und erst wenn eine Jungfrau sich deiner erbarmt, kann der Bann gebrochen werden!«

In einem anderen Reiche lebte dazumal ein König, dessen Töchter waren alle schön, aber die jüngste war so schön, daß die Sonne selber, die doch so vieles gesehen hat, sich verwunderte, sooft sie ihr ins Gesicht schien. Nahe beim Königsschlosse lag ein großer dunkler Wald, und in dem Walde unter einer alten Linde war ein Brunnen. Wenn nun der Tag sehr heiß war, so ging das Königskind hinaus in den Wald und setzte sich an den Rand des kühlen Brunnens; und wenn sie Langeweile hatte, so nahm sie eine goldene Kugel, warf sie in die Höhe und fing sie wieder; denn das war ihr liebstes Spielwerk.

Nun trug es sich einmal zu, daß die goldene Kugel der Königstochter nicht in ihr Händchen fiel, das sie in die Höhe gehalten hatte, sondern vorbei auf den Brunnenrand schlug und geradezu ins Wasser hineinrollte. Die Königstochter folgte ihr mit den Augen nach, aber die Kugel verschwand, und der Brunnen war tief, so tief, daß man keinen Grund sah. Da fing sie an zu weinen und weinte immer lauter und konnte sich gar nicht trösten. Und wie sie so klagte, rief ihr jemand zu: »Was hast du vor, Königstochter? Du schreist ja, daß sich ein Stein erbarmen möchte.« Sie sah sich um, woher die Stimme käme, da erblickte sie einen Frosch, der seinen dicken, häßlichen Kopf aus dem Wasser streckte. »Ach du bist's, alter Wasserpatscher«, sagte sie, »ich weine über meine goldene Kugel, die mir in den Brunnen hinab gefallen ist.« – »Sei still und weine nicht«, antwortete der Frosch, »ich kann wohl Rat schaffen, aber was gibst du mir, wenn ich dein Spielwerk wieder heraufhole?« – »Was du haben willst, Frosch«, sagte sie; »meine Kleider, meine Perlen und Edelsteine, auch noch die goldene Krone, die ich trage.«

Der Frosch betrachtete die Königstochter bei diesen Worten mit Wohlgefallen, und ein wenig Speichel tropfte von seiner Fretschenlippe. Er antwortete ihr: »Ja, deine Kleider, deine Perlen und Edelsteine und deine goldene Krone solltest Du in der Tat für mich ablegen, doch darfst Du sie behalten. Wenn du mich aber liebhaben willst, und ich soll dein Geselle und Spielkamerad sein, an deinem Tischlein neben dir sitzen, von deinem goldenen Tellerlein essen, aus deinem Becherlein trinken, in deinem Bettlein schlafen: wenn du mir das versprichst, so will ich hinuntersteigen und dir die goldene Kugel wieder heraufholen.«

»Ach ja«, sagte sie, »ich verspreche dir alles, was du willst, wenn du mir nur die Kugel wiederbringst.« Sie dachte aber: Was der einfältige Frosch schwätzt, der sitzt im Wasser bei seinesgleichen und quakt, und kann keines Menschen Geselle sein.

Als der Frosch die Zusage erhalten hatte, tauchte er seinen Kopf unter, sank hinab, und über ein Weilchen kam er wieder heraufgerudert, hatte die Kugel im Maul und warf sie ins Gras. Die Königstochter war voll Freude, als sie ihr schönes Spielwerk wieder erblickte, hob es auf und sprang damit fort. »Warte, warte«, rief der Frosch, »nimm mich mit, ich kann nicht so laufen wie du.« Aber was half ihm, daß er ihr sein quak quak so laut nachschrie als er konnte! Sie hörte nicht darauf, eilte nach Haus und hatte bald den armen Frosch vergessen.

Am anderen Tage, als sie mit dem König und allen Hofleuten sich zur Tafel gesetzt hatte und von ihrem goldenen Tellerlein aß, da kam, plitsch platsch, plitsch platsch, etwas die Marmortreppe heraufgekrochen, und als es oben angelangt war, klopfte es an der Tür und rief: »Königstochter, jüngste, mach mir auf!« Sie lief und wollte sehen, wer draußen wäre; als sie aber aufmachte, so saß der Frosch davor. Da warf sie die Tür heftig zu, setzte sich wieder an den Tisch, und es war ihr ganz angst. Der König sah wohl, daß ihr das Herz gewaltig klopfte, und sprach: »Mein Kind, was fürchtest du dich, steht etwa ein Riese vor der Tür und will dich holen?« – »Ach nein«, antwortete sie, »es ist kein Riese, sondern ein garstiger Frosch.« – »Was will der Frosch von dir?« – »Ach lieber Vater, als ich gestern im Wald bei dem Brunnen saß und spielte, da fiel meine goldene Kugel ins Wasser. Und weil ich so weinte, hat sie der Frosch wieder heraufgeholt, und weil er es durchaus verlangte, so versprach ich ihm, er solle mein Geselle werden; ich dachte nimmermehr, daß er aus seinem Wasser herauskönnte. Nun ist er draußen und will zu mir herein.«

Nun klopfte es zum zweitenmal und rief:

> »Königstochter, jüngste,
> Mach mir auf,
> Weißt du nicht, was gestern
> Du zu mir gesagt
> Bei dem kühlen Wasserbrunnen?
> Königstochter, jüngste,
> Mach mir auf!«

Da sagte der König: »Was du versprochen hast, das mußt du auch halten; geh nur und mach ihm auf.« Sie ging und öffnete die Türe, da hüpfte der Frosch herein, ihr immer auf dem Fuße nach, bis zu ihrem Stuhl. Da saß er und rief: »Heb mich herauf zu dir!« Sie zauderte, bis es endlich der König befahl. Als der Frosch erst auf dem Stuhl war, wollte er auf den Tisch, und als er da saß, sprach er: »Nun schieb mir dein goldenes Tellerlein näher, damit wir zusammen essen.« Das tat sie zwar, aber man sah wohl, daß sie's nicht gerne tat. Der Frosch ließ sich's gut schmecken, aber ihr blieb fast jedes Bißlein im Halse. Endlich sprach er: »Ich habe mich satt gegessen und bin müde, nun trag mich in dein Kämmerlein und mach dein seiden Bettlein zurecht, da wollen wir uns schlafen legen.«

Die Königstochter fing an zu weinen und fürchtete sich vor dem kalten Frosch, den sie sich nicht anzurühren getraute, und der nun in ihrem schönen reinen Bettlein schlafen sollte. Der König aber ward zornig und sprach: »Wer dir geholfen hat, als du in der Not warst, den sollst du nachher nicht verachten.« Da packte sie ihn mit zwei Fingern, trug ihn hinauf und setzte ihn in eine Ecke. Als sie aber im Bette lag, kam er gekrochen und sprach: »Ich bin müde, ich will schlafen so gut wie du: heb mich herauf, oder ich sag's deinem Vater.« Da ward sie bitterböse, holte ihn herauf und warf ihn aus allen Kräften wider die Wand. »Nun wirst du Ruhe haben, du garstiger Frosch.«

Als er aber herabfiel, war er kein Frosch, sondern ein Königssohn. Der war nun nach ihres Vaters Willen ihr Gefährte und Gemahl. Da erzählte er ihr, wie er von der Teichhexe Lurchunke verwünscht worden war, und niemand hätte ihn aus dem Brunnen erlösen können als sie allein. Morgen wollten sie zusammen in sein Reich gehen, und er erkannte die Bestürzte, ehe sie einschliefen.

Anderntags kam ein Wagen herangefahren, mit acht weißen Pferden bespannt, die hatten weiße Straußfedern auf dem Kopf und gingen in goldenen Ketten, und hinten stand der Diener des jungen Königs, das war der treue Heinrich. Der treue Heinrich hatte sich so betrübt, als sein Herr in einen Frosch verwandelt worden war, daß er drei eiserne Bande hatte um sein Herz legen lassen, damit es ihm nicht vor Weh und Traurigkeit zerspränge. Der Wagen aber sollte den jungen König in sein Reich abholen, denn seine Eltern waren tot. Der treue Heinrich hob beide hinein, stellte sich wieder hinten auf und war voller Freude über die Erlösung.

Die beiden aber waren gar nicht froh. Der Fretschenquetscher merkte wohl, daß ihn die Prinzessin nicht mochte. Sie, die nichts anderes gewollt hatte als ihre goldene Kugel, hatte nun einen Mann am Hals, der ihr am Abend wiederum Kleider, Perlen und Krone abnehmen würde, um sie nackt zu sehen. Sie weinte und bettelte, er möge sie freigeben, doch er berief sich auf das Gebot ihres Vaters. Und als sie ein Stück Wegs gefahren waren, hörte der Königssohn, daß es hinter ihm krachte, als wäre etwas gebrochen. Da drehte er sich um und rief:

»Heinrich, der Wagen bricht!«
»Nein, Herr, der Wagen nicht,
Es ist ein Band von meinem Herzen,
Das da lag in großen Schmerzen,
Als Ihr in dem Brunnen saßt,
Als Ihr eine Fretsche wast.«

Noch einmal und noch einmal krachte es auf dem Weg, und der Königssohn meinte immer, der Wagen bräche, und es waren doch nur die Bande, die vom Herzen des treuen Heinrich absprangen. Er hatte sich gründlich vertan, weil er mit den Gedanken so abwesend war: Er überlegte, wie er die Prinzessin ins Joch zwingen konnte. Der treue Heinrich scherte sich darum nicht, und der Wagen fuhr weiter. Da nahm der Königssohn kurzerhand die eisernen Bande von des treuen Dieners Herz und legte das seiner Gefährtin darein, was ihm beinahe wie Fretschenquetschen vorkam. Wenigstens war es ihm eine Freude zu sehen, wie sie sich damit quälte, und er wußte, das würde ein Leben lang anhalten.

In Monterrosos Manier

Tilo Köhler

Von dem Fischer un syner Fru

GOTT: »Un nu?«!
Ilsebill: »Tje, Schiet!«

Brigitte Struzyk

Märchen vom Paradies

Es war einmal.

Katharina Krasemann

Rotkäppchen ist tot

Sechs Gedichte

Es war einmal
nicht weiß
nicht wann

nicht Winter
viele Wolken keine
weiß warum

Es waren Zeit
und Märchen reif
ich ging zu ernten

stieß nur auf Berge
nie aufs Mutterhaus
kieselvoll die Taschen

was doch nicht weise ist
wohl denen die jetzt noch
ach wie gut daß ich nicht weiß

Vielleicht ist das Leben eine alte
kurze Geschichte die du nur
nachsynchronisieren mußt

darauf noch einen Reim finden
und alles Veränderte paßt in einen
Frosch in dem Tümpel spiegelst du dich

manchmal nicht an der Wand lehnt
er und wirft einen Blick zu
dir willst du nicht zurück

Rotkäppchen ist tot
erhängt am Löwenzahn
verzittert das Abendrot
seines Käppchens
Lebewohl
sag ich mir und
in seinen Augen
verbiegt sich die Welt
rette sie wer will

Was weiß das Käppchen vom
Rot die Rose von den Dornen was
der König vom Frosch die Frau
vom Fischer und Gretel von Hans
und was wissen die Taler
von den Sternen

Du sollst spinnen sagt man
mir spinne Flachs immer zu
Gold wollen alle
kommen zu mir und ich
spinne alles was Flachs ist
Ihre schweren goldnen Kugeln
auf dem Hals ziehts sie dann kopf
unter ins Tiefe und andere kommen
die wollen spinnen wie
ich sie umgarn ich
die Puppe im goldenen Kleid

Ich geh nicht gut
in eingefrorenen Fußstapfen
nicht weiter auf glatter Fläche
lieber bleibe ich will nichts hören
als den Gesang unter dem Eis

SAMUEL BAK
»Unmittelbarkeit & Befremden«

Flucht, 1983.

Die Erklärung, 1977-93.

Der Klang der Stille, 1992-96 (oben). – Vogelgruppe mit Baum, 1979.

Die Abreise, 1971-92 (oben). – Elemente der Zeit, 1986.

Engel der Reisenden, 1985.

Die ewige Rückkehr, 1997.

Lang ersehnte Reise, 1977.

Flug von Berlin, 1990-91 (oben). – Reise mit Daedalus, 1984.

Das Paßwort, 1974-75.

Marcel Beyer

Scooter

Dann ist es aus. Du gehst mit
Tarzan Boy und ziehst den
Schlüssel ab. Der Fuchsschwanz
baumelt da, dein Oberschenkel,

deine knapp geschnittene Hose.
Elektrisch, sagt man, sagt: das
war elektrisch jetzt. Dein DJ
flucht und wischt die Kotze auf,

ich kann das nicht, ich kann nicht
gucken, wie man gucken
muß, der Pfeffi und der Kopf,
die Pfoten. Die DISCO REGGAE

TECHNO SOUL NEWS sind mit
Tarzan Boy vom Netz gegangen.
Ich muß die Silberfuchsgeräusche
aus dem Schädel kriegen, ich

kann das nicht, die Temperatur,
den Brand, das Augenglimmen,
oder ich geh ein. Du
wirst zum Mitreisen gesucht.

Ulrike Draesner

Rand

Sie sagen, ich sei unheimlich, doch ich weiß nicht, was es heißt, wenn sie mich durchstreifen, sie tun es oft und gern, tragen Körbe und rote Kappen, sie sind arm, manchmal zu zweit, oft allein, sie gehen in Reihen, die sie Schlangen nennen, und ich finde unheimlich, wie sie es tun, wie sie mich ansehen, wenn sie mich sehen, denn meist bemerken sie mich erst, wenn ich aufhöre, dort, an meinem Rand. Ich habe zwei Ränder, wie sie, sie suchen nach ihnen, als wären diese Ränder sie selbst, sie nennen sie Schatten und Daheim, und wenn sie sagen, ich sei unheimlich oder das, was an den Rand anschließt, den sie ›mich‹ nennen oder ›ich‹, denn sie haben es alle, diese roten Kappen, diese roten Samen, dieses rote Brot im Mund, das sie Zunge nennen, wenn sie es mir zeigen und Sprache nennen, wenn sie mit mir sprechen, während sie auf mich treten, denn das tun sie gern, ohne es zu bemerken, dann bin ich längst schon bei ihnen mit meinem Rand, den sie übersehen, denn meine Farbe ist eine Farbe, die ihrem Auge gut tut, mag sein, daß sie ein wenig flimmert, mag sein, daß sie das Gegenteil einer Sprache ist, in der ich unheimlich bin. Sie sagen nicht, daß ich ihnen unheimlich wäre; für sie bin ich es, als wäre ich es bei mir. Dabei habe ich Ränder und innen stets mindestens eine Lücke, und manchmal, wenn sie auf sie stoßen, tauen sie, was sie taumeln nennen, weil sie diese Lücke nicht von sich kennen oder vergessen haben, dabei gibt es auch bei ihnen, am Rand, etwas, das grün ist und heimlich zu ihnen gehört, weil sie, lange her, aus ihm kamen. Manchmal heißt es, wenn sie mich durchstreifen, auch von mir, ich sei heimlich, denn sie mögen mich, dort an meinem ersten Rand, mit den Beeren, die sich rot wie Zungen bewegen, und den Vögeln, die Wege fliegen, die niemand gehen kann, und auch nicht sehen. Dort sitzen sie auf dem Moos, so grün wie Röcke und grün hinter den Ohren, die ihre Mütter ihnen längst nicht mehr waschen, und ahnen, während sie Brotkrumen streuen in der Hoffnung auf einen Weg, etwas von Rändern, die sie erwarten als wären sie Münder, die ihnen die ihren öffneten für das rote Tuch einer Sprache, die satt macht und zu fliegen erlaubt, wohin man will. Zunächst spiegeln die Gesichter ihrer Eltern sich in ihnen, denn alle Mütter, die sie geschickt haben, waren längst da, und die Väter, die fehlen, ebenfalls; so fassen sie an eine mit Süßigkeiten beklebte Wand: alles hat schon einen Namen. Sie zeigen mit den Fingern, sie kriechen am Boden, meine Blumen sind klein, meine Nadeln weich, sie formen sich zu Gittern, wenn einmal Licht darin spielt. Dann nennen sie, was sie finden, rasch Lichtung oder Tag, und sagen das Wort nicht, das ihnen Angst macht, manchmal jedoch höre ich es im Baum am Weg, da klingt es wie ›wach‹ und dann wieder wie ›Wald‹. Ich sei dieser Wald, sagen sie, ich aber weiß nicht, unheimlich will mir nichts scheinen, ein Teil von mir ist, was sie Lichtung nennen, tags, und nachts nennen sie ›Hexenhaus‹, wie mir hier alles gehört, wie jeder Zweig, wie der Rand, wie der Baumstamm, die Kröte, der Samen, der Pilz, wie ich es bin, jenes »ich könnte ein anderer sein«, das sie in mir finden, wenn sie es nicht suchen; und das sie finden, wenn sie, auf der Suche nach dem Rand, der sie entlassen könnte, darauf stoßen, daß Ränder unendlich sind.

Judith Kuckart

Blaubart und Nadine Kowalke

Märchen 1

Es war einmal eines Tages, da hielt ein Wagen vor dem Haus ihrer Eltern, und ein Mann fragte: Darf sie meine Frau werden. Er zeigte auf sie.
Er wählt mich aus, dachte sie, aber ich bin nicht gemeint.
Er war nicht mehr jung und sehr reich.
Sie war siebzehn und hatte getuschte Wimpern, die waren hart und lang wie Fliegenbeine.

Märchen 2

Alle freuten sich über seinen Antrag. Sie aber bekam einen Schreck. Auf seinem Gesicht war ein fremder Schimmer, und der war blau. Trotzdem. Sie setzte sich in den Wagen, ein Cabrio. Der Mann ließ das Verdeck herunter.
Sie sagte: So ein Auto will ich auch.
Und er sagte: So ein Auto bekommst du, wenn du achtzehn bist.
Sie sagte: Gut, ich warte.
Er sagte: Das tue ich auch, ich warte auch.
Worauf?
Auf dich.
Sie verstand ihn nicht. Er strich mit der Linken sein Gesicht glatt, der blaue Schimmer blieb. Er ließ den Motor an. Sie winkte, bis sie ihre Familie nur noch als Punkte vor dem Haus hüpfen sah.
Sie fuhren mit zweihundertachtzig über die Autobahn. Dann begann ein dunkler Wald.
Sie sagte: Wir sind vom Weg abgekommen.
Er lachte und sagte: Wir wohnen hier.

Märchen 3

Das Haus stand in einer Villensiedlung, und die Gärten um die Villen herum waren so groß, daß man die Zäune zu den Nachbargrundstücken kaum sehen konnte. Sie brachte ihre fünf Koffer und den Teddy ins Haus, dann ging sie hinunter in den Garten. Er folgte.
Wer wohnt dort? Sie zeigte auf das Nachbarhaus.
Niemand.
Oh.
Willst du es sehen?
Ja.

Sie folgte ihm durch die ungemähte Wiese. Das Gras stand bauchhoch, das war tröstlich. Vom nahen Tennisplatz hörte sie, wie einer der Spieler bei jedem Schlag stöhnte.

Neu sah das Nachbarhaus aus, obwohl an manchen Stellen die Wände vom Regen verfärbt waren. Das Haus war leer. Hinter der Eingangstür roch es nach Mörtel und ungelüfteten Zimmern, und auf den staubigen Dielen waren Spuren von Füßen, Füße so groß wie ihre und auch so schmal.

Wieder hörte sie das Stöhnen vom Tennisplatz. Da sagte sie, – und ihre Stimme war verändert: Dort ist das Schlafzimmer, ein Schlafzimmer, in dem der Mörder seine schöne Frau, mit der er gerade erst hier eingezogen war, ermordet hat. Und der Mörder wohnt jetzt hier unten – hier unten im Keller. Und er schreit noch immer um Hilfe, so wie damals, als er seine schöne Frau töten mußte.

Märchen 4

Er kaufte ihr bald ein weißes Cabrio mit roten Ledersitzen.

Saffianrot, sagte er.

Sie kannte das Wort nicht.

Der Wagen wartete in der Garage auf ihren 18. Geburtstag. Er sagte, er würde ihr später auch noch eine Boutique schenken und viele Bildungsreisen spendieren.

An ihrem 18. Geburtstag schlief er (Märchen 5) das erste Mal mit ihr, und sie dachte: Das ist es, was ihn am Leben hält.

Am Tag darauf ging er auf Reisen und gab ihr zum Abschied alle Schlüssel, die zum Haus gehörten.

Du kannst jede Tür öffnen, nur nicht die eine, zu der dieser Schlüssel hier gehört.

Welche denn?

Das wirst du schon merken.

Er hielt ihr den Schlüssel dicht vor die Nase, es war ein kleiner goldener.

Warum gibst Du mir dann den Schlüssel? Sie lächelte.

Er lächelte zurück, aber wie! Zwischen den kahlen Bäumen starrten die Fenster des unbewohnten Nachbarhauses herüber. Sie zog ihre blaue Strickjacke fest vor der Brust zusammen.

Da wurde der kleine Schreck, der ihr von Anfang an in den Gliedern gesessen hatte, größer. War ihm langweilig ums Herz? Wegen ihr?

Er ging.

Elke Erb

Fortlaufender Text

Zaubere glaube der Berg
hat zu Füßen Anderland

Katakomben
Wein fein in den Mauern
Tonnengewölbe

die Lerche steht das Telefon weht

Es kreuzen und queren Busse
Geld haben mußt du Wo
ist mein Wald

sagt das
Rotkäppchen Großmutters Strickzeug
verewigt

am Firmament

Alles
Deutschland mehr
ist es nicht

Rhein-Hessen / Hahn
oder Storch auf dem Dach

Weinanbau Kinderschlitten oh Ostern

Hans im Glück

Je öfter er über eine Brücke geht,
die nur er sieht, die er nur sieht,

desto reiflicher wird er ein
von dem jedesmal Nichts dieser Brücken
und dem überbrückten jedesmal Nichts
mental Erbauter.

Heimat – dreimalneunter Rand.
Auf einem Seerosenblatt sitzt ein Frosch. Die
Rückenschräge, Füße, Bauch, Brust, Maul oliv,
das Licht auf dem Weiher flirrt vom Laub.

Kathrin Schmidt

Die Nelke

Es war eine Königin, die hatte unser Herrgott verschlossen, daß sie keine Kinder gebar. Alle Morgen ging sie in den Garten und bat Gott im Himmel, er möchte ihr einen Sohn oder eine Tochter bescheren. Da kam ein Engel vom Himmel und sprach: »Gib dich zufrieden, du sollst einen Sohn haben mit wünschlichen Gedanken, denn was er sich wünscht auf der Welt, das wird er erhalten.« Sie ging zum König und sagte ihm die fröhliche Botschaft, und als die Zeit herum war, gebar sie einen Sohn, und der König war in großer Freude.

Nun ging sie alle Morgen mit dem Kind in den Tiergarten und wusch sich da bei einem klaren Brunnen. Es geschah einstmals, als das Kind schon ein wenig älter war, daß es ihr auf dem Schoß lag und sie einschlief. Da kam der alte Koch, der wußte, daß das Kind wünschliche Gedanken hatte, und raubte es und nahm ein Huhn und zerriß es und tropfte ihr das Blut auf die Schürze und das Kleid. Dann trug er das Kind fort an einen verborgenen Ort, wo es eine Amme tränken mußte, und lief zum König und klagte die Königin an, sie habe ihr Kind von den wilden Tieren rauben lassen. Und als der König das Blut an der Schürze sah, glaubte er es und geriet in einen solchen Zorn, daß er einen tiefen Turm, in den weder Sonne noch Mond schien, bauen und seine Gemahlin hineinsetzen und vermauern ließ; da sollte sie sieben Jahre sitzen, ohne Essen und Trinken, und sollte verschmachten. Aber Gott schickte zwei Engel vom Himmel, in Gestalt von weißen Tauben, die mußten täglich zweimal zu ihr fliegen und ihr das Essen bringen.

Der Koch aber dachte bei sich: Hat das Kind wünschliche Gedanken, und ich bin hier, so könnte es mich vielleicht ins Unglück bringen.

Da machte er sich vom Schloß weg und ging zu dem Knaben, der war schon so groß, daß er sprechen konnte, und sagte zu ihm: »Wünsche dir ein schönes Schloß mit einem Garten und was dazugehört.« Und kaum waren die Worte aus dem Munde des Knaben, so stand alles da, was er gewünscht hatte. Über eine Zeit sprach der Koch zu ihm: »Es ist nicht gut, daß du so allein bist, wünsche dir eine schöne Jungfrau zur Gesellschaft.« Da wünschte sie der Königssohn herbei, und sie stand gleich vor ihm und war so schön, wie sie kein Maler malen konnte.

Nun spielten die beiden zusammen und hatten sich von Herzen lieb, und der alte Koch ging auf die Jagd wie ein vornehmer Mann. Es kam ihm aber der Gedanke, der Königssohn könnte einmal wünschen, bei seinem Vater zu sein und ihn damit in große Not bringen. Da ging er hinaus, nahm das Mädchen beiseit und sprach: »Diese Nacht, wenn der Knabe schläft, so geh an sein Bett und stoß ihm das Messer ins Herz und bring mir Herz und Zunge von ihm; und wenn du das nicht tust, so sollst du dein Leben verlieren.«

Darauf ging er fort und als er am andern Tag wiederkam, so hatte sie es nicht getan und sprach: »Was soll ich ein unschuldiges Blut ums Leben bringen, das noch niemand beleidigt hat?« Sprach der Koch wieder: »Wo du es nicht tust, so kostet dich's selbst dein Leben.« Als er weggegangen war, ließ sie sich eine kleine Hirschkuh herbeiholen und ließ sie schlachten, nahm Herz und Zunge und legte sie auf einen Teller, und als sie den Alten kommen sah, sprach sie zu dem Knaben: »Leg dich ins Bett und zieh die Decke über dich!« Da trat der Bösewicht herein und sprach: »Wo ist Herz und Zunge von dem Knaben?« Das Mädchen reichte ihm den Teller, aber der Königssohn warf die Decke ab und sprach: »Du alter Sünder, warum hast du mich töten wollen? Nun will ich dir dein Urteil sprechen. Du sollst ein schwarzer Pudelhund werden und eine goldene Kette um den Hals haben, und sollst glühende Kohlen fressen, daß dir die Lohe zum Hals herausschlägt.«

Und wie er die Worte ausgesprochen hatte, so war der Alte in einen Pudelhund verwandelt und hatte eine goldene Kette um den Hals, und die Knechte mußten glühende Kohlen heraufbringen, die fraß er, daß ihm die Lohe aus dem Hals herausschlug. Nun blieb der Königssohn noch eine kleine Zeit da und dachte an seine Mutter und ob sie noch am Leben wäre. Endlich sprach er zu dem Mädchen: »Ich will heim in mein Vaterland; willst du mit mir gehen, so will ich dich ernähren.« – »Ach«, antwortete sie, »der Weg ist so weit, und was soll ich in einem fremden Land machen, wo ich unbekannt bin.« Weil es also ihr Wille nicht recht war und sie doch voneinander nicht lassen wollten, wünschte er sie zu einer schönen Nelke und steckte sie zu sich.

Da zog er fort, und der Pudelhund mußte mitlaufen, und zog in sein Vaterland.

Der gelben Nelke in seinem Knopfloch gab er allerorten frisches Wasser, darob sie schöner und schöner erblühte. »Sag einmal«, hub er eines Abends an, »willst du in meinem Vaterlande das Nelklein bleiben, das immerfort in meinem Knopfloch steckt? Oder darf ich dich mir herwünschen im Fleische, daß wir uns hübsche Kinder machen können?« Die Nelke errötete, das Blut schoß ihr ins Blütlein. »Soweit ist es noch nicht«, flüsterte sie, »erst einmal möchte ich sehen, ob in deinem Vaterlande auch Platz für mich ist.« Sprach's und verschloß ihr Mündlein fürs erste.

Dem Pudelhund schlug bei ihren Worten die Lohe aus dem Halse. Gar zu gern wäre er ein Mensch geblieben, der sich mit Mägdelein allezeit verlustierte! Aber nun war Glut nur zum Fressen da, im Empfinden mußte sie zurückstehen.

Als sie alle drei in des Königssohnes Vaterland ankamen, sprangen sogleich die Wachen herzu und versperrten ihnen den Weg. »Siehst du«, flüsterte die Nelke, daß nur der Jüngling sie hören konnte, »so springen sie mit uns um, und sogar dich halten sie für einen Fremdling.« »Hohöööö!« rief er da, »aus dem Wege, oder kennt ihr eures Herrschers Sohn nicht? Der lange genug in der Fremde war und nichts sehnlicher wünscht, als endlich heimzukehren?«

Die Wachen blickten einander in die Augen und lachten aus vollem Halse. Der eine bohrte seinen Speer in das linke Bein des Königssohnes, der andere biß ihm ein Stück des Ohres ab. Da erinnerte der Jüngling sich seiner wünschlichen Gedanken und machte, daß die Wachen zu Kieseln wurden, die ihm unter den Füßen knirschten.

Als er zum Hofe des Vaters kam und sich ihm zu erkennen gab, sein Muttermal in der Achselhöhle zeigte, begannen des Königs Augen zu schwimmen in einem Teiche von Tränen. Er erzählte seinem Sohne, was unterdessen geschehen war. Sogleich schickte er seine Leibdiener, den Leichnam der Königin aus dem Turmverlies heraufzuziehen, auf daß er in Ehren bestattet würde.

Welch eine Freude aber, als sie sie lebendig fanden! Zwei weiße Täubchen flogen ihr ums Haupt. Das waren die Engel, die Gott ihr geschickt hatte viele Jahre lang, und als sie schließlich davonflogen, schaute ihnen die Königin lange nach.

Der Junge wünschte nun dem Nelklein seine Frauengestalt zurück, um seine Eltern mit ihr bekanntzumachen. Da aber schrak der König zurück, denn es war eine Gschrimpfelte, die da vor ihm stand. »Was ist? Was habt Ihr?« fragte der Junge erschrocken. Die Nelke war doch zur schönsten Form erblüht, ein gelocktes, blondes Mägdelein mit so blauen Augen, daß der Himmel darin sein Ende finden könnte! Der Vater ließ die Wachen kommen und das Mädchen in Gewahrsam nehmen. Es schaute traurig drein, und sein Haar war golden wie die Krone des Königs. Den Königssohn nahm er daraufhin beiseite und erklärte ihm, was es mit dem Mädchen auf sich habe. Die Gschrimpfelten waren in den Jahren seiner Abwesenheit zu den ärgsten Feinden des Königs geworden, die allesamt des Landes verwiesen worden waren und nimmermehr wiederkommen sollten. »Aber woran erkennt man denn einen Gschrimpfelten?« fragte der Junge verwundert. »Am blonden und lockigen Haar und den azurblauen Augen, in denen der Himmel zuende geht«, sagte der König.

Vor Jahren war sechs Wochen lang schlechtes Wetter gewesen im Königreich. Der König hatte seine lustige Jagd und sein Maskenfest im Freien absagen müssen. Seine Stimmung sank und sank, bis er sich ganz und gar der Weinerlichkeit anheimgab. Zwar grünte und blühte es ob des anhaltenden Regens gar prächtig, die Scheuern waren übervoll, wenn auch das Korn ausgelegt werden mußte zum Trocknen, aber des Königs Mißlaunigkeit ließ keine Freude darüber aufkommen. Das Land verharrte in abwartender Stellung. Die Gelehrten rätselten, was denn als Ursach des Schlechtwetters herhalten könnte. Bis dem Oberlehrer Schultemeier die Ursach aufging: Unter seinen Schülern sahen die Blondlocken und Blauaugen so aus, als könne ihnen das Wetter nichts anhaben! Sie scherzten und sprachen miteinander in hohen Tönen, und ihre Augen, fand Schultemeier, hatten dem Himmel das Blau weggetrunken wie die Haare den goldenen Glanz der Sonne in sich aufgenommen. Das war Diebstahl! Sogleich war er zum König gelaufen, ihm diese Kunde zu überbringen, und kaum hatte er das getan, sah es der König ebenso. Er fragte sich, wie ihm das über Wochen hatte verborgen bleiben können. Die Gschrimpfelten, wie er sie fortan abfällig nannte, wurden in Listen erfaßt und außer Landes getrieben. Fast ein Drittel des Volkes ging blondgelockt und blauäugig durchs Leben. Zu viele, wie der König fand. Sie hatten sich ausgebreitet und den Trägern haselnuß-, roggenstroh- und kohlefarbenen Glatthaares, froschgrüner, senfbrauner und aschgrauer Augen das Leben zur Vorhölle gemacht mit ihrem Raub. Nachdem sie fort waren, hatte es noch eine ganze Woche gedauert, bis das Wetter wieder umschlug und der Himmel sein Blau und die Sonne ihr Gold wiederfanden. Dem König war dies Bestätigung, daß er viel zu spät darauf gekommen war, und es war ihm eine Lehre. Sobald nun noch eine glatthaarige Braune ein gschrimpfeltes Kind bekam, wurde es außer Landes geschafft. Da die Mütter ihre Kleinen nicht völlig mutterseelenallein in einem Täschchen jenseits der Grenze abstellen wollten, begleiteten sie sie, und auch die Männer waren oft drauf und dran, ihre Weiber und Kinder nicht ziehen lassen zu wollen und gingen schließlich mit. Das Land hatte viel weniger Einwohner als noch vor einiger Zeit, und der König sah mitunter bei seinen Ausritten die vielen leer stehenden Katen, zerschlagenen Fenster und verlassenen Feuerstellen. Dann war er bemüht, gar schnell an etwas anderes zu denken.

Der Königssohn hörte ihm zu. Die Königin mußte herzlich lachen über die Geschichte und hielt sie für blanken Unsinn. Das erboste nun aber den König so sehr, daß er nicht an sich halten konnte und eine Schaufel voller Kaminglut nach ihr warf. Der Pudelhund, erfreut im Glauben, es handele sich um sein Frühstück, sprang dazwischen und verschlang sie, daß ihm wiederum die Lohe aus dem Halse schlug. Während er sich die Lefzen leckte, hielten die anderen inne und sahen einander voller Erschrecken an. Die wünschlichen Gedanken des Jungen gingen zum Nelklein hin, und sogleich stand es wieder neben ihm als schöne Frau, zu der der Name »Gschrimpfelte« nicht passen wollte.

Da fragte der Königssohn seinen Vater, ob das sein letztes Wort gewesen sei, und als der König bejahte, wünschte er seine Mutter, die Nelke und sich selbst weit fort. Der Pudelhund aber sollte dem König treu anhängen und nach Glut verlangen.

Da, wo die drei schließlich leben wollten, holte der Junge gedankenschnell all die Gschrimpfelten hin, die sein Vater vertrieben hatte. Sie waren zunächst auch froh und dankbar, daß ein Königssohn sich ihrer annehmen wollte und erklärten ihn sogleich zu ihrem König. Seine Mutter aber sprach: »Der gnädige barmherzige Gott, der mich im Turm erhalten hat, wird mich bald erlösen.« Da lebte sie noch drei Tage und starb dann selig; und als sie begraben ward, da folgten ihr die zwei weißen Tauben nach, die ihr das Essen in den Turm gebracht hatten und Engel vom Himmel waren, und setzten sich auf ihr Grab.

Nun war aber der König nach dem Tode der Mutter der Einzige unter all den blauäugigen Blondlocken, dessen Haar dunkel und glatt über die Schultern stürzte. Der erste, dem dies nicht gefiel, war der Koch, und er setzte dem Essen ein wenig Arsen zu, auf daß der König kränkele und schließlich stürbe. Tatsächlich kränkelte der König. Er suchte Zuflucht bei seinen wünschlichen Gedanken und fand die Ursach des Kränkelns schnell heraus. Voller Unmut stellte er den Koch zu Rede. Der aber hatte inzwischen das Volk hinter sich gebracht in seinem Ärger über den glatthaarigen Braunen. »Aus der Art« hatte er ihn überall genannt und »verschlagen«, und das Volk schlug nun die Tür des Thronsaales ein, überrannte die Wachen und rief den Koch zum König aus.

Das war zu viel für den Königssohn. Er wünschte sich sein Nelklein ins Knopfloch und trat die Reise zum Herrgott an, der seine Mutter einst verschlossen hatte. »Herrgott«, rief er voller Verzweiflung von weitem, »warum hast du meine Mutter aufgeschlossen, daß sie mich bekommen mußte, und ist nun kein Platz für mich und mein Nelklein auf der Welt?« Der Herrgott aber lachte und wies ihm einen Platz auf einem Planeten zu, den er Erdreich nannte. Er nahm ihm seine wünschlichen Gedanken ab und das Nelklein aus seinem Knopfloch. Als Ada schickte er es zu ihm, dem er den Namen Evam gab. Er mußte ihnen nicht zeigen, wie sie Kinder machen konnten, denn das hatten sie wohl begriffen. Und als sie alt geworden waren und ihre Kinder und Kindeskinder unter Herrgotts Sonne herumspringen sahen, da dachten sie plötzlich an den Pudelhund in seines Vaters Schloß und mußten herzlich lachen, und ob sie noch leben, das steht bei Gott.

Peter Härtling

Knöllchen

Ein Märchen für später

Es wird einmal ein Kind kommen, ein Junge, kein Held, kein Muskelspieler, sondern ein dünnes, mehlbleiches Bürschlein, das keinen Laut von sich gibt. Keinen Schrei bei der Geburt, keinen Ton, und kein Wort danach. Das änderte sich nicht. Er reagierte nicht, wenn er angesprochen wurde, nicht auf Stimmen, nicht auf Gesang. Die Eltern wandten sich an Ärzte, die sie mit Vermutungen beunruhigten. Vermutlich sei das Kind taub, aber sie müßten wohl auch damit rechnen, daß es stumm bleiben werde. Dem Vater schien das kleine Wesen wie eingeschlossen. Es stimmte ihn traurig, daß sein Sohn die Eltern nicht an ihren Stimmen unterscheiden konnte. Weit, weit weg von uns, sagte er.

Aber die Mutter bestand darauf, mit ihrem Kind sprechen zu können, wenn sie es berührte und streichelte. Sie bekomme auch Antworten. Er erhielt den Namen Carlo, doch ein Freund der Eltern fand einen bei weitem treffenderen. Er nannten den Jungen, erschrocken über seinen Zustand, voller Zärtlichkeit Knöllchen. Mit seinem winzigen, runzligen Gesicht wuchs das Kind wie von selbst in den Kosenamen hinein. Knöllchen kam auf eine Schule, in die Kinder gingen, die wie er auch taubstumm waren, die nichts hörten, kaum sprechen konnten. Das Schweigen, unruhig von ihren Bewegungen, umgab sie, es wurde nur gebrochen von den Stimmen der Lehrerinnen und Lehrer. Knöllchen lernte rasch, was ihm beigebracht wurde, die Gebärdensprache, das Alphabet der sprechenden Hände, und mit besonderem Eifer las er von den Lippen anderer. Ihn vergnügte es, Wörter zu sehen. Sie glichen sich nämlich so gut wie nie, wenn sie einander auch gleich waren, da sie die Lippen anders formten. Er beurteilte die Menschen, die er kennen lernte, nach ihren Lippen. Er pflückte Wörter von den Lippen, Wortbilder, tonlose, und sammelte sie in seinem Kindergreisenköpfchen. Seine Eltern freuten sich, wie schnell er lernte. Sie übten mit ihm die Gebärdensprache, sprachen für ihn, indem sie die Wörter deutlich auf ihre Lippen setzten. Er wurde älter und blieb schwächlich. Er entwickelte eine Gabe, die seine Mutter zuerst bemerkte. Vielleicht weil sie ihm so verbunden war, dachte sie, was er zu denken wünschte, sprach sie, was er sprechen wollte. Er konnte die Wörter, die er gelernt hatte, aussenden, seine Gedanken übertragen, konnte in einen anderen Kopf hineinreden. Die Mutter hatte Knöllchen eingeladen, mit ihr in den Zoo zu gehen, was sie, wenn sie sich mit ihm langweilte, öfter tat. Er ging neben ihr her, unwillig, und sie redete, verblüfft, ihm nach. *»Warum muß ich mir immer Affen und Krokodile angucken, wenn du nichts mit mir anzufangen weißt.«* Sie blieb stehen, hielt ihn fest an der Hand, sah ihn an. Er las von ihren Lippen, was er gedacht hatte und wußte, daß er sich damit verriet. Doch sie umarmte ihn, drückte ihn an sich, und er spürte, wie heftig sie lachte. »Jetzt haben wir beide ein Geheimnis«, sagte sie.

Er fand Gefallen daran, Wörter auszuschicken, denn er war sicher, niemand käme auf den Gedanken, er könnte der Absender sein. Er, Knöllchen, den jeder Windstoß umblasen konnte.

Da seine Lieblingswörter alle aufgereiht wie an einem Schlüsselbrett in seinem Kopf hingen, er auch nicht wußte, wie sie klangen, übte er, sie zu schreiben und erstaunte auch damit seine Umgebung. Er schrieb in Großbuchstaben und alle Wörter ohne Abstand, vor allem Wörter, die besonders nah am Schlüsselbrett zusammenhingen, die ihn vergnügten, mit denen sich spielen ließ, die sich oft reimten: *VERLIERENIEPAPIERE*. Ein alter Lehrer, der ihnen das Rechnen beibrachte, mit Schwung und schnell sprechenden Händen, und die Tafel mit einem Netz von Zahlen bedeckte, fragte in die stumme Runde: »Was ist achtundzwanzig und achtundzwanzig. Also?« Knöllchen schickte Wörter aus, und der Alte redete mit Lippen und Händen: »*Achtundschwanzig, achtundschwanzig fährt von Bremen hin nach Danzig.*« Er stutzte für einen Augenblick, wiederholte sich, schüttelte den Kopf: »Was weiß ich, wie ich auf diesen Unsinn komme.« Die Frage des Lehrers erfüllte Knöllchen mit Stolz. Er blieb vorsichtig, hielt die wandernden Wörter zurück, wollte sich nicht verraten. Daß sich dennoch Mut und Übermut vereinten und ihn zu aufsehenerregenden Zwischenreden antrieben, hatte mit der Arbeit seines Vaters zu tun. Der war Wetterforscher. Ihn interessierten allerdings die täglichen Voraussagen im Fernsehen oder in den Zeitungen überhaupt nicht, vielmehr, wie das Wetter der Zukunft die Erde verändern würde. Aus diesem Grund legte er sich mit anderen Forschern, Staatssekretären, Ministern und Managern an, diskutierte mit ihnen, besuchte Versammlungen, war geladen, vor Regierungsausschüssen zu erzählen, was ihn bedrückte. Knöllchen begleitete ihn dabei. Der Vater gewöhnte sich daran, den stummen, in sich eingeschlossenen Sohn neben sich zu haben. Knöllchen merkte sich Gesichter, indem er auf Lippen starrte, breite, dicke, herzförmige, wie Tropfen hängende. Er sammelte sie ein wie die Wörter und reihte sie zu einer ihn beunruhigenden Porträtgalerie. Alle, die ihm da begegneten, setzten seinem Vater zu, durch Rechthaberei, Lügen, Besserwissen und eine Wortmacht, die Knöllchen unter die Haut ging, gegen die er sich wehren mußte. Wann immer ihn die schwungvollen, gleichgültigen und selbstherrlichen Reden angriffen, schickte er unsinnige Wörter und Reime auf die Lippen der Staatssekretäre, Fabrikanten, Minister und Manager, sodaß die Zeitungen und sogar das Fernsehen über deren »mentale Ausfälle« berichteten. So zum Beispiel: »Gestern in einer von scharfen Debatten gekennzeichneten Veranstaltung geriet zum Erstaunen des Publikums Minister Möller gänzlich aus der Fassung. Er behauptete, die Eiskappen der Pole und die Gletscher würden nur schmelzen, weil sie von dem für die Erdzeitalter typischen Temperaturwechsel abhängig seien. Er sagte: ›Ich werfe den Klimaforschern Ideologie vor‹, und fuhr danach fort, völlig sinnverwirrt: ›*Prima Klima, Wetterfrösche, Schredderwäsche, Glitsche, Klatsche, Gletscher.*‹ Vom Gelächter des Publikums verfolgt, hastete er vom Podium. Wir fragen uns ernsthaft, ob der Mann in seiner Position noch tragbar ist.«

Der Minister trat zurück. Knöllchen hatte es geschafft, seine Zwischenreden, die von den Kommentatoren als Wirr-Reden bezeichnet wurden, hatten Erfolg. Staatssekretäre verschwanden in der Versenkung, Forscher versicherten, von neuem nachzudenken, Manager und Minister gingen in den vorzeitigen Ruhestand.

Polizei und Geheimdienst suchten nach dem Auslöser der wirren Reden, als wäre es ein Virus, oder, wie auch angenommen wurde, ein Verrückter, der die Hypnose beherrsche.

Den Höhepunkt des Dreinredens, bereits Zeugnis seiner wachsenden Virtuosität im Wörteraussenden, erreichte Knöllchen in einer Wahlversammlung, die er mit seinem Vater besuchte. Wieder ging es ums Klima, um die Veränderung der Erde, die Sorglosigkeit ihrer Bewohner. Ein Industrieller, der für die neue Regierung warb, regte Knöllchens Vater besonders auf. Er neigte dazu, seine Gegner lächerlich zu machen. Dessen Gesicht, weitflächig und hochmütig, hatte Knöllchen schon in seiner Galerie aufgenommen. Es fiel ihm nicht schwer, es anzusprechen, ihm zuzusprechen, in es hineinzureden.

Der Mann wandte sich namentlich an Knöllchens Vater und steigerte seinen Hohn: »Wie sollen wir existieren, wie sollen wir uns global entwickeln können? frage ich Sie. Wie? Wenn wir Stäubchen aus Regentropfen destillieren und ohne Grund, ohne Beweis erklären, daß die Meere steigen und die Erdbevölkerung in ein paar Jahrzehnten unter Wassermangel leiden werde. Welcher Unsinn! Wir sollten…« –, der große Mann wollte fortfahren, doch er verfiel in einen sonderbaren Singsang: »*Sonne, Mond und Sterne, im Wasser steh ich gerne. Ich weiß nicht, was ich denken soll, die Zukunft hat die Hosen voll.*«

Nach diesem Debakel zog sich der Redner in die Schweiz zurück, da er sich dort sicher fühlte.

Knöllchen, der eigentlich schon Knolle gerufen werden sollte, aber zart und anfällig blieb, ließ seinen Vater mehr und mehr allein. Er fürchtete, in Verdacht zu geraten. Er studierte und wurde Lehrer an seiner alten Schule, brachte den tauben und stummen Kindern bei, von den Lippen zu lesen, mit den Händen zu reden, Wörter ernst zu nehmen und zu schreiben. Noch immer hatte er die Eigenheit, Wörter in Großbuchstaben zusammenzuziehen. So schrieb er einmal mit Schwung an die Tafel: *ALSOLASSENWIRDOCHMALDIEANDERNREDEN!*

Elke Erb

Nichts feststellen!

Da kam das strohgelbe Gelb wie Stroh Geld wie Heu
und der Hahn krähte, das Huhn aber sagte:

Krähe nicht, lieber Mann laß uns doch in das Feld gehen,
Abendbrot essen

Und als nun die Sonne nicht mehr zu sehen
und das Huhn satt war, keine Story! stopp!

Stoppelstroh! Szenenwechsel!
Daheim die Kratzfüße schliefen!

Uwe Kolbe

Märchens Anfang (storiella)

Hans Scheib sprach von dem Märchen Anfang des Jahres, genauer gesagt sprach er nicht so genau, sondern er sprach von *einem* Märchen. Ich war begeistert. Eben schrieb ich an einem anderen Märchen, das eine Frechheit war, die schlichtere, ins Märchen geholte Version eines bekannten Mythos, denselben jedoch nur touchierend, mehr nicht, im Blankvers. Das ging mir vergleichsweise leicht von der Hand, auch und sehr wegen der Illustratorin.

Nun denn, noch ein Märchen, was für ein Zufall, die lagen wohl in der Luft! Ein Bedürfnis von Menschen vielleicht, die in eine zunehmend profan empfundene Welt hineinreifen und wissen, daß sie mit den weniger profanen Angeboten auf dem Markte nichts mehr anfangen werden. Wenigstens im Märchen zwischen Mythos, Geschichte und gelinder Zauberei etwas ausruhen im beinahe Bekannten, ankommen im beinahe Vertrauten, wohl wissend, daß da immer noch eine tiefere Schicht im Innen wie im Außen bleibt, doch gerade dort mit dem Märchen und seinem allemal klärenden Ausgang zu wohnen.

Hans Scheib ist Bildhauer. Schon lud er mich ein, die Märchenfiguren anzuschauen. Ein ungewöhnliches Vorhaben bahnte sich an: Der Text entstünde nach Figuren, die selbst noch nicht einmal Namen hatten. Eine zarte Frauenfigur, die Arme ausgebreitet, da stand sie, erinnerte mich an N. Eine Armada von immerhin 30 (dreißig) zart beflügelten schmalen Herren, bei deren Anschauen sich automatisch ein Sirren im Ohr einstellte. Mehr noch nicht.

War es beim nächsten Termin, daß sich Affen dazugesellten? Zunächst jedenfalls brachen wir auf, uns den Ort des Märchens, den »Ort der Handlung« anzuschauen. Er lag in Italien, in der Toskana, auf einem Bergsporn auf halber Strecke zwischen Arezzo und Florenz, über dem Arnotal. Nicht schlecht, so eine Reise, vor allem, weil sie der Recherche galt: auf das Märchen zu, zu ihm hin, es abzuholen, wo es siedelte, es zu schöpfen, wo es quoll. Da quoll nicht viel außer schöner Landschaft, alter Geschichte, berauschender Gastfreundschaft..., will sagen alles quoll, nur kein Märchen.

Wieder zuhause, schaute ich auf die Photos, auf die Landschaft, auf die Figuren. Hans Scheib hatte inzwischen immer wieder von einem Lied angefangen. Es müßte unbedingt ein Lied geben, einen Flieger-Song für die 30 (dreißig) Schwirrlinge. Ich versuchte mich daran, während ich über den Ablauf des Geschehens, über die eigentliche Handlung des Märchens nachdachte. Nun kamen die Affen dazu, vier an der Zahl, zwei verschiedene Arten. Immer, wenn ich etwas von der Art der Affen sagte, wehrte der Bildhauer ab. Es wären bloß Affen. War ja auch etwas dran: Für die Namensgebung, also auch für die Bezeichnung der Arten, im Falle, sie stellte sich als für das Märchen notwendig und schlüssig heraus, war einzig ich zuständig. Vollkommene Trennung von Text und dreidimensionalem Bild. Ein kleines Flugzeug gab es auch noch. Woher kam und wohin gehörte auf einmal die Schlange am Sockel, auf dem die mir schon bekannte Frau stand (sie erinnerte mich, wie gesagt, an N.)?

Mich erfaßte eine große Unruhe. Ich stand vor der Lösung wie Ali Baba vor der Räuberhöhle. Möglichkeiten taten sich auf wie Weggabeln, an denen es bekanntlich immer um das Ganze geht. In diesem Fall um Schreiben oder Nichtschreiben. Ich fürchtete zu versteinern wie der getreue Johannes. Nichts nämlich ist schlimmer, als einen Freund zum Auftraggeber zu haben.

Die Ausstellung der Märchenfiguren in Poppi sollte im Juni stattfinden. Ich sagte in einer Mischung aus Zeitnot, aber auch aus Scham meine Mitreise ab, doch folgendes Fragment gab ich Hans Scheib mit auf den Weg, es wurde ins Italienische übersetzt unter dem Titel *storiella*:

Es war einmal in vergangenen Tagen, da kam der ewige Wanderer nach Poppi. Er ließ sich nieder an einem Hang unterhalb des Kastells, um hoch überm Tal des Flusses Arno ein wenig zu rasten. Müdigkeit übermannte ihn, er glaubte, als letztes vor dem Einschlafen eine zarte Frau in der etwas diesigen Luft zu sehen, die weit die Arme breitete und lächelnd auf ihn nieder schaute. Im Erwachen juckte es ihn im Rücken, gleich bei den Schulterblättern, und wie er sich kratzen wollte, da fühlte er, daß ihm Flügel gewachsen waren, große, wenn auch zarte Flügel. Wie es in seinem Gemüt lag, wollte er sie gleich ausprobieren, um sein ewige Reise fortzusetzen. Doch da stand es wieder vor ihm, das zarte Weib, das er vor dem Einschlafen gesehen hatte. Mit weit gebreiteten Armen wies sie über die Welt, lächelte wie vorhin und sagte: »Mein Freund, ich frage dich, weißt du, was deine Aufgabe ist?« Er wußte selbstverständlich, wozu er auf der Welt war und antwortete getreulich: »Ich bin zum Wandern da.« Sie lächelte, wie ihm schien, noch milder, und sprach auf eine Weise, daß er ihr für den Rest seines Lebens gern nur noch zugehört hätte: »Höre und verstehe, was deine Pflicht von nun an, was deine heiligste Aufgabe ist, bis ich dich wieder entlasse, wenn ich dich wieder entlasse, denn das setzt voraus, daß du deine Aufgabe erfüllst, und das wiederum, wisse! liegt in deiner Hand oder sagen wir besser, auf deinem Rücken, mein lieber Wanderer, und so rühre denn deine frischen, jungen Flügel als ein zielstrebiger Wanderer der Lüfte und fliege und finde, was zu finden dir aufgegeben, bringe es her zu mir, und falls einer fragt, wem du dienest, so sage meinen Namen ruhig an, sprich mir nach: Endora.« Er sagte: »Dora.« Sie sagte: »En-Dora, mein Lieber, denn ich bin die eine Dora, die Dora des Einen und Guten, Endora, die Hüterin der Ruhe, welche in die Welt zurückgeholt werden muß, weil meine Zwillingsschwester, die andere Dora, sie einst aus ihr vertrieben hat.« Da war ihm, als hätte sie einen Zauberstab gerührt, doch dessen bedurfte sie vielleicht gar nicht, hatte nur wieder die Arme auf ihre anmutige Art ausgebreitet, könnte auch sein, nur ihre Stimme hatte bewirkt, was er nun hörte in dem Augenblick, wo er selbst sich erhob, nämlich, daß rings um ihn her sich andere erhoben, ein Summen die Lüfte erfüllte und ein munterer Schwarm von Fliegern, die auf seltsame Weise ihm glichen, sich aufmachte, scheinbar von innen her wissend wohin, wie Zugvögel Richtung Süden.

Figuren, Objekte & Installationen: Hans Scheib. – Fotocollagen S. 59, 60 + 68: Uwe Kolbe & Jette Scheib. – Fotos (7): Sebastian Schobbert / Raum 204.

Werner Heiduczek

Die traurige Geschichte von Schneewittchen

Vor vielen, vielen Jahren, so wird erzählt, lebte in einem Land, das es heute nicht mehr gibt, die Tochter eines Königs. Weil ihre Haut so weiß war wie frisch gefallener Schnee, nannten sie alle Schneewittchen. Wer sie ansah, dem wurde es warm ums Herz. Nun hatte Schneewittchen schon früh seine Mutter durch eine böse Krankheit verloren und der Vater heiratete ein zweites Mal. Ob in Indien, Afrika oder Europa, überall pries man die Schönheit der Auserwählten. Der König war sehr stolz, eine so schöne Frau zu besitzen. Er holte Dichter an den Hof, die in ihren Gesängen die neue Königin preisen mußten. Von einem Meister in Persien ließ er einen Spiegel anfertigen, damit auch sie Freude an sich selbst habe, denn er dachte, wenn ich so viel Freude über ihren Anblick empfinde, soll es bei ihr ebenso sein.

Nun lebte nicht weit vom Schloß in einer ärmlichen Hütte ein alter Mann, dem man nachsagte, er könne in die Zukunft blicken. Der König befahl, diesen vor seinen Thron zu bringen.

»Höre, Alter«, sagte er, »man erzählt, Du könntest in die Zukunft schauen. Ist es so, dann sage mir, was wartet auf mich, mein Land und meine Frau?« Und weil der fromme und weise Mann schwieg, fragte der König ein zweites Mal: »Was wartet auf mich, mein Land und meine Frau?« »Solange es Schneewittchen gut geht«, antwortete der Alte, »solange mußt Du Dir keine Sorgen machen. Wenn Du aber einen Rat willst, dann jage die falschen Sänger vom Hof und zerschlage den Spiegel, den Du für Deine Frau hast anfertigen lassen.«

Dem König gefielen jedoch die Lieder der Sänger und auch der Spiegel gefiel ihm, so schickte er den Alten verärgert fort, denn er nahm ihn für einen Scharlatan, der die Leute mit vorgegebenem Wissen betrog. Schneewittchen vertraute er seiner Frau an, damit es ihm gut ginge. Das Mädchen war erst zwei oder drei Jahre alt und die junge Königin spielte mit Schneewittchen wie mit einer Puppe. Beide hatten Freude daran. Am meisten vergnügten sie sich, wenn die Königin den Spiegel Schneewittchen in die Hand gab und ihr auftrug, diesen so zu halten, daß sie sich darin betrachten konnte. Jedes Mal sagte sie dann: »Spieglein, Spieglein in Schneewittchens Hand, wer ist die Schönste im ganzen Land?«

Und wenn der Spiegel antwortete: »Frau Königin, Ihr seid die Schönste im ganzen Land«, war sie zufrieden. Schneewittchen war noch ein kleines Kind und verstand von dem dummen Spiel nichts. Manchmal aber, wenn sie allein war, nahm sie den Spiegel, hielt ihn sich vors Gesicht und sagte: »Spieglein, Spieglein in meiner Hand, wer ist die Schönste im ganzen Land?« Sie wollte auch so schön sein wie ihre Stiefmutter, dem Vater und allen anderen am Hofe gefallen. Aber der Spiegel gab immer nur die eine Antwort: »Frau Königin ist die Schönste im ganzen Land.«

So gingen etwa zehn Jahre hin und Schneewittchen wurde von Jahr zu Jahr schöner. Ihre Haut war so weiß wie frisch gefallener Schnee, aber das sagte ich wohl schon. Ihr Haar war schwarz wie Ebenholz und ihre Lippen waren so rot wie die reifen Kirschen im Garten des Schlosses. Schon kamen die Söhne anderer Könige, um Schneewittchen als Angetraute mit sich zu nehmen. Sogar aus China und Japan kamen welche. Aber Schneewittchen war nicht weniger launisch als ihre Stiefmutter. An jedem der Bewerber hatte sie etwas auszusetzen. Der eine war ihr zu klein, der andere zu groß, der dritte zu dünn. Schließlich sagte sie zu ihrem Vater: »Was soll ich in England, Rußland oder China. Nirgendwo bin ich so glücklich wie hier.« Das konnte auf Dauer nicht gut gehen.

Eines Tages, die Königin hatte Langeweile, gab sie Schneewittchen den Spiegel, schaute hinein und sagte: »Spieglein, Spieglein in Schneewittchens Hand. Wer ist die Schönste im ganzen Land?«

Sie zweifelte nicht daran, daß der Spiegel antworten würde wie immer. Doch er sagte: »Frau Königin, Ihr wart bisher die Schönste hier, aber Schneewittchen ist tausendmal schöner als Ihr.«

Da riß die Königin Schneewittchen den Spiegel aus der Hand und schickte sie zornig aus dem Zimmer. Dann hängte sie den Spiegel an die Wand, stellte sich davor und sagte: »Spieglein, Spieglein an der Wand, wer ist die Schönste im ganzen Land?«

Der Spiegel jedoch antwortete: »Frau Königin, Ihr seid die Schönste hier, aber Schneewittchen draußen ist tausendmal schöner als Ihr.«

Der Spiegel ist alt geworden und blind, er weiß nicht mehr, was schwarz ist und was weiß, so tröstete sich die Königin. Sie warf ihn in eine Truhe und verschloß diese. Schneewittchen ließ sie nicht mehr in ihr Zimmer, denn sie fürchtete den Anblick des Mädchens. Der König und sein Hofstaat, so meinte sie, könnten hinter ihrem Rücken ebenso sprechen wie der Spiegel. Eifersucht und Neid machten sie bösartig. Sie drängte den König, große Feste zu geben, auf denen die Sänger des Hofes ihre Schönheit preisen mußten. Wenn der König auch Schneewittchen zu den Festen laden wollte, sagte die Königin: »Schneewittchen will schöner sein als ich. Die Lieder der Sänger machen sie neidisch. Wir wollen sie nicht quälen.« Das schien dem König klug gesprochen. Er lobte nicht nur die Schönheit seiner Frau, sondern pries auch ihre Fürsorge um Schneewittchen.

Die Königin fand keine Ruhe mehr. Obwohl sie den Spiegel alt und blind schimpfte, holte sie ihn immer wieder aus der Truhe und wollte von ihm wissen, wer die Schönste sei. Aber der Spiegel sagte jedes Mal dasselbe: »Frau Königin ihr seid die Schönste hier, aber Schneewittchen in ihrer Kammer ist tausendmal schöner als Ihr.«

Es kam wie's kommen mußte. Der Neid brachte die Frau fast um den Verstand. Sie konnte nachts nicht schlafen, und auch sonst fand sie an nichts mehr Freude. Sie haßte Schneewittchen. So trug sie einem treuen Diener auf, das Mädchen in die Berge zu führen und zu töten. Zum Beweis sollte er Herz und Leber mitbringen. Aber der Mann hatte Mitleid mit dem schönen Kind, wartete bis es schlief, fing ein junges Reh, tötete es und schnitt ihm Herz und Leber heraus. Beides brachte er ins Schloß und zeigte es der Königin. Die mußte glauben, Schneewittchen sei tot. Sie befahl dem Koch, aus dem Mitgebrachten eine schmackhafte Speise zuzubereiten, und als sie diese gegessen hatte, schienen ihr die Blumen im Garten bunter, Sonne und Sterne leuchtender.

Schneewittchen aber fand sich nach dem Wachwerden allein inmitten der Berge. Sie rief nach ihrem Begleiter. Doch nur das Echo ihrer Stimme kam als

Antwort. Weil sie so allein war, weinte sie, suchte nach dem Weg zum Schloß, lief aber in der fremden Gegend in die Irre. Am Abend fand sie sich dort wieder, wo sie am Morgen losgegangen war. Sie war müde und erschöpft, setzte sich ins Gras und wollte sterben, aber ehe sie es sich versah, schlief sie ein. Die Nacht kam und deckte sie zu.

In dieser wilden Gegend lebten Schlangen, Wölfe und Bären. Aber keines der Tiere tat Schneewittchen etwas. Nicht lange, da traten aus einem Gebüsch mehrere Zwerge. Ich glaube, es waren sieben. Jedenfalls habe ich von so vielen gehört. Jeder trug in seiner Hand eine Grubenlampe, wie man es von Bergleuten kennt. Im Gebüsch befand sich der Eingang zu einem Stollen, den die Zwerge gegraben hatten, um in der Tiefe des Berges Silber und anderes edle Metall zu brechen. Morgens stiegen sie ein und nachts kamen sie wieder hervor. Im Schein ihrer Lampen sahen sie das Mädchen. Der erste leuchtete ihr ins Gesicht und sagte staunend: »Ihr Haar ist schwarz wie Ebenholz.« Und der zweite sagte: »Ihre Haut ist weiß wie frisch gefallener Schnee.« Und der dritte sagte: »Ihre Lippen sind rot wie die reifen Himbeeren vor unserem Häuschen.« So etwas Schönes hatte noch keiner von ihnen gesehen. Der Kleinste wollte sie wecken, um ihre Stimme zu hören. Aber der Älteste sagte: »Laßt sie schlafen, denn wenn sie uns im Dunkeln sieht, hält sie uns für Räuber, die ihr Böses wollen. Also setzten sich die Zwerge im Kreis um Schneewittchen, und weil sie von der Arbeit in der Tiefe des Berges müde waren, schliefen sie bald ebenso fest wie Schneewittchen. Als der Tag anbrach, wurde das Mädchen wach, sah die Zwerge um sich herum, und weil sie im Schloß solche Menschen noch nicht gesehen hatte, schrie sie vor Angst auf.

Da erwachten die Zwerge und der Älteste von ihnen sagte: »Fürchten mußt Du dich vor anderen, nicht vor uns. Wir haben lange Nasen, unsere Haut ist grau und unsere Lippen sind blaß. Du bist schön, wir aber sind häßlich. Wenn es dich nicht stört, so komm mit uns. In unserem Häuschen wird es Dir gut gehen. Wir haben reichlich zu essen und wollen auch sonst für Dich sorgen.« Schneewittchen war hungrig und durstig und inmitten der Zwerge fühlte sie sich beschützt. So ging sie mit.

»Wie heißt Du?« fragte einer von ihnen.

»Schneewittchen«, sagte sie.

Also riefen sie auch die Zwerge »Schneewittchen«. Morgens verließen die Zwerge das Häuschen, um ihrer Arbeit nachzugehen. Schneewittchen putzte die Zimmer, bereitete das Essen und spielte mit den Tieren, die sich ihr zutraulich näherten. Abends kamen die Zwerge, aßen, tranken Wein und schauten Schneewittchen unentwegt an. Und wenn sie fragte: »Warum schaut ihr mich unentwegt an?«, sagte der eine: «Was hast Du nur für schöne Zähne«, und der andere: »Was hast Du nur für schöne Beine«, und der dritte: »Was hast Du nur für einen schönen Hals«. Der vierte aber sagte: »Warum bin ich nur so klein und häßlich und so alt. Wäre ich schön und groß und jung, wollte ich Dich heiraten.«

Solche Worte erschreckten Schneewittchen, und sie dachte, warum bin ich nicht mit dem Königssohn nach England gegangen oder mit dem anderen nach China, wer weiß, was den kleinen Männern noch alles einfällt. Und doch blieb es nicht aus, daß ihr die Worte der Zwerge schmeichelten. So sagte sie eines Tages: »Ich würde gern in einen Spiegel schauen, um zu prüfen, ob es wirklich so ist, wie ihr sagt. Vielleicht lügt ihr, um mir eine Freude zu machen.« Da wurde der Älteste der Zwerge zornig und erwiderte: »Haben wir es um Dich verdient, daß du so sprichst. Wir besitzen keinen Spiegel. Was soll er uns nutzen. Und auch Dir bringt er keinen Nutzen. Wir sind Dein Spiegel und Du bist der unsere. So soll es bleiben.«

Nachdem er so gesprochen hatte, ging er in sein Bett, und die anderen taten es ihm gleich. Schneewittchen schämte sich vor dem Alten, und doch: Sie hätte allzu gern in einen Spiegel geschaut, um ihr Gesicht zu sehen und ihren Körper.

Im Schloß aber gab es seit dem Fortsein von Schneewittchen keine Freude mehr. Die Vögel im Garten sangen nicht, die Hunde jaulten, weil Schneewittchen nicht mit ihnen spielte und die Pferde im Stall zeigten sich unruhig, weil Schneewittchen ihnen nicht die Nüstern streichelte. Im Land des Königs regnete es unentwegt, die Flüsse traten über die Ufer und verdarben den Bauern die Ernte. Weil der König andere Sorgen hatte, als für seine Frau Feste zu feiern, auf denen die Sänger ihre Schönheit preisen mußten, blieb diese mißmutig auf ihrem Zimmer, und da ihr nichts Besseres einfiel, holte sie den Spiegel aus der Truhe, hängte ihn an die Wand und sagte: »Spieglein, Spieglein an der Wand, wer ist die Schönste im ganzen Land.«

Und der Spiegel antwortete: »Frau Königin, Ihr seid die Schönste hier, aber Schneewittchen hinter den sieben Bergen bei den sieben Zwergen ist tausendmal schöner als Ihr.«

»Das kann nicht sein«, rief die Königin und fragte ein zweites Mal. Aber der Spiegel sagte dasselbe wie zuvor. Da wurde die Königin zornig, ließ den Diener holen, den sie mit Schneewittchen in die Berge geschickt hatte und wollte von ihm wissen, wie es käme, daß Schneewittchen noch lebte, obwohl er ihr doch Leber und Herz des Mädchens gegeben hätte. Da gestand der arme Kerl, daß er es nicht über sich gebracht hätte, Schneewittchen zu töten. Herz und Leber hätte er einem jungen Reh entnommen und gehofft, daß Hunger und Durst oder wilde Tiere das Mädchen in den Bergen umbrächten, aber jemand müßte sie bei sich aufgenommen haben. Wohin er Schneewittchen gebracht hätte, wollte die Königin wissen. Und als ihr der Diener den Ort beschrieben hatte, rief sie nach dem Henker.

Am Abend sagte sie zu ihrem Mann: »Es liegt ein böser Zauber auf unserem Land, die Vögel im Garten singen nicht mehr, die Hunde jaulen, die Flüsse treten über ihre Ufer und verderben den Bauern die Ernte. Ich will in die Berge gehen und denjenigen ausfindig machen, der den Fluch über uns gesprochen hat.« Der König wollte seiner Frau zum Schutz eine Schar Soldaten mitgeben, aber sie sagte: »Der Geist ist stärker als alle Deine Soldaten. Laß mich allein gehen, meine Schönheit wird ihn gütig stimmen.« Da willigte der König ein, denn in seinem Land wurde das Elend immer größer.

Die Königin ließ sich von ihren Mägden Äpfel geben und legte diese in einen Korb. So weiß ich es von meiner Mutter. Den schönsten Apfel bereitete sie so zu, daß er auf der roten Seite voller Gift war, auf der weißen jedoch süß und gefahrlos. Dann verkleidete sie sich als Bäuerin und ging in die Berge. Sie fand den Ort, den der Diener ihr beschrieben hatte und nach einigem Suchen das Häuschen der Zwerge. Dort rief sie: »Schöne Äpfel feil, schöne Äpfel feil.« Da schaute Schneewittchen aus dem Fenster, und wie sie die feinen Äpfel im Korb sah, lief ihr vor Verlangen das Wasser im Mund zusammen. Was denn die Früchte kosteten, wollte sie wissen. »Ach«, sagte diese, »schmeckt erst einmal davon, dann können wir über den Preis sprechen.« Und weil Schneewittchen zögerte, griff sie nach dem giftigen Apfel, biß in die gesunde Seite und schmatzte vor Lust. Da konnte Schneewittchen ihrem Verlangen nicht widerstehen und biß gleichfalls in den saftigen Apfel, aber die Frau hielt ihr die giftige Seite hin. Kaum hatte Schneewittchen von der Frucht gekostet, fiel sie tot um.

Da warf die Königin den Korb mit allen Äpfeln ins Gras, lachte und machte sich schnell auf den Weg ins Schloß. Dort wusch sie sich, zog ihr prächtigstes Gewand an, trat vor den Spiegel und sagte: »Spieglein, Spieglein an der Wand. Wer ist die Schönste im ganzen Land?«

Und der Spiegel antwortete: »Frau Königin, Ihr seid die Schönste im ganzen Land.«

Sie fragte den Spiegel immer wieder, denn sie konnte seine Worte nicht oft genug hören. Abends ging sie zum König und sagte: »Ich habe den Geist gefunden. Er hat uns gestraft, weil Schneewittchen immer boshafter wurde. Sie wollte nicht nur schöner sein als ich, sondern schöner als die Sonne und weißer als der Mond. Er befahl mir, Schneewittchen zu ihm zu schicken. Bei ihm sollte sie arbeiten und Bescheidenheit lernen. Er wird den Tag bestimmen, an dem er Schneewittchen ins Schloß zurück schickt.«

Da aber die Vögel im Garten weiterhin nicht sangen, die Hunde nicht aufhörten zu jaulen und das Wasser nicht in sein Flußbett zurückging, sagte die Königin zu ihrem Mann: »Das alles darf Dich nicht beunruhigen, noch ist Schneewittchens Gier nach Schönheit so groß, daß der Fluch auf unserem Land bleibt. Erst wenn sie eine andere geworden ist, wird alles gut werden.« Weil die Frau so schön war, konnte sich der König nicht vorstellen, daß sie im tiefsten Herzen böse war. So ließ er den Dingen seinen Lauf und wartete und hoffte, daß alles sich wieder zum Guten wenden würde.

Derweil hatten die Zwerge Schneewittchen im Haus gefunden. Sie lag reglos am offenen Fenster. Und die kleinen Männer fürchteten Schlimmes, hatte ihnen doch Schneewittchen alles über ihre Stiefmutter erzählt. Sie wuschen Schneewittchen mit Wasser und Wein, suchten nach Blut und Wunden, flößten Heilsäfte in ihren Mund, aber das Mädchen blieb tot. So legten sie es auf eine Bahre, setzten sich drum herum, aßen nichts und weinten. Nach einigen Tagen wollten sie Schneewittchen in ein Grab legen, aber weil ihr Haar immer noch so schwarz war wie Ebenholz, ihre Lippen rot wie die reifen Himbeeren vor dem Häuschen und die Haut weiß wie frisch gefallener Schnee, brachten es die Zwerge nicht über sich, schmutzige Erde auf Schneewittchen zu schütten. Sie fertigten einen Sarg aus Glas, legten Schneewittchen hinein und trugen ihn auf den Gipfel des Berges an dessen Fuß ihr Häuschen stand. Tag und Nacht wachte einer von ihnen am Sarg. Auch Tiere kamen und weinten um das schöne Kind, ein Wolf, eine Eule, ein Bär und noch andere. Schneewittchen lag im gläsernen Sarg als sei es nicht tot, sondern schliefe einen tiefen Schlaf. So vergingen viele Tage.

Der Zufall wollte es, daß ein Königssohn während einer Jagd in diese Gegend geriet. Da er einem jungen Adler folgte, bestieg er den Berg und sah Schneewittchen in dem gläsernen Sarg. Er war von ihrer Schönheit so benommen, daß er keinen Schritt weiter zu gehen vermochte.

»Verkauft mir den Sarg mit dem Mädchen«, sagte er zu den Zwergen, »ich zahle Euch dafür, was ihr wollt.« Diese aber erwiderten: »Schneewittchen geben wir nicht für Silber, Gold, und Diamanten her.« »Dann fertigt einen zweiten Sarg, legt mich hinein und stellt ihn neben den ihren. Ich kann nicht leben ohne sie.« Er aß nichts mehr und trank nichts mehr, denn er wollte sterben, um Schneewittchen nahe zu sein. Weil der Prinz Schneewittchen so sehr liebte, sagte der Älteste der Zwerge: »So sei's, wir schenken Dir den Sarg mit dem toten Mädchen. Auf uns wartet die Arbeit im Berg. Nirgendwo wird Schneewittchen so behütet sein wie bei Dir.«

Sie hoben den Sarg auf ihre Schultern und machten sich auf den Weg zum Häuschen. Da verfing sich der Fuß eines der Zwerge in der Wurzel eines Busches, und weil er stürzte, strauchelten zwei andere mit ihm. Der gläserne Sarg drohte auf den steinernen Waldweg zu fallen, da sprang der Prinz hinzu, um ihn aufzufangen. Durch das Schüttern jedoch passierte es, daß sich aus Schneewittchens Hals das giftige Apfelstück löste und ihr aus dem Mund rutschte. Nach einer Weile öffnete Schneewittchen die Augen, hob den Sargdeckel richtete sich auf und fragte erstaunt, warum sie sich in einem gläsernen Sarg befände. Da erzählten ihr die Zwerge, was geschehen war, und daß der Königssohn sie mit sich nehmen wolle, und da sie auf wundersame Weise wieder lebendig sei, nun wohl heiraten würde.

»Das will ich in der Tat«, rief der Prinz. Schneewittchen sah ihn an, und er war ihr nicht zu klein und nicht zu groß und nicht zu dünn. Sie war ihm gut. So kam es, daß der Prinz statt eines jungen Adlers Schneewittchen mit nach Haus brachte. Von seinem Vater ließ er eine prachtvolle Hochzeit ausrufen.

Nicht lange, da starb der alte König. Der Prinz bestieg den Thron und Schneewittchen war Königin. Sie holte die Zwerge aus dem Wald an ihren Hof, um ihnen zu zeigen, in welcher Pracht sie nun lebte, und da ihr die ärmliche Kleidung der kleinen Männer nicht gefiel, ließ sie für diese kostbare Gewänder anfertigen. Wenn sie der Übermut ankam, mußten die Zwerge vor ihrem Thron tanzen und dazu rufen: »Was hast Du nur für schöne Zähne, was hast Du nur für schöne Beine, was hast Du nur für einen schönen Hals.«

Da sagte der Älteste der Zwerge: »Gib uns die alten Kleider wieder, Schneewittchen. Wir wollen leben, wie wir zuvor gelebt haben. Das Häuschen im Wald ist schöner als Dein Schloß. Dein Herz ist kalt geworden. Hüte Dich.«

Da schickte Schneewittchen die Zwerge zornig fort und bestellte Sänger, die ihre Schönheit preisen sollten. Sie ließ Bauleute kommen, die einen Spiegelsaal errichten mußten, in dem sich Schneewittchen tausendmal sehen konnte. Weil aber keiner der Spiegel zu sprechen vermochte, verlangte es nach dem Spiegel ihrer Stiefmutter.

Schneewittchens Mann wünschte sich eine Tochter, die so schön sein sollte wie seine Frau. Schneewittchen aber sagte: »Solange meine Stiefmutter lebt und ihren Spiegel befragt, wird unser Kind nicht sicher sein. Sie ist nicht nur eitel, sondern auch herrschsüchtig. Meinen Vater hat sie umbringen lassen, um das Land allein zu regieren. Erst wenn der Spiegel in meiner Hand ist und meine Stiefmutter tot, will ich dir eine Tochter gebären, die noch schöner sein soll als ich.«

Da der König Schneewittchen liebte, ließ er sich überreden, mit einem großen Heer ins benachbarte Königreich zu ziehen, das Schloß in Brand zu stecken, die Königin zu töten und den Spiegel als Beute mitzubringen. Aber Schneewittchens Stiefmutter hatte kluge Feldherren und viele Soldaten. So dauerte es sieben schlimme Jahre, bis Schneewittchen endlich den Spiegel in der Hand hielt. Ihr Mann war beim Sturm auf die Mauern des feindlichen

Schlosses von einem Speer auf den Tod verletzt worden. Bevor er starb, gab er seinen Getreuen den Befehl, Schneewittchens Stiefmutter nicht zu töten, sondern sie zu Schneewittchen zu bringen, damit die Frauen sich versöhnten. Der Krieg, sagte er, habe genug Elend über beide Königreiche gebracht.

So geschah es. Als aber die Frauen einander gegenüber standen, befahl Schneewittchen der Besiegten, vor ihr niederzuknien und den Spiegel so zu halten, daß sie sich darin betrachten konnte. Es war alles so wie vor vielen Jahren, als die Vögel noch in den Gärten sangen, die Hunde nicht jaulten und die Pferde ruhig in den Ställen standen. Nun aber hatten Gier und Haß beide Frauen grau und häßlich gemacht. Schneewittchen schaute in den Spiegel und sagte: »Spieglein, Spieglein in meiner Stiefmutter Hand, Wer ist die Schönste im ganzen Land?«

Sie meinte, der vor ihr Knienden keine größere Schmach antun zu können. Doch der Spiegel antwortete:»Einmal war die eine schöner als die andere dort und hier, doch in einem kleinen Dorf lebt ein armes Bauernmädchen, das ist tausendmal schöner als ihr.«

Da entriß Schneewittchen ihrer Stiefmutter den Spiegel und warf ihn zornig zu Boden, daß er zerbrach. An der Stelle aber, wo er den Boden berührte, spaltete sich die Erde, Feuer entstieg dem Schlund und verbrannte beide Frauen.

Wer wissen will, was aus den Königreichen geworden ist, und wie es auf der Welt weiter gehen soll, muß im Wald nach dem weisen, frommen Mann suchen, der in die Zukunft schauen kann, und seinem Rat folgen. Den Sängern an den Höfen aber, den Sängern darf er nicht trauen. Sie verbrennen nicht, sondern leben überall zu allen Zeiten.

Das ewige Kind. – Wir meinen, das Märchen und das Spiel gehöre zur Kindheit: wir Kurzsichtigen! Als ob wir in irgendeinem Lebensalter ohne Märchen und Spiel leben möchten! Wir nennen's und empfinden's freilich anders, aber gerade dies spricht dafür, daß es dasselbe ist – denn auch das Kind empfindet das Spiel als seine Arbeit und das Märchen als seine Wahrheit. Die Kürze des Lebens sollte uns vor dem pedantischen Scheiden der Lebensalter bewahren – als ob jedes etwas Neues brächte…

Friedrich Nietzsche: Menschliches, allzu Menschliches

Thomas Böhme

ALS KIND KAM ICH ZU JEDEM TREFFPUNKT
zu früh. Das Einhorn verspätete sich exakt
um die Minuten, die ich eingespart hatte.
Um ehrlich zu sein, es kam nie.

Ich hatte viel Zeit nachzudenken.
Wo genau befand sich die Schallmauer,
und warum stand das Wort *Luftbrücke*
nicht im Lexikon? Lange vor der Philosophie

wußte ich, daß die Zukunft der Zukunft
Vergangenheit heißt. Nur das Vergängliche
war es wert, erinnert zu werden. Das Einhorn
ließ sich zu einer Formel verdichten,

in der die Unbekannten sich unheimlich mehrten.
Sein Fell roch nach Maus. Es hatte vom Weinen
entzündete Lider. Und wenn ich fragte,
warum es so traurig sei, lachte es nur.

So wuchs ich heran. Mit der Straßenbahn
fuhr ich den Zauberwäldern entgegen.
Die Flugzeuge waren entschieden langsamer.
Dennoch erreichten sie immer vor mir ihr Ziel.

MIT NEUN JAHREN konnte ich ohne jedes Hilfsmittel
        fliegen.
Ich breitete meine Arme und stieß mich vom Fensterbett ab.
Der Wind besorgte den Rest, er war damals mein Freund.
Ich besuchte den Mond, der zum Kirchturm herausschaute
und sich langsamer drehte als der kleine Zeiger der Uhr.
Am schönsten war er halb schwarz und halb golden.
Ach ja, mit dem Mond war ich schon viel länger
        befreundet.
Manchmal begegnete ich einem winzigen Drachen,
der ganz oben im Kirchturm wohnte, worauf er sehr
        stolz war.
Auch mit ihm schloß ich Freundschaft, nichts leichter
        als das!
Immer zum Sechsuhrläuten drehte er seine Abendrunde,
weil ihm vom Dröhnen der Glocken das Trommelfell
        schmerzte.
Inständig bat ich ihn, mir seine Trommel einmal zu zeigen
und hoffte, er würde mir so auch sein Schlupfloch verraten.
Ich hätte es doch nie von selber gefunden.
Er kicherte, neckte mich wegen eines verunglückten Turns,
        bei dem ich fast abgestürzt wäre.
Mit dem Fliegen sei es sowieso bald vorbei, unkte er.
Mein Wut änderte nichts daran, daß er recht behielt.
Noch im selben Jahr verlor ich alle meine drei Freunde.

Günter Kunert

Rübezahl

Man mag es glauben oder nicht: ich selber habe an seinem Grab gestanden, als Zehn- oder Elfjähriger bei einer Ferienreise mit meinen Eltern ins Riesengebirge. Wir hausten in einem kleinen Gasthof in Mittelschreiberhau, von wo aus man die Schneekoppe erblickte, weites Land, und die Leute einen Dialekt sprachen, der mir höchst seltsam vorkam. Eine stille Landschaft, eine schweigende Gegend, auf den Wanderwegen traf man kaum Leute, was mir, dem Knaben aus Berlin, gewohnt an Menschenmassen, recht eigentümlich schien.

Meine Eltern waren wenig naturverbunden, den Grund für diese Reise in die schlesische Ferne konnte ich nie ergründen. Vielleicht meinten sie, ihr Sohn, ich also, solle einmal statt der «Berliner Luft» etwas Gesünderes atmen. Wir bewegten uns, ungleich den Eingeborenen, wie Städter auffällig und irritiert durch die Natur, bis wir uns in einem ziemlich düsteren Tannenwald verirrten. Weg und Steg waren nicht ausgeschildert, wir liefen immer der Nase nach, bekanntermaßen ein schlechter Kompaß, und gelangten solchermaßen mitten im Nirgendwo an eine teilweise mit Moos überwucherte, rechteckige Granitplatte mit der Inschrift RÜBEZAHLS GRAB.

Von seinem Leben und Treiben hatte ich gelesen, ein unheimlicher Berggeist, für den ich keinerlei Sympathie empfand, was wohl auf Gegenseitigkeit beruhte, denn er führte uns immer weiter in die Irre. Mit unseren Straßenschuhen waren wir den verschlungenen, labyrinthischen, verwucherten Pfaden kaum gewachsen, und ich glaube, meine Eltern verfluchten ihren Einfall, diese Reise unternommen zu haben.

Schließlich blieben wir irgendwann stehen, verloren im Düster hochaufragender Bäume, vom Unterholz gefangen. Drei hilflose Figuren am falschen Ort. Dann hörten wir knackende Äste, es näherte sich irgendwer, möglicherweise ein Leidensgenosse, doch der zwischen den Tannen Hervortretende erwies sich auf den ersten Blick als Einheimischer: ein alter Mann, nahezu ein Greis, ärmlich gekleidet, auf dem Rücken eine Last gesammelter Äste.

Meine Eltern strahlten beglückt, der Alte verzog keine Miene, wahrscheinlich war er an verirrte Touristen gewöhnt. Zahnlos brummte und murmelte er irgendwelche Worte vor sich hin, denen meine Eltern einiges an Ratschlägen zu entnehmen schienen, denn sie bedankten sich überschwenglich, woraufhin der Alte sogleich verschwand, seltsamerweise fast geräuschlos, als wolle er nicht, daß wir ihm folgten. Immerhin wußten nun meine Eltern einigermaßen über die Himmelsrichtung, wo die Ortschaft liegen mußte, Bescheid, und wir stapften müde, doch guten Mutes unserem Domizil, das unerwartet vor uns auftauchte, entgegen.

Ich habe diese Begegnung für lange Zeit vergessen, sie schien mir auch nicht erinnerungswürdig, bis, ja, bis ich Mitte der sechziger Jahre mit dem Wagen eine sentimentale Reise in die »Volksrepublik Polen« unternahm. Ich besuchte

Gerhard Hauptmanns Haus, nun ein Kinderheim, in Schreiberhau, in Oberschreiberhau das Carl-Hauptmann-Haus und außerdem die Burg »Kynast«, ein legendäres Gemäuer, das, wie diverse Burgen, mit dem Mägdesprung behaftet war, dem Fluchtsprung einer Jungfrau vor dem wilden Ritter, man kennt diese Sage zur Genüge. Und ich suchte Rübezahls Grab. Es war verschwunden. Ich konnte mir nicht vorstellen, daß die polnischen Einwohner mit einem Lastenkran in den Wald gefahren sein sollten, um die Granitplatte zu heben und damit eine deutsche Spur zu löschen. Soweit ging die Aversion gegen die westlichen Nachbarn nicht, der Aufwand wäre zu groß und zu teuer gewesen.

Bei meiner Suche in jenem immer noch nahezu undurchdringlichen Forst wurde mir jedoch klar, wer der alte Mann gewesen war, der uns aus einem, nur ihm gebührenden Bereich hinausgewiesen hatte. Um ungestört zu bleiben, hatte er kurzfristig seine irdische Herberge verlassen, sich seine legendäre Ruhe zu bewahren. Damals ahnte ich noch nicht, daß wir, wir allesamt, in halb- oder ganz vergessenen Märchen leben und zu Hause sind, und nur in ganz seltenen Momenten uns dessen bewußt werden. Wie die Gestalten, die wir aus den Büchern kennen, sind wir ihnen gleicher, als wir denken, und unser Tun und Treiben ist kaum anders als das jener Erscheinungen, in denen zu spiegeln wir nur manchmal zuwege bringen.

Volker Braun

Bernsteinsee

Von den wunderbaren Seen, die den schauderhaften Gruben nachfolgen, ist auch in andern Prospekten die Rede; dieser hier fragt dem Geheimnis nach, das um sie webt. Die Wasser flossen ja finster heran, spülten ihre üblen Phenole in den Schluff und waren alsbald zu kristallklarer Reinheit gesintert. Es ist aber eine trügerische, gewagte Idylle. Der Wanderer (der einmal der Arbeiter war) ahnt die Bewandtnis der riesigen Badewanne, d.h. ihrer Wände. Unheimlich, sich an die Kante zu stellen, die selber wandert, weil es in der Tiefe noch arbeitet. Man weiß vom Setzungsfließen, das die weißen Strände hinabreißt, von Sandbeben, die die neuen Pisten klaftertief senken. Die trigonometrischen Punkte verschwinden, und die Koordinaten verschieben sich. Die Gegend war wohl zu lange aufgeregt worden, um sich schon zu beruhigen, und der umgewühlte Boden muß weiter rotieren. Die Erde hat ein Gedächtnis, und wo der Mensch seine Sache längst versandet glaubt, ist sie noch immer zum Umsturz bereit. Bis zum Grund! ist ihre gefährliche Phrase, von Grund auf! ist ihr geheimer Beschluß.

Der einarmige Fußgänger, als der Flick jetzt durchging in der Lausitz, wurde von den Unruhen magisch angezogen. Er mußte sich nicht weit verlaufen bis Burghammer an der zerschnittenen Straße. Seltsame Stille; der Ort war halb abgeschafft (was die Menschen betraf) und aufgeblüht mit der Natur. Flick stand am Aussichtspunkt, um eigentlich Rückschau zu halten, aber gewärtig, bei einem Unfall zur Stelle zu sein. Dort, wo *seinerzeit* (so zählte er die Epochen) das schwarze Aschewasser in das Restloch strömte, breitete sich die gleißende Fläche, auf der der flüchtige Himmel spielte. Ein bewegender Anblick, in der freilich arbeitslosen Gegend. Denn auch die Bodenhandlung war rasch vorübergegangen, wie Pläne und Atemzüge; ein Menschenleben, und die Erde war ausgeweidet bis auf die silurischen Knochen.

Nur Sonntagskinder, sagte ein Weib, das plötzlich am Geländer lehnte, können bis unten sehn.

Es war eine alte Sorbin, in deren junges Leben jene Pläne eingeschnitten hatten; die wohl noch ihre sieben Röcke trug wie im überbaggerten Dorf.

Auf den Grund? fragte er.

Den Grund, erwiderte sie, haben sie nie erreicht.

Das zweite Lausitzer Flöz!

Die Sohle… die Kohle…

Vielleicht war es eine der Mittagsfrauen, die hier wieder umgingen, seit die Arbeit beendet war. Waren es nicht alles Sonntagskinder? fragte der Alte; (sie hatten Arbeit, Wohnung, Brot).

Werktagskinder, versetzte sie und schaute wieder hinab. Er sah nur den gelblichen Spiegel, das Neuwasser, Bernsteinsee genannt. Sie aber schien an dem Werktag Gefallen zu haben, denn sie lächelte ernst und hielt, in der Mittagshelle, die Hand über die Augen.

Sie waren friedlich und fromm, fuhr sie fort. Sie hatten von allem. Erde, Wasser, Gruben, Gerät.

Das *Volkseigentum*, sekundierte Flick.

Sie wußten nicht, was sie hatten.

Flick schwieg verblüfft und grinste die Greisin an. Hat es ihnen denn keiner gesagt?

Unentwegt; sie sprachen ja nur davon! Es war ihnen *gleich*. Sie haben sich nichts draus gemacht. Sie haben es nicht besessen.

Sie hielt ein Brikett in der Hand und warf es zurück in die Grube, wo es versank. Dumme Hunde! dummes Volk.

Als sie solche harte Wahrheit aussprach, faßte er Zutraun in die Erscheinung und fragte wie nebenher:

Und was ist aus ihnen geworden?

Es ist alles untergegangen. Eine versunkene Welt.

Das leuchtete Flick rein technisch ein. Er hatte Bagger in den Abgrund rutschen sehen; es fuhren auch Gesellschaften in den Orkus. Eine Havarie großen Maßstabs, ein komisches Unglück oder, gelinde gesagt, ein Desaster. Er spürte den Impuls, eine Notmaßnahme zu treffen und zum Vorschlaghammer zu greifen. Aber als er aufstand und sich über die Böschung beugte, wurde er gewarnt: Vorsicht. Kümmere dich nicht darum. Das ist gefährlich. Schau nicht hin, sonst wird man dich für einen Ewiggestrigen halten.

Die Greisin trat, nach einer geschwinden Rolle vorwärts am Geländer, auf den See hinaus. Sah sie den Grund? Flick hielt seinen dicken Kopf und dozierte:

Ich war dabei, bei der Flutung. Von der Kippensicherung bis zur letzten Rütteldruckverdichtung. Man muß mir nicht sagen, was ich gemacht hab.

Nichts besonderes, rief sie. Nichts anderes habt ihr gemacht, alles wie früher, aber fromm. In der *besseren Welt!* (Und, nicht zu ihm hin, in die Tiefe:) *Die* Dummheit wird bestraft.

Sie ging bei diesen Worten sachte bis zur Hüfte unter; Flick bemerkte den Vorfall nicht und griff nicht zu, sondern sagte kalt und entschlossen:

Rollen muß es!

Aber die Worte gurgelten nur aus der Kehle, als wenn er selber im Wasser wäre, und wirklich sah er noch einmal die Strosse und auf ihr die vermummten Wesen, die ruhig und emsig an der Arbeit waren. Es fiel ihm auf, wie sorglos sie sich bewegten, zufrieden in ihrer mürrischen Meute. Eine arglose Truppe, die zusammenhielt, eine *Brigade*, der nichts zustoßen konnte. Er wollte sich unter sie mischen, denn gleich und gleich gesellt sich gern: wie man zynisch sagt, wenn man draußen steht (und das war sein Fall). Aber sie waren mit sich beschäftigt und, ehrlich gesagt, ein wenig vermodert und verwest in den Wattejacken, dem Tagessoll; eine Urgemeinschaft, die weiter kämpfte und Rekorde fuhr. So *schlicht und ergreifend* ging es zu, daß man meint, Gespenster aus der Zukunft zu sehn.

Du warst dabei, sagte die Stimme leichthin. Aber du warst nicht bei dir. Du warst bei der Sache. (Nun klang es wie ein Singen:)

Was unterscheidet
Mensch und Natur?
Sie webt ihr lebendiges Kleid
Er zerreißt es
Und trägt die Flicken
Ab, seinen Staat.
Es zählt der Sieg.

Ein eiserner Strom
Kostet sein Leben
Es schmeckt nach nichts
Und arbeitslos
Seine Seele
Sucht die halbzerstörte
Geduldige
Ernährerin.

– Und frohlockend: Auch diese Seen, die großen Seen sind tot, wo kein Bächlein fließt.

Flick starrte auf das Wasser, in dem, wie Insekten im Bernstein, jene Gesellschaft eingeschlossen war. Um sich an etwas Begreiflichem zu halten, hangelte er einen Gegenstand aus der Brühe, den jemand weggeworfen hatte; es war eine einfache, aber noch brauchbare Schaufel, Blatt und Stiel, die er im Arm hielt.

Da hast du, hörte er die Mittagsfrau lachen, was du brauchst. Halt sie fest, deine Geliebte.

Er drehte sich, auf seinen zwei Beinen, herum. Er hatte sich (wissen wir) um die Not der Weiber nicht gekümmert, wenn sie nicht auf Geräten saßen. Er hatte ihnen beim Stillstand beigestanden (nicht beigelegen). Bandwärterinnen, Klappenschlägerinnen oder die Weichenstellerin Elise verkörperten ihm in ihren Kitteln das Leben. Er hatte es *gemeistert* (nicht geliebt). – Der Zorn trieb ihm plötzlich Tränen in die Augen, als hätte der See sein Almosen nötig. Er flennte in seine Hand. Das Naturereignis schien ihr zu behagen, und sie faßte ihm ins Gesicht. Und was, fragte er nach:

Was ist der *Grund*?

Sie dachte lange nach und blickte wohl auf irgendwelche Schätze, die unten schimmerten, und er hoffte wunder was zu hören, aber dann sagte sie nur:

Der Grund… ist die Arbeit.

Er lauschte, wie im Fieber erregt. Das war das große Geheimnis? – Welche Arbeit? fragte er.

Da hast du die Frage gestellt, erwiderte die Frau.

Sie machte ein paar Schritte und blies den Atem über den Spiegel, wie um auf dem Riesenweiher zu experimentieren. Er füllte sich wunderbar mit Dampf und Nebel, in den die Abendsonne einzog wie ins köstlichste Gewölbe.

Kein Volk verzweifelt, sagte sie, und sollt es auch lange Zeit nur aus Dummheit hoffen, so erfüllt es sich doch nach vielen Jahren einmal aus plötzlicher Klugheit alle seine frommen Wünsche.

Sie ging, nicht etwa, wie er befürchtete, ganz ins Wasser hinab, sondern auf dem weißen flirrenden Beton in die rekultivierte Heide.

Sokrates: So vernimm denn, wie man sagt, eine gar schöne Geschichte, die du wohl für ein Märchen halten wirst, wie ich mir denken kann, ich aber für eine Geschichte. Denn was ich dir jetzt mitteilen will, das sehe ich als Wahrheit an.

Platon: Gorgias

Hans-Ulrich Treichel

Einfach märchenhaft

Das einzige Märchen, das ich jemals aus dem Mund des Vaters hörte, war das von den Kühen, Pferden und blühenden Weizenfeldern in seiner wolhynischen Heimat. Ich mochte das Märchen nicht glauben. Der Vater hatte nur einen Arm. Der andere war aus Holz. Ich wünschte dem Vater eine Fee, die den Holzarm wieder in einen Arm aus Fleisch und Blut verwandelte. Die Fee kam nicht. Der Vater las keine Märchen. Er las die blauen Briefe, die die Schule an meine Eltern schickte, um ihnen Alpträume zu bereiten.

Die Lehrerin erzählte das Märchen von dem Jungen, der mit Stecknadeln hausieren ging: »Jahrelang zog er mit seinem Kasten von Hütte zu Hütte, und der Erlös reichte gerade für ein Stück trockenes Brot.« Das Märchen gefiel mir. Ich denke gern an das Märchen zurück. Es ist nicht schön, aber wahr. Es könnte mein Lieblingsmärchen sein. Ein Einzelhändlermärchen. Vielleicht auch ein Schriftstellermärchen. Der Vater verkaufte Zigarren und Zigaretten in Ostwestfalen, nachdem Wolhynien aus der Welt verschwunden war. Der Erlös reichte irgendwann für einen schwarzen Opel Kapitän. Eine Märchenkarosse. Für Könige gemacht. Von neunzig Pferden gezogen. Das Auto stand auf dem Hof und glänzte. Der Vater legte den Holzarm auf das Lenkrad des Wagens und sagte: »Wir fahren.«

Ich wäre gern ein Schriftsteller geworden. Ich träumte davon, ein Buch zu schreiben. Ich hätte gern ein Märchen geschrieben. Das Märchen ginge so: In meinem Elternhaus gab es einen Taubenschlag, in dem dreiunddreißig Tauben lebten. Eine von ihnen war eine verzauberte Prinzessin, die mir eines Tages so sehr den Kopf verdrehte, daß es in meinen Halswirbeln knackte und ich auf der Stelle tot umfiel. Macht nichts, sagte meine Mutter, drehte der Prinzessin ebenfalls den Hals um und verarbeitete uns zu leckerem Taubenragout.

Ich habe aber kein Märchen geschrieben. Ich habe mich stattdessen vor dem Vater gefürchtet, der aus den Wäldern kam und ein böser Vater war. Er war der Menschenfresser, der kleine Kinder verspeiste, er war der Riese, der Bäume ausriß und Flüsse leersoff. Ich war kein Riese, ich war ein Wurm, der unter die Stiefel, der zwischen die Finger des Vaters geriet. Ich war das Sandkorn im Auge des Vaters, ich war der Schmutz unter seinem Fingernagel. Ich las keine Märchen, ich las Kafkas Brief an den Vater. Auch ich hätte gern einen Brief geschrieben. Lieber Vater, hätte ich geschrieben, und ihm den Brief in einem schneeweißen Umschlag auf den Nachttisch gelegt. Aber ich habe den Brief nicht geschrieben.

Lieber Vater, ich habe dir keinen Brief geschrieben. Und dir auch keinen Brief auf den Nachttisch gelegt. Wie hättest du den auch öffnen sollen, mit deiner Prothese. Du hättest den Brief vom Nachttisch gewischt mit dem linken Arm und dabei die Nachttischlampe und das Wasserglas und das Röhrchen mit den Kopfschmerztabletten mit heruntergerissen. Du hättest gerufen »Was für eine Unordnung! Was für eine Schlamperei! Und das in meinem Haus!« Du hättest meinen Namen gerufen, und ich wäre an dein Bett getreten, und du hättest dich über den Schmutz und die Unordnung beklagt, was alles herumliegen würde, Briefe, Nachttischlampen, Tabletten, Gläser, und daß das nicht so weitergehe, dieses Chaos, diese Unordnung, diese Polenwirtschaft, Russenwirtschaft, und daß wir gleich morgen mit der Renovierung des Hauses beginnen müßten, besser noch wäre es, alles, das ganze Chaos, das ganze Haus von Grund auf abzureißen. Und dann wärst du eingeschlafen, erschöpft von deinem Wutanfall, wie du immer nach deinen Wutanfällen eingeschlafen bist, und ich hätte an deinem Bett gesessen, hätte die Nachttischlampe, das Röhrchen mit den Kopfschmerztabletten, das Wasserglas und den Brief vom Boden aufgehoben. Ich wäre der gute Sohn gewesen, der brave Wurm unter deinen Fußsohlen, der wohlerzogene Dreck unter dem Fingernagel, und ich wäre sitzengeblieben und hätte deinen Atem belauscht, deinen Mund betrachtet, dein Kinn, das ein Doppelkinn war, die pochende Ader an der Schläfe und das schüttere, schweißnasse Haar auf dem Kopf. Denn du bist immer schweißnaß geworden von deinen Wutanfällen. Und auch ein wenig gelb im Gesicht. Deine Lippen waren nicht rot, wenn du schliefst, sondern grau. Und irgendwann hättest du im Schlaf zu sprechen begonnen. Ich zerreiße dich wie einen Fisch, hättest du gesagt.

Die Mutter war eine gute Mutter. Der Mutter habe ich viele Briefe geschrieben. Beziehungsweise Postkarten. Oder, um genau zu sein, Ansichtskarten. Meistens habe ich auf die Ansichtskarten geschrieben: Liebe Mutter, in Italien ist es sehr schön. Oder: Liebe Mutter, in Frankreich ist es sehr schön. Oder auch: Liebe Mutter, in Spanien ist es sehr schön. Die Ansichtskarten hatten die herrlichsten, um nicht zu sagen: märchenhaftesten Motive. Ich habe immer darauf geachtet, der Mutter besonders schöne Ansichtskarten zu schicken. Mit der Spanischen Treppe in Rom darauf oder den mittelalterlichen Gassen von San Sebastian oder auch dem Eiffelturm in Paris. Die Mutter hatte alle meine Ansichtskarten aufbewahrt. Fein säuberlich in einer mit Seidenpapier gefütterten Schachtel. Die Mutter, die selbst nie viel gereist ist, von der Flucht aus dem Osten einmal abgesehen, war stolz auf die Reisen ihres Sohnes. Und dies ganz zu recht, denn es waren ja auch wahrhafte Märchenreisen gewesen in wahrhafte Märchenländer, wie sie Spanien, Frankreich und Italien nun einmal darstellen. Allerdings konnte ich mir diese Reisen erst nach dem Tod des Vaters erlauben. Wenn ich dem Vater gesagt hätte, daß ich nach Italien, Frankreich oder Spanien reisen möchte, dann hätte er mich zwischen Daumen- und Zeigefinger seiner linken Hand zerrieben. Oder er hätte mich mit der hölzernen Hand seiner Armprothese plattgehaut. So wie man mit einem Fleischklopfer ein Kotelett platthaut, bevor man es brät. Der Vater wäre bei dem Gedanken daran, daß ich nur zu meinem Vergnügen in eines dieser Länder reise, geradezu wahnsinnig geworden. Er hätte es nicht überlebt. Allerdings hat er die Tatsache, daß ich zeit seines Lebens nicht gereist bin, auch nicht überlebt. Die Mutter dagegen freute es, wenn ich gereist bin. Dabei bin ich immer auf ihre Kosten gereist. Doch sie hat gern gegeben. Ich habe gern genommen und sie hat gern gegeben. Die kleine Rente, hat sie immer gesagt, die kleine Rente soll uns nicht davon abhalten, ein gutes Leben zu führen. Sie hat *uns* gesagt, wobei sie in Wahrheit meinte, daß ihre kleine Rente *mich* nicht davon abhalten soll, ein gutes Leben zu führen. So war die Mutter. Durch und durch gut und großzügig hat sie mir eine märchenhafte Jugend ermöglicht.

Wir hatten zwei Hunde, Waldi und Nelli. Es waren Langhaardackel und sie konnten sprechen. Wir hatten auch einen Kanarienvogel, aber der konnte weder singen noch sprechen, sondern sich nur die Federn ausreißen. Waldi und Nelli waren das größte Glück meiner Kindheit. Ich habe mich nämlich meine ganze Kindheit hindurch fast nur mit Waldi und Nelli unterhalten. Mit dem Vater habe ich nicht geredet, weil der Vater nicht mit mir geredet hat. Ein Mensch wie der Vater redet nicht mit Würmern. Wer unterhält sich schon mit dem Dreck unter seinem Fingernagel. Würde ich selbst auch nicht tun. Mit der Mutter habe ich ebenfalls nicht geredet, weil auch die Mutter nicht mit mir geredet hat. Aber die Mutter hat nicht wie der Vater aus Verachtung nicht mit mir geredet, sondern aus Liebe. Die Mutter hat mich so geliebt, daß sie, so bald sie mich gesehen hat, in Tränen ausgebrochen ist. Und wenn sie nicht in Tränen ausgebrochen ist, dann ist sie verstummt. Ganz still geworden ist sie dann, wie eine Heilige, oder eine Betende, und manchmal auch wie eine Schlafwandelnde. Dann war sie stumm und hat mir ihre Hand auf den Kopf gelegt und den Kopf gestreichelt, fast so, wie ich Waldi und Nelli den Kopf gestreichelt habe, nur daß ich dabei mit Waldi und Nelli gesprochen habe und Waldi und Nelli auch mit mir gesprochen und »Sehr freundlich« oder auch »Sehr angenehm« oder ähnliches zu mir gesagt haben.

Ich weiß gar nicht, ob die Mutter überhaupt eine Stimme hatte. Wahrscheinlich nicht. Sie brauchte auch keine Stimme, denn sie hatte einen wunderbar warmen und weichen Körper. An den hat sie mich gern gedrückt. An den hat sie mich so lange gedrückt, bis mir ganz schwindlig wurde im Kopf. Wahrscheinlich, weil mir der Sauerstoff fehlte. Als ich klein war, hat die Mutter meinen Kopf an ihren weichen und warmen Bauch gedrückt, bis ich keine Luft mehr bekommen habe. Als ich größer war, hat sie meinen Kopf an ihren weichen und warmen Busen gedrückt, bis ich keine Luft mehr bekommen habe. Die Mutter hat mich so lieb gehabt, daß ich während eines großen Teils meiner Kindheit zu wenig Sauerstoff in meine Lungen und mein Gehirn bekommen habe. Das hat mir möglicherweise geschadet. Besonders, was das Hirn angeht. Obwohl ich diesen Schaden nicht bemerke.

Weder jetzt bemerke ich ihn, noch habe ich ihn früher bemerkt. Ich war ein glückliches und zufriedenes Kind, daß es schöner nicht hätte haben können. Von dem Vater und seinem Holzarm und der Tatsache, daß ich für ihn nicht mehr als der Dreck unter seinem Fingernagel war, einmal abgesehen.

Am schönsten war es, wenn ich mit der Mutter zusammen war, und am zweitschönsten war es, wenn ich mit Waldi und Nelli zusammen war. Bis zu dem Tag, als mir die Mutter vorschlug, mich mit ihr gemeinsam auf die breite Wohnküchencouch zu legen, um mir aus Grimms Märchen vorzulesen. Das hatte die Mutter noch nie gemacht. Sie hatte mich bis dahin immer nur schweigend oder in Tränen ausbrechend an sich gepreßt. Nun wollte sie mir Märchen vorlesen, was mich einerseits freute, mir andererseits aber auch Angst machte. So dicht auf der Wohnküchencouch neben der großen und warmen Mutter. Normalerweise hatte immer der Vater auf der Wohnküchencouch gelegen. Doch seit einiger Zeit und wenn der Vater nicht zuhaus war, hatte es sich die Mutter zur Angewohnheit gemacht, sich auf die Wohnküchencouch zu legen. Die Couch war ziemlich breit und durchgelegen, und es war rein technisch gesehen kein Problem, mit der Mutter auf der Couch zu liegen. Sonst hätte ich zur Mutter gesagt

»Aber die Couch ist doch viel zu schmal für uns beide« oder etwas ähnliches. Aber die Couch war nicht zu schmal. Im Gegenteil. Die Couch schien so breit, daß neben mir und der Mutter auch noch Nelli und Waldi auf die Couch gepaßt hätten. Allerdings war es nicht erlaubt, daß die Hunde es sich auf der Couch bequem machten. Genausowenig wie es erlaubt war, daß ich es mir auf der Couch bequem machte. Die Couch war für den Vater reserviert, und wenn der Vater nicht zuhause war, dann war sie für niemanden reserviert, nicht einmal für die Mutter, die sich normalerweise auch nicht auf die Couch legte, bis zu dem Tag, als sie mir auf der Couch liegend Grimms Märchen vorlas. Ich hätte gern Nelli und Waldi dabei gehabt. Aber die Hunde durften nicht nur nicht auf die Couch, sie mußten während des Vorlesens auch die Wohnküche verlassen und wurden auf den Hof gesperrt.

Während die Hunde auf dem Hof waren, lag ich neben der Mutter auf der Wohnküchencouch und hörte ihr beim Vorlesen der Märchen zu. Wobei mir in dem Moment, als ich neben der Mutter lag, die Couch gar nicht mehr so breit vorkam, wie sie mir bis dahin immer vorgekommen war. In Wahrheit kam mir die Couch nun ziemlich schmal und viel zu eng für zwei Personen vor, was wohl auch der Grund dafür war, daß ich während des Vorlesens mehr unter als neben der Mutter lag.

Es war allerdings immer sehr schön gewesen neben und unter der Mutter auf der Couch. Auch wenn mir während des Vorlesens der Atem gelegentlich knapp wurde, da der warme und weiche Körper der Mutter vor allem auf meine Brust und meine Lungenflügel drückte. Von den Märchen als solchen habe ich nicht allzuviel mitbekommen, aber an Hans im Glück kann ich mich erinnern, weil ich ja selbst auch eine Art Hans im Glück war, zumindest auf die Mutter bezogen und wegen ihres großen und warmen Körpers auf mir drauf. Wobei das Glück noch größer gewesen wäre, wenn ich etwas mehr Luft bekommen hätte dabei. Ich will mich aber nicht beschweren, zumal die Mutter selbst sich sehr wohl zu fühlen schien. Sie fühlte sich so wohl, daß sie regelmäßig einschlief und noch schwerer und wärmer wurde, als sie ohnehin schon war. Wobei sie sich des öfteren die Kittelschütze aufknöpfte, während sie vorlas. Wahrscheinlich, um freier atmen und besser vorlesen zu können. Was aber zur Folge hatte, daß sie, wenn sie einschlief, mit aufgeknöpfter Kittelschürze einschlief, so daß mir nichts anderes übrig blieb, als meine Nase und manchmal auch meine Hände unter ihre aufgeknöpfte Kittelschürze zu stecken. Was hätte ich machen sollen? Das wiederum hatte zur Folge, daß sie noch mehr auf mich herauf rollte, tief schlafend dabei, oder wenigstens tief atmend, manchmal auch ein wenig grunzend, was nicht so schön war, um ehrlich zu sein.

Ansonsten aber war alles schön, wenn ich neben und unter der Mutter mit der aufgeknöpften Kittelschürze lag und mich mit meinen Händen wie mit kleinen Schaufeln durch ihren warmen und weichen Körper hindurcharbeitete, als sei es ein Berg aus Hirsebrei. Den Berg aus Hirsebrei kannte ich aus einem der Märchen, das mir die Mutter auf der Couch vorgelesen hatte, und ich wußte gleich, schon beim ersten Hören des Märchens, daß so ein Berg aus Hirsebrei nichts anderes sein konnte als der große und warme Körper der Mutter.

In Wahrheit hat sich meine Kindheit, die alles in allem sehr schön und auch sehr lustig war, zwischen zwei Bergen abgespielt. Zwischen dem Hirsebreiberg, der die Mutter war, und dem Geldberg, der der Vater war, um es einmal etwas übertrieben zu formulieren. Obwohl ich im Flachland aufgewachsen bin, das sich flacher nicht denken läßt, bin ich doch zugleich ein echter Bergbewohner und ein echtes Gebirgskind. Fast ein Schweizer oder auch ein Österreicher bin ich und vielleicht sogar ein Tiroler. Tagsüber wühlte ich mich durch den Hirsebreiberg, der die Mutter war, und abends wühlte ich mich durch den Geldberg, den der Vater nach getaner Arbeit mit nach Hause brachte und auf dem Küchentisch aufhäufte. Und das alles gar nicht weit von der Wohnküchencouch entfernt, auf der ich mittags mit der Mutter gelegen hatte. Der Vater hatte das Geld aus den verschiedensten Automaten zusammengesammelt, die er im ganzen Landkreis, wenn nicht sogar im ganzen Land, aufgehängt hatte. Zigarettenautomaten, Kaugummiautomaten und Getränkeautomaten.

Ein Angestellter des Vaters füllte die Automaten. Und der Vater leerte die Automaten. Der Angestellte fuhr morgens mit einem mit Waren vollgeladenen Transporter los und kehrte abends mit einem leeren Transporter zurück, während der Vater morgens mit leeren leinenen Geldsäcken losfuhr und abends mit vollen leinenen Geldsäcken heimkehrte. Obwohl er nur einen Arm hatte, ließ er es sich nicht nehmen, die Geldsäcke selbst in die Wohnküche hineinzutragen und auf dem Küchentisch auszuleeren, während die Mutter und ich damit begannen, die Münzen erst zu sortieren und dann zu rollen.

Der Vater setzte sich immer mit an den Küchentisch, sah uns beim Sortieren und Rollen der Münzen zu und erzählte seine Geschichten. Von den Polen zum Beispiel. Oder den Russen. Die würden staunen über den Vater und seinen täglichen Geldberg.

Einfach märchenhaft. So viel Geld. So viele schöne Münzen. Und drumherum wir fünf: der Vater, die Mutter, Nelli, Waldi und ich.

Es war einmal ein ewiges Märchen, alt, grau, taub, blind, und das Märchen sehnte sich oft. Dort tief in der letzten Welt-Ecke wohnt es noch, und Gott besucht es zuweilen, um zu sehen, ob es noch flattert und sich sehnt.

Jean Paul: Flegeljahre

Hans Thill

Dem ist der Mund noch warm

märchen: der wahre könig wird allein von seinem namen getragen
franz josef czernin

Das Märchen »Fundevogel« habe ich als Kind nicht gemocht, der Name erschien mir beliebig, vielleicht weil er nicht der katholischen Norm entsprach. Überhaupt mochte ich solche Märchen, die mir heute bemerkenswert vorkommen, damals nicht. Den kurzen grotesken Stücken und makabren Schauergeschichten, in denen ich heute die krummen Sätze der Moderne zu finden glaube, zog ich damals jene langen, bunten, großartig orchestrierenden Geschichten vor, die einem heute schon fast wie Kunstmärchen vorkommen: »König Drosselbart«, »Schneewittchen«, »Froschkönig«.

Wer sich mit Märchen beschäftigt, sucht vielleicht die Kindheit, aber im Märchen findet er sie nicht. Wer waren meine Märchenerzähler? Die ein paar Jahre älteren Schwestern, die mir erstaunliche, halb erfundene, halb für wahr gehaltene Geschichten erzählten, abends, vor dem Einschlafen? Die beiden Großmütter, deren langes Leben schon fast ein Märchen war? Sie erzählten von Flucht, Verdunkelung, Krieg. Die eine war in den letzten Kriegsmonaten von Berlin nach Schlesien geflohen. Die andere hatte ihr Haus im Elsaß aufgeben müssen, weil es direkt an der Maginot-Linie stand. Die Mutter las vor aus einem großen Märchenbuch. Der Vater legte Schallplatten auf, in denen das Märchen nicht vorgelesen, sondern mit verteilten Rollen nachgespielt wurde. Wir hatten Klötze, mit denen man bunte Märchenszenen wie bei einem Puzzle zusammensetzen konnte. Das Märchen, wie meine Eltern sich kennenlernten, der Vater als Kriegsgefangener, die Mutter als Verwaltungsangestellte in Colmar, meine Großmutter hat es uns erzählt. Andere Geschichten von der Liebe zu einem deutschen Offizier (im »ersten Krieg«), von der holländischen Königin, deren Zimmermädchen sie gewesen war (mehrere Jahre zur Zeit der Sommerfrische im Hotel »Drei Ähren«), das waren die Geschichten, die einen Abend füllten, wenn wir Kinder bei ihr in den Ferien waren.

Wer sich mit Märchen beschäftigt, findet vielleicht die Kindheit, aber die Verhältnisse unserer Kindheit sind andere als die im Märchen.

Fundevogel – von einem Raubvogel entführt (die Mutter liegt unter einem Baum und läßt sich das Kind einfach klauen), in einen Baum gesetzt, von einem Förster gefunden, trägt einen Namen ex post, der kein Taufname ist, sondern ein Findlingsname. Deshalb erstaunt es nicht, daß die alte Köchin mit dem Namenlosen nichts Gutes im Sinn hat, als der Förster einmal auf Reisen geht. Sie schleppt Wasser, um das Kind zu kochen. Die Alte hat in der Erzählung selbst keinen Namen, nur im Dialog mit Lenchen, der kindlichen Zauberin, wird sie »alte Sanne« genannt. Letztlich ist es die Liebe der beiden Kinder zueinander, die Fundevogel vor der Zubereitung durch die Alte bewahrt.

Das Mädchen nutzt seine magischen Kräfte zur Rettung des Jungen. Interessant, daß die Retterin sich vor jeder der drei Metamorphosen bei Fundevogel seiner Treue versichert, nicht umgekehrt: »Verläßt du mich nicht, so verlaß ich dich auch nicht.« Drei Metamorphosen (Rosenstock, Kirche, Teich) entziehen die Fliehenden ihren Verfolgern, den dummen Knechten, denen der Wald immerhin so vertraut ist, daß sie die Kinder auch in verwandelter Form erkennen. Am Ende des Märchens hat sich Lenchen seinerseits in einen Vogel verwandelt und kann die böse Alte am Kragen in den Teich hineinziehen, dessen Gestalt Fundevogel angenommen hat. Wanderung der Motive, Verwandlung des Protagonisten, die Elemente bleiben gleich: Die Wasserschlepperin kommt im Wasser um, als sie den Teich/Fundevogel aussaufen möchte.

Natürlich klingen hier einige Mythen der Antike an: der Rosenstock erinnert etwa an die Geschichte von Daphne, die sich in einen Lorbeer verwandelt, um der Vergewaltigung durch Apoll zu entgehen. Eine Folge der SF-Serie Star Trek, die mich immer fasziniert hat, fällt mir wieder ein. Captain Kirk wird auf einen Kleinplaneten gelockt, bewohnt von einer fremden Intelligenz, die sich in einer riesigen Ölpfütze materialisiert. Das Problem liegt in der starken Anziehungskraft dieser Ölpfütze, die Captain Kirk nicht mehr gehen lassen möchte, weil sie sich einsam fühlt. Am Ende gelingt es dem Commander, die Ölpfütze zu überzeugen, daß sie ein wenig ihre Energie drosselt und er in seinem Raumgleiter abheben kann. War es den Autoren der Folge klar, daß sie mit dieser märchenhaften Konstruktion dem Namen Kirk einen antiken Anklang verliehen? Seit dieser Folge klingt für mich sein Name wie eine männliche Form der Kirke aus der Odyssee, seltsam verkehrte Projektion, Spiegelung in einer Ölpfütze.

Das Gefundene, An-den-Haaren-Herbeigezogene im Namen Fundevogel hat uns am Ende des Märchens überzeugt und ist zur intensivierenden poetischen Qualität geworden. Die Hauptfigur ist wie sie heißt, dies wird durch die Erzählung selbst beglaubigt. Durchschaubarkeit der Verhältnisse, in der die Namen sprechen, wie auch Tiere und Gegenstände sprechen können. Jorinde und Joringel sind für einander bestimmt, da kann die böse Zauberin noch so mächtig sein.

Es sind diese festen Verhältnisse des Märchens, die auch in der Kinderwelt wiederzufinden sind oder ersehnt werden. Die erzählerische Unbekümmertheit dagegen, die nach Gutdünken rafft und beschleunigt, begründet oder feststellt, kurz das fröhliche, scheinbar schlampige Dahinerzählen, war mir als Kind nicht geheuer.

Beim erneuten Lesen erstaunt mich plötzlich dieses Paradox: ausgerechnet im anonymen Märchen gibt es diese Originalität des Unvollkommenen, den individuellen Fingerabdruck eines Erzählers, der es sich leisten kann, dem Geratewohl eine Form zu geben und immer noch eine Spur Improvisation in seinem Erzählstil zu bewahren.

Die Schönheit einer summarischen Welterlösung in Jorinde und Joringel (»da machte er auch die anderen Vögel wieder zu Jungfrauen«) war mir als Kind nicht bewußt. Die Kühnheit in der Erfindung des sprechenden Pferdekopfs (»o Falada da du hangest«) schien mir bereits zu phantastisch. Ganz zu schweigen von jenen Spaßgeschichten, in denen die Menschen reihenweise aneinander kleben wie Kettenreime, weil sie auf die Einflüsterungen einer klugen Else hereinfallen. Auch das großartige Märchen »Der gescheite Hans«, das die Begriffsstutzigkeit der Hauptfigur zum Erzählprinzip macht, indem es seine Art zu sprechen nachahmt, lerne ich erst heute schätzen. »Hansens Mutter fragt: ›Wohin, Hans?‹ Hans antwortet: ›Zur Gretel.‹ ›Mach's gut, Hans.‹ ›Schon gut machen. Adies Mutter.‹ ›Adies Hans.‹«

Die Handlung wird durch eine Reihe von Mißverständnissen vorangetrieben, mit denen der blöde Hans, der einige Redensarten wörtlich nimmt, sich um seinen Besitz und seine Gretel bringt. Er denkt, er verstehe alles, und das ist sein Problem. »Tut nichts, besser machen«, ist seine unentwegte Antwort auf den Tadel der Mutter. Das ganze Märchen ist von einer Lust am Elementaren beseelt, dem poetischen Spaß am Bescheuerten, wie wir ihn heute in Gedichten von Ernst Jandl und den »Was guckst du«-Späßen von Kaya Yanar wiederfinden.

Solche offenbar nicht klein zu kriegenden Krudheiten direkt vom Bodensatz populärer Belustigung kennt das Kunstmärchen nicht. Gegen dieses wenden sich die Brüder Grimm ganz entschieden in ihrer Vorrede, die einige Überlegungen zur Mündlichkeit ausbreitet, die heute noch als aktuell gelten können.

Sie berichten auch von einer Erzählerin, der Viehmännin, die alle Märchen immer wieder mit demselben Wortlaut gleichsam rezitierte und sich sofort korrigierte, wenn sie eine Abweichung vom Urtext bemerkte. Abgesehen davon, daß sie damit eine ihrer Quellen aus der Anonymität hervorgehoben und sogar (in einer Anmerkung) ihr tragisches Schicksal berichtet haben, geben uns die Sammler damit zu verstehen, daß sie ihre Märchen nicht aus erster Hand bekommen haben.

Die Brüder Grimm sind nämlich der Ansicht, ihre Märchen könnten nur der schwache Abglanz einer einst blühenden Erzählkultur sein, die durch das schriftliche Erzählen zerstört wurde. Doch waren sie lange nicht die ersten, die sich über die zerstörerische Potenz der Schrift Gedanken gemacht haben. In einer Anmerkung verweisen sie auf Caesar, der berichtet, daß die Gallier die schriftliche Aufzeichnung ihrer Gesänge nicht zuließen. Auf der Suche nach Erklärungen meint auch der Römer, der Grund könne nur das Wissen um die Schrift als Kulturvernichter gewesen sein. Auf den naheliegenden Gedanken, daß die schriftliche Niederlegung der Gesänge den Zutritt erleichtert, die Aufbewahrung im Gedächtnis die bessere Kontrolle ermöglicht, kommen übrigens weder Caesar noch die Brüder Grimm.

Eines der Märchen, das ich schon als Kind geliebt habe, ist »Die Bremer Stadtmusikanten«. Die rührende Geschichte über die Solidarität der Tiere trägt einen ironisch-utopischen Titel, denn in Wirklichkeit kommt diese Rentnerband ja nie in Bremen an. Esel, Hund, Katze und Hahn haben keine Zeit zu verlieren. Auch hier werden die Figuren unterschiedlich genannt, je nachdem, ob von ihnen erzählt wird, oder ob sie in direkter Rede angesprochen werden. Die Tiere erhalten dann einen Spitznamen. Bartputzer die Katze, Rotkopf der Hahn, nur der Hund wird höhnisch mit einem Befehl tituliert, Packan, womit der Unterschied zwischen den Tieren markiert wird: bei allem Mitleid, man hat doch nicht vergessen, daß der Hund in seinen guten Jahren auf der anderen Seite war.

Die Tiere haben es eilig, wie manchmal auch der anonyme Erzähler, wenn er ganze Handlungsabläufe übergeht, vom Tisch wischt. Hier heißt es lakonisch: »Sie konnten aber die Stadt Bremen in einem Tag nicht erreichen.« Wir alle haben Verständnis dafür und gönnen ihnen den gemütlichen Lebensabend in der

Waldhütte, die sie den Räubern mit ihrer schrecklichen Musik abgetrotzt haben.

Unsere Sympathie mit der Kreatur ist am Ende des Märchens groß geworden, sie erstreckt sich auf den Erzähler, oder genauer, auf das letzte Glied in einer Reihe von Erzählern, und mit Befriedigung erfahren wir: »Und der das zuletzt erzählt hat, dem ist der Mund noch warm.«

* * *

Nie habe ich das Märchenwort meiner Mutter vergessen, nie den Hauch von ihren Lippen, an denen ich hing, ihre Seele, die mit dem Atem kam, nicht verloren die Geschichten, die sie aus einem Buch schöpfte, dessen vergilbte, verfaltete Seiten, allmählich verbraucht und meine Ehrfurcht weckend, aus dem Einband fielen. Das Werk verzichtete auf Pracht, Ausstattung und vorgesetzte Illustrationen, die meine Phantasie enttäuscht hätten wie die Weihnachtsvorstellung von »Dornröschen« in jedem Theater.

Unser Buch war ein eigentlich kleines, doch gewichtig in der Hand liegendes, dickes Lesebuch. Die Bilder, die Begebenheiten entsprangen jeden Tag neu den gedruckten Buchstaben, dem Heerbann der schwarzen Kunst auf dem papiernen Feld, den geheimnisvollen, Glück und Gefahr bergenden heiligen Zeichen, dem Sesamöffnedich zur Wahrheit der Erde und des Himmels, wie ich damals dachte und heute immer noch denke, getragen, beschworen von der leisen Stimme meiner Mutter, die das Hexenvolk, die Geister und Kobolde, all die klugen Tiere, die ich mir zu Freunden wünschte, die Verwunschenen und Geraubten, die Weisen und Waisen, Guten und Bösen, die Schöne und das Ungeheuer in unser Zimmer lud und oft an mein Bett, was sich bis letzte Nacht in unverdrängten Träumen niederschlug…

Ich verdanke den Märchenvorlesungen meiner Mutter mehr Bildung, Charakter, Entschlossenheit, Widerstand gegen die menschenfressende Zeit als den Übungen der Schulen und Universitäten. Doch kein Wort gegen die mitleidlosen Naturgesetze und die unerbittlichen Zaubereien der Mathematik. Auch sie sind Märchen, echt, erhaben und grausig. Sie erleiden nur den Nachteil, daß sie allgemein angewandt werden von den Menschen.

Die Landung auf dem Mond sollte nie den Mann im Mond verdrängen. Doch seit einer von uns dort oben war (oder auch unten), ist des Matthias Claudius' »Der Mond ist aufgegangen« eines Arkanums beraubt, einer Medizin, die unserm Kopf guttat. Und der Mond, in Raumanzügen beschritten, hat zur selben Stunde, als wir fernsahen, seine Wirklichkeit verloren.

Wolfgang Koeppen: Märchendank

Monika Rinck

Daß ihr mich versteht –
das verbiet ich

>»*Rabe* Die Kinder sind nebenan.
> Sie liest ihm Märchen vor u zeigt ihm das Perverse darin.«
>
> Robert Musil: Tagebuch. Anhang: Heft 5

Verstehen verlernen

Die Müllerstochter soll heiraten, einen Mann, vor dem ihr graut, an dem der Müller aber nichts auszusetzen findet. Ihr zukünftiger Bräutigam drängt sie, ihn in seinem Haus im Wald zu besuchen, er lege ihr eine Aschespur. Sie fügt sich, streut aber entlang ihres Wegs eine zweite Spur aus Erbsen und Linsen. Angekommen findet sie ein dunkles, leeres Haus vor, ein Vogel unterrichtet sie, daß sie sich in einem Mörderhaus befinde, und auch die steinalte Frau, auf die sie nach längerem Suchen im Keller trifft, rät ihr, sich zu retten. Zu spät, die Räuber kommen zurück. Die Müllerstochter versteckt sich hinter einem großen Faß, während die Räuber eine entführte Jungfrau vergiften, zerhacken, mit Salz bestreuen und verschlingen. Als ein beringter Finger der Jungfrau hinter das Faß springt, bewahrt die steinalte Frau die Müllerstochter davor, entdeckt zu werden. Nachdem die Räuber eingeschlafen sind, gelingt den beiden Frauen mithilfe der keimenden Linsenspur die Flucht. Angekommen berichtet die Müllerstochter dem Müller, was sich zugetragen hat. Auf dem folgenden Hochzeitsbankett, zu dem alle Freunde und Verwandten, aber auch die Räuber eingeladen sind, erzählt die Müllerstochter die ganze Geschichte, allerdings als Traum maskiert. Nachdem sie an der betreffenden Stelle ihrer Erzählung den beringten Finger präsentiert, werden die Räuber überwältigt und dem Richtplatz zugeführt.

Wie soll man Märchen erklären? Eine Antwort wäre: Man soll ja nicht. Sie beziehen ihre Vitalität gerade daraus, daß sie sich taub stellen, wenn man sie und ihre Figuren fragt, warum. Sie haben ihre eigene Kohärenz und ihr eigenes Alter. Ja, man könnte sagen, Märchen altern anders oder sogar besser, weil sie das Unbegreifliche unmoderiert stehen lassen. Sie schaffen einen Kosmos, in dem fast alles möglich, doch eines nicht möglich ist. An dieser Logik halten sie fest. Das ist eben so. Warum wird nicht gefragt. Genau in diese Lücke drängt sich gerne die psychologisierende Deutung. Das wiederum ist verständlich und vielleicht auch nur schwer zu vermeiden. Dennoch scheint diesem Zugang das, was am Märchen so eindrücklich ist, zu entgehen. Auf der anderen Seite aber stünde eine Gleichgültigkeit gegen das Unverständliche – eine andere Form der Abwehr.

Die Psychologisierung weist immer wieder auf eine Enttäuschung – und das hat nichts mit Entzauberung zu tun. Das hat auch nichts damit zu tun, daß man

Erkenntnis oder Analyse zuweilen erleiden kann. Es ergibt sich vielmehr der Eindruck, als ginge man mit einer grauen Tünche über etwas hinweg, das Tünche gar nicht nötig hat, als würde zwar erklärt, aber nicht erhellt. Hinter dieser Vervollständigung steht ein etwas stopfiger Wunsch, der den holzschnittartigen Figuren eine Motivation eintrichtern will, die dem eigenen zeitgemäßen Minddesign genügen soll. Kinder übrigens fragen selten danach, Kinder wollen das meist gar nicht wissen. Das ist eben so und nicht anders. Das Erstaunen tritt anderswo auf.

Märchen erklären – Träume erklären, beides erscheint mir nun als ein Vorgang der Verfehlung. Warum? Affekte kann ich kaum anders als zeitgemäß erläutern. Dann habe ich die Märchenfiguren in hermeneutischer Schräglage, oder auch mal in der Fußgängerzone mit einem Frapuccino in der Hand. Leuchtet es ein, leuchtet es heim. Das ist eine triste Einverleibung. Das deutlich Gefügte wird damit mit Sinn vernebelt. Was ist denn mit der unabhängigen Fremdheit dieser Konstellationen, an deren Entwicklung Generationen von Dörflerinnen beteiligt waren? Wer Märchen psychologisch erklärt, möchte sie auf die Einheit des Subjekts zurückführen – als Einheitsreduktion. Das ist eine Form zu verstehen, die das Interesse verstummen läßt. Ich hab mich aufgemacht, nichts mehr zu verstehen, das Verständnis zu verlernen. Das wird nicht gelingen.

Kann es vitalisierend sein, wenn die Vermittlung ausbleibt? Doch es wird ja vermittelt, wenn auch auf besondere Art, die die Verzauberung nicht ausschließt, von der Lorenz Wilkens schreibt, daß es sich dabei auch um eine Katastrophe der Vermittlung handelt. Doch am Ende steht dennoch das Gelöste. In ihrem Wörterbuch weisen die Gebrüder Grimm darauf hin, daß »vermitteln« im Mittelhochdeutschen noch die Scheidung mitmeinte: »als mittelstück zwischen unvermittelte dinge einschieben, wodurch eine annäherung, wie auch eine scheidung der letztern stattfinden kann. die bedeutung der scheidung scheint sich im nhd. nicht mehr nachweisen zu lassen, jedoch ist sie im mhd. bei den mystikern nachweisbar.« Da meinte »vermitteln« beispielsweise als störendes Mittelglied zwischen Gott und dem Menschen stehen.

Es ist ein eigenartiges Scharnier, das zwischen dem Märchen steht und dem Menschen, der es erzählt. Vielleicht stört er dort auch nur. Wie im kurzen Märchen »Herr Korbes«, von dem Katharina Hacker sehr treffend bemerkt, daß es ihr vorkomme, als »wäre dies Märchen eines der anderen Seite: nicht von Menschen, sondern Märchenfiguren erzählt«[1] – auch das eine Katastrophe der Vermittlung. Das ist das Märchen und das Märchen sagt es selbst. Das ist ein Märchen, das sich selbst erzählt. Die Frage ist, was verstehe ich, wenn ich nichts verstehe? Welche Formen der Anerkennung sind vorgesehen, wenn ich vor den Kopf geschlagen werde, und das muß nicht einmal mithilfe eines Mühlsteins geschehen, wie es bei dem bedauernswerten Herrn Korbes der Fall ist. Da wird mit dem Personal gehaust: »Wieso, sinnlose Gewalt, das ist doch euer Ding«, könnte das Hähnchen sich gegenüber der Menschheit verteidigen, würde es gefragt, warum der Herr Korbes denn nun den Tod verdient habe. Doch in den meisten Fällen wird die Gewalt durch die Funktion legitimiert, so in dem Märchen »Der Räuberbräutigam«.

Genügt es schon Müllerstochter im heiratsfähigen Alter zu sein, wohnhaft in einer Mühle, diesem klappernden Durchzugsort von Gelichter, damit das furchtbare Geschehen sich entrollt, so und nicht anders? Unaufhaltsam, rastlos solange Wasser fließt, dreht sich das Rad weiter, etwa so, wie Dämonen das Geschehen weitertreiben könnten, wo es eigentlich doch stehen sollte. Und genügt es schon, Räuber zu sein, um der Praxis des Zerstückelns, Einsalzens und Verzehrens von Jungfrauen nachzugehen? Die Räuber wären dann vielleicht so etwas wie das wilde, unsterbliche Wir – »ein Körper, der fühllos, weil ewig ist. Die Empfindlichkeit gegen die Gewalt ist lediglich die individuelle Komponente eines unsterblichen Wirs.«[2] Doch wozu dann noch in den Bund der Ehe eintreten?

Sagen wir also einfach: nur so. Denn was das Märchen nicht erwähnt, ist entschiedener nicht da, als das, was andere Textgattungen unerwähnt lassen. Es könnte sich schließlich um alles handeln. Das Märchen lebt exklusiv von dem, was mitgeteilt wird, ganz anders als beispielsweise die Novelle, unter der ein ganzer Strom des Nichtgesagten daherfließt, auf dem die Handlung wie in einem kleinen Nachen schaukelt. Das Märchen kennt den markierten Weg, die keimenden Linsen im Mondlicht, die aus dem Wald herausführen, einen wachsamen Vogel mit einer Warnung, «kehr um, kehr um, du junge Braut / du bist in einem Mörderhaus»[3], eine hilfreiche Alte und einen bestialischen Mord, an den sich ein kannibalistischer Akt anschließt und ein Ende, das insofern gut ist, als die ganze Bande für ihre Schandtaten gerichtet wird. Mehr nicht.

Enigmatische Evidenz

Mein Schatz, das träumte mir nur«, sagt die Braut in Gesellschaft der Hochzeitsgäste, gebeten, eine Geschichte zum Besten zu geben – obwohl sie unlängst Zeugin wurde, wie ihr Zukünftiger und seine Bande eine Jungfrau zerstückelten und verzehrten, während sie hinter einem Faß Unterschlupf gefunden hatte. Als der abgetrennte beringte Finger der Jungfrau in die Nähe ihres Verstecks rollt, ist es nur dem Einsatz einer verbündeten Alten zu verdanken, daß sie nicht entdeckt wird. Diesen Finger hat sie nun als Unterpfand für die Evidenz ihrer Geschichte, die sie dennoch unter der Maske einer Traumerzählung darbietet. Viermal unterbricht sie ihre Nacherzählung mit dieser Versicherung. Remember – Dismember, Erinnern und Zerstückeln, aber das gehört nicht einmal etymologisch zusammen[4], oder doch? Ich verstehe das nicht, gleichzeitig mißtraue ich der Erklärung. Was hier vorliegt, scheint ganz offen rätselhaft zu sein.

Es ließe sich argumentieren, daß, wenn die Müllerstochter nicht müde wird, diese Erlebnisse als Traum zu erzählen, es sich wirklich um einen Traum handeln mag, und zwar um den Angsttraum vor der Ehe mit einem Fremden, bei dessen Anblick »sie ein Grauen in ihrem Herzen«[5] fühlt. Die Zerstückelung einer anderen Unschuldigen entspränge dann der Furcht, nie wieder frei über den eigenen Körper verfügen zu können. Sie hat geträumt – ihr hat geträumt, das ist ein Unterschied. »Im einen Fall verriete ich etwas mir Fremdes, das mich zum Schauplatz seiner Präsenz gemacht hat, im anderen mich selbst, d.h. auch etwas Fremdes, von dem ich nur a priori weiß, daß ich es bin.«[6]

Die verängstigte Braut als Schauplatz eines entsetzlichen Traums, in der stellvertretend eine Jungfrau zerhackt wird, in dem ihr der Finger mit dem Ring, eine Präfiguration des Eherings vielleicht, in den Schoß fällt – ist das nicht einfach nur logisch, bei einer Institution, in der allein der Tod scheiden darf? Und fängt sie nicht dort bereits an, die Gewalt? Beim Zur–Frau-Geben, an einen, an dem der Vater nichts auszusetzen fand, die Tochter aber sehr wohl? Und die Tanten heulten nicht aus Rührung, sie heulten aus Trauer und Mitleid über diese Transaktion, deren Auswirkungen sie am eigenen Leib bereits erfahren durften. Auf diesem Hochzeitsbankett – daß es dennoch stattfindet, ist der Skandal – sollen alle Teilnehmenden etwas erzählen. Womöglich sind auch die anderen Geschichten entsetzlich, nur daß wir davon nichts erfahren.

Es ließe sich weiterdenken, daß es sich hierbei um die rituelle Abfederung eines Passagenritus handelt, und zwar durch Mitteilung der eigenen traumatischen Ängste. Thanks for Sharing. In welche Worte würde der Vater seine Ängste kleiden? Meine Tochter wird zur Braut, sie wird mir genommen. Sie wird sich mir nicht mehr ungeteilt zuwenden können. Für den Vater wäre jeder Bräutigam ein Räuberbräutigam, der ihm die Tochter raubt, wenn auch er selbst es ist, der sie ihm gibt.

Und taugte der Traum nicht genauso als Angsttraum für den Räuberbräutigam, dem am Ende ein stellvertretendes Partialobjekt, ein kleiner Finger, seine herausgeforderte (herausgefordert hier im Sinne von »challenged«) Männlichkeit präsentiert wird – und das zudem noch mit einem Ring versehen? Ein Objekt, über das die Müllerstochter nun exklusiv verfügt? Er hat die Frau, aber sie hat den Phallus. Auch das ein ganz passabler Angsttraum, unter der Bedingung der rationalen Deutung.

Und letztendlich könnte man treu therapeutisch sagen, daß mit dieser rituellen Preisgabe reihum den Ängsten ihre Macht genommen wäre, vom hellen Licht der Sonne, von der Rede verbrannt. Nun also gehen wir in die Ehe und fürchten weder Fremdheit noch Bindung, weder Vergewaltigung und Zerstückelung, noch verzehrt zu werden.

Aber nein, es geht nicht in die Hochzeitsnacht, es geht auf den Richtplatz mit dem Bräutigam, der nun seinerseits »Hochzeit mit dem Tode« halten wird. Der reiche Herr, die verkaufte Braut, die eingesalzte Jungfrau, die verzehrte Jungfrau, die verdaute Jungfrau. Alles was geblieben ist, ist der Finger mit dem Ring – ihn vorzuzeigen ist eine Geste, als würde man Erfahrungen durch Explosionen aufdecken. Doch all diese Überlegungen scheinen am eigentlichen Märchengeschehen vorbeizugehen. Die Deutung bleibt enttäuschend, wirkt banal, läßt die Fragenden unzufrieden zurück.

Der wiederholte Traum

Vielleicht ist es so: Die Müllerstochter im Kreise ihrer Freunde und Verwandten ist unerschrocken und verwegen. Die letzte Hoffnung des Räubers, es könne anders ausgehen zu erhalten, ist ihre Form, Rache zu nehmen dafür, daß er sie einer Todesangst ausgesetzt hat, in die sich die Hoffnung zu entrinnen mengte. So soll nun auch der Räuber nicht nur Todesangst spüren, sondern auch verwirrte Hoffnung auf einen anderen Ausgang. Aber stell dir doch mal vor, hätte eine gute Freundin sagen können, vielleicht die Fischerstochter, stell dir vor, du hättest das Ding verloren, was hättest du denn dann gemacht? Du hättest im Traum bleiben, du hättest den schlimmsten Traum als dein Leben nehmen müssen. Dann wäre es an dir gewesen, die drei Gläser Wein zu trinken, »ein Glas weißen, ein Glas roten und ein Glas gelben«[7] und dein Herz wäre zersprungen (warum übrigens drei Gläser – und was ist gelber Wein?). Nein, warum also gleich viermal darauf beharren, es habe sich nur um einen Traum gehandelt? Das ist nicht zu verstehen.

Verstehen läßt sich stattdessen, daß das Märchen eine besondere Beziehung zur Wiederholung pflegt – genauso wie Kinder dies tun, von denen Gilbert K. Chesterton in diesem Zusammenhang behauptet, sie seien, im Gegensatz zu den Erwachsenen, stark genug »Monotonie ekstatisch zu erleben.«[8] Daß das Erstaunen sich nicht abnutzt, obwohl die Vorgänge sich ähneln, sei eine Sache des elementaren Wunschs, erstaunt werden zu wollen. Und je jünger das Publikum, desto aufregender erschienen selbst komplett realistische Abläufe.

»Ein siebenjähriges Kind ist aufgeregt, wenn es hört, daß Tommy die Tür aufgemacht und einen Drachen gesehen hat. Ein dreijähriges findet es bereits aufregend, daß Tommy die Tür aufgemacht hat. [...] Tatsächlich bilden Kleinkinder wahrscheinlich den einzigen Personenkreis, dem man moderne realistische Romane vorlesen könnte, ohne daß er sich langweilt.«[9] Es ist schwer vorstellbar, daß man sich im Traum langweilen könnte – und Wiederholungsträume mögen nervtötend, verstörend und zuweilen auch ärgerlich sein, aber sie sind nicht langweilig.

Ich kippe das alles aus. Ich lasse mich an einem Gartenschlauch in ein geflutetes Foyer herab, in dem das Wasser fällt, weil ich, oben baumelnd, etwas verdreht hab, an der Schnauze des Schlauches. Ich verwechselte auch das längere mit dem kürzeren Ende und beginne meinen Sturz erst, nachdem das Wasser bis auf Kniehöhe gefallen ist. Ich lande, aber ich lande nicht gut. Ich sehe, ich bin in einem osteuropäischen Kurort angekommen – ein See, eine Promenade, mehrere Pavillons, und dann zwei Garagen, zwischen Gärten. Wir haben uns in der Richtung geirrt, sagen wir der Patrouille, aber ich denke nicht, daß wir glaubhaft sind. Wer die anderen sind, weiß ich nicht. Wir gehen schnell wieder zurück zu den Garagen, es herrscht Gefahr. Es ist eigentlich ein Garagensystem, sie sind mit Scharnieren miteinander verbunden. Zwei Parteien feiern, eine davon ist meine. Man gewährt mir und meinen Leuten Platz, man teilt mit uns, was man nicht müßte. Keiner weiß, daß meine Leute nur da sind, um deren Leute zu verhindern. Die andern denken aber, auch unser Aufgebot sei ein Fest. Dabei ist unser Aufgebot nur eine List, ihr Fest zu behindern. Das wissen aber meine Leute nicht. (Ich habe alle betrogen.) Dennoch: es folgt eine familiäre Aufführung, in der es darum geht, Pappsärge hin und her zu wuchten, es handelt sich um ein Spiel, zwischen meiner listigen und der anderen, der natürlichen und gerechtfertigten Familie. Ich schätze enorm die Contenance der anderen Frau. Ihr konnte ich nicht in die Augen sehen, sie war ich, nur war ihr Gesichtchen gestaucht. Daran zeigte sich, daß sie in jeder Hinsicht besser war. Aber selbstverständlich habe ich niemanden davon unterrichtet. So war ich allein mit meiner Scham.

Man könnte diesem Traumprotokoll vorwerfen: Keiner träumt so. In seiner Nachbemerkung zu Adornos Traumprotokollen schreibt Reemtsma: »Es gibt bestimmte Eigenschaften, die ein Text aufweisen muß, der uns als Mitteilung eines Traumes geboten wird und den wir so hinnehmen: fehlende Plausibilität und mangelnde Pointierung. (..) Umgekehrt werden Erzählungen, in denen Menschen handeln, ohne daß wir zureichend darüber informiert werden, warum sie das tun, gern mit Träumen verglichen.«[10]

Fehlende Plausibilität kann man dem Märchen allemal antragen, aber das tut nichts zur Sache. Denn Märchen lesend ist man auf alles gefaßt und betritt eine Welt strenger Kausalität, wobei die motivierenden Bedingungen dieser Kausalität allerdings dunkel bleiben. Märchen haben Regeln, sie haben Wege, sie lösen sich zum Ende hin. Man muß bestehen, gehorchen oder nicht. Dann kommt es entweder auf Chuzpe oder auch Demut an. Entscheiden zu können, was jeweils angeraten ist, gehört zum Charakter des Guten. Aber keineswegs handeln Märchen wie diese hinterhältigen Ratespiele, wo man am Ende, fuchsteufelswild schon, dahinter kommen soll, daß ihre Pointe darin besteht, daß sie keine Regeln haben – und daß das alles ist, was man über sie herauszufinden in der Lage ist. Das ist der ganze Trick und und daher die kichernde Willkür der Eingeweihten.

Es gibt wohl kaum eine Textgattung, die so generell pointiert ist, wie das Märchen. Da geht das Märchen sehr ökonomisch vor. Pointen soll man nicht deuten, heißt es. Also könnte man festhalten: Wenn es klingt wie ein Märchen, dann ist es mit Sicherheit kein Traum. Es ist ein sehr eleganter Zug der Freudschen Traumdeutung, daß er den Traum als einen latenten Trigger nimmt, und seine Deutung vielmehr aus dem vom Analysand hinzuassoziierten Material bezieht. Er arbeitet an den Übergängen, auf der Schwelle. Denn man kennt die leichte Verstimmung, die einen beim Blättern in Traum-Lexika befällt – eine Abwehr gegen die mechanistische Haltung, die davon ausgeht, daß der Traum von einem Kissen Reichtum oder Streichkäse bedeutet.

Was aber bedeutet es, wenn ich versuche, ein belebtes Aquarium in einer Reisetasche zu verstauen, während ich im Begriff bin, meinen Flieger zu verpassen? Gleichviel. Hätte mir jemand vor dem Einschlafen ein Märchen erzählt, wäre das vielleicht nicht passiert. Es heißt, so Walter Benjamin, daß man Träume am Morgen nicht nüchtern erzählen solle – die durchlässige Grenzen zwischen Wachwelt und der anderen lasse sich nicht allein durch Duschen befestigen, nein, auch Brötchen gehörten dazu. Das Brötchen: ein Traum-Deich gegen den inneren Verrat. Der Morgen wäre allerdings auch eine recht unübliche Tageszeit für das Erzählen von Märchen. Das Märchen ist ein abendliches Genre, auch wenn in ihm zuweilen ein Traum erzählt wird, der keiner ist. Damit zurück zum Räuberbräutigam.

Stehen lassen

Es ist kein Traum. Lassen wir die vorangegangenen Überlegungen beiseite und schauen wir uns nochmals den Übergang an. Die Müllerstochter und die steinalte Frau fliehen gemeinsam: »Sie gingen die ganze Nacht, bis sie morgens in der Mühle ankamen. Da erzählte das Mädchen seinem Vater alles, wie es sich zugetragen hatte. [Absatz] Als der Tag kam, wo die Hochzeit sollte gehalten werden, erschien der Bräutigam, der Müller aber hatte alle seine Verwandte und Bekannte einladen lassen.«[11] Was ist inzwischen passiert? Weigert sich der Vater, ihr zu glauben? Taugt denn die steinalte Frau nicht als Zeugin? Ist die Hochzeit bei Müllers unaufhaltsam wie das Mühlrad? Oder ist das alles Teil einer List? Sind alle Verwandten und Bekannten geladen, um eine Schutztruppe, einen Rachemob, in jedem Fall aber die Überzahl der Guten zu bilden? Kurz: Was passiert während des Absatzes? Man weiß es nicht. Da es aber dennoch zur Hochzeit kommt, muß man annehmen, daß die Müllerstochter kein Gehör gefunden hat. Bis zuletzt scheinen alle mitzuspielen, selbst der Räuberbräutigam, der seine stumme Braut in zärtlicher Rede ermuntert, eine Geschichte beizusteuern. Und da erzählt sie sie ein zweites Mal – und wie hätte sie das tun sollen, wenn nicht maskiert als Traum?

Das scheint die einzige Möglichkeit zu sein, nachdem sie sich offenbar in einem Albtraum befindet, in dem ein derartiger Bericht nicht dazu taugte, eine angesetzte Heirat zu verhindern. Allein die Irrealisierung ermöglicht ihr die freie Rede. Sie nimmt einen Umweg, denn die direkte Mitteilung hat nicht zur Rettung getaugt. So hat es sich erwiesen. Damit richtete sich der Satz: »Mein Schatz, das träumte mir nur«, weniger an den Bräutigam als vielmehr an den Vater, der ihren Bericht, das ist denkbar, mit den Worten: »Das hat dir nur geträumt«, abgeschmettert haben könnte.

Das wäre ein Vertrauensbruch zwischen Müller und Müllerstochter, wo auch der kleine Finger, der hier auf dem Hochzeitsbankett ihre Integrität verbürgt, zwar nach wie vor ein Beweismittel abgäbe, aber den Bruch nicht mehr kitten kann. Die Auslöschung hat schon stattgefunden, und es braucht die Gemeinschaft zur Wiederaufführung des Traumas – um die Realität dessen, was geschehen ist, vor Zeugen, vor allen Verwandten und Bekannten zu verbürgen.

Ist das Märchen damit verstanden? Bleibt etwas stehen, wie ein Zelt in den Bergen? Die zentrale Stelle wäre damit der Absatz zwischen dem Bericht der Müllerstochter und dem erbarmungslosen Fortschreiten der Zeit in Richtung Vermählung. Und diese Lücke wird damit nicht verständlicher. Und ich denke sogar, ich habe ein Recht darauf, das nicht zu verstehen, genauso wie das Märchen ein Recht darauf hat, nicht verstanden zu werden.

Anders steht es um die Müllerstochter, die vor dem Problem steht, daß der Müller nicht anerkennen kann, daß sie nicht wünscht, was er wünscht, woraufhin er zur Gewalt greift, als einer äußersten Verwandlung der Differenz in Gleichheit. Er negiert ihre Erfahrung, die es anders, die es besser weiß. »Nur der Andere, den wir bewegen, aber nicht zwingen können, kann uns einen Teil dessen abnehmen, was das Selbst alleine nicht ertragen kann. Es steht nicht in Frage, daß wir den Anderen brauchen – die Frage ist nur, ob wir ihn oder sie anerkennen können.«[12]

Und Anerkennen meint hier auch, etwas oder jemanden in der gegebenen Unverständlichkeit anzuerkennen, das gilt für das Märchen, und das sollte dem Müller genauso für die Müllerstochter gelten. Und genau das zeigt dieses Märchen, in dem es sich weigert, diesen Zusammenhang auch nur um einen Deut verständlicher zu machen als er es nicht ist.

Anmerkungen:

1. Katharina Hacker. *Geweckte Angst: »Herr Korbes«*. FAZ vom 8. Februar 2006. Der letzte Satz des Märchens, der dem ganzen einen, wenn auch ausgesprochen fiesen Sinn geben will: »Der Herr Korbes muß ein recht böser Mann gewesen sein«; wird erst in der VI. Auflage 1850 (von Menschenhand) hinzugefügt. (Worauf Claudia Schittek hinweist, in *Aufmerksamkeit*, Festschrift zu Klaus Heinrichs 50sten Geburtstag.)
2. Alain Badiou: *Grausamkeit*. In: *Das Jahrhundert*. Zürich, Berlin 2006, S. 145.
3. *Der Räuberbräutigam*. In: *Kinder- und Hausmärchen gesammelt durch die Brüder Grimm*. Frankfurt / Main 1974. Bd.I, Seite 244.
4. dismember von lat. desmembrare, membrum - - und remember von rememorari, memor. Oxford Concise Dictionary of English Etymology. Oxford University Press 1996.
5. *Der Räuberbräutigam*. In: *Kinder- und Hausmärchen gesammelt durch die Brüder Grimm*. Frankfurt / Main 1974. Bd.I, Seite 243.
6. Jan Philipp Reemtsma: *Nachwort*. In: T.W. Adorno: *Traumprotokolle*. Frankfurt / Main 2005. S. 94.
7. *Der Räuberbräutigam*. In: *Kinder- und Hausmärchen gesammelt durch die Brüder Grimm*. Frankfurt / Main 1974. Bd.I, Seite 246.
8. Gilbert K. Chesterton: *Moral des Märchenreiches*. In: *Die Wildnis des häuslichen Lebens*. Übersetzt von Joachim Kalka. Berlin 2006. S. 74.
9. Gilbert K. Chesterton: a.a.O. S. 64f.
10. Jan Philipp Reemtsma: *Nachwort*. In: T.W. Adorno: *Traumprotokolle*. Frankfurt / Main 2005. S. 97.
11. *Der Räuberbräutigam*. In: *Kinder- und Hausmärchen gesammelt durch die Brüder Grimm*. Frankfurt / Main 1974. Bd.I, Seite 246.
12. Jessica Benjamin: *Der Schatten des anderen Subjekts. Intersubjektivität und feministische Theorie*. In: *Der Schatten des Anderen. Intersubjektivität, Gender, Psychoanalyse*. Frankfurt / Main, Basel 2002. Seite 117.

Es darf dir, vielgeliebter Leser, nicht befremdlich erscheinen, wenn in einem Ding, das sich zwar Capriccio nennt, das aber einem Märchen so auf ein Haar gleicht, als sei es selbst eins, viel vorkommt von seltsamem Spuk, von träumerischem Wahn, wie ihn der menschliche Geist wohl hegt und pflegt, oder besser, wenn der Schauplatz manchmal in das eigne Innere der auftretenden Gestalten verlegt wird.

E.T.A. Hoffmann: Prinzessin Brambilla

ANNETTE SCHRÖTER
Papierschnitte 2002-2006

Am Wegesrand, 2002. 75 x 165 cm, unter opalem Plexiglas.

Im Park I, 2004. 270 x 130 cm.

Im Park II, 2004. 270 x 130 cm.

Kindheitsmuster, 2006. 220 x 350 cm

Kindheitsmuster, 2006. 220 x 350 cm

In die Wüste, 2003. 230 x 170 cm.

Blick ins Land I, 2003. 250 x 190 cm.

Frauen in Waffen I, 2002. 250 x 185 cm.

Frauen in Waffen II, 2004. 190 x 260 cm.

Ohne Titel, 2003. 125 x 165 cm, unter opalem Plexiglas.

Annette Schröter

Mit dem Messer gezeichnet

Neben dem Malen arbeite ich in meinem Atelier seit ca. 5 Jahren intensiv an Papierschnitten. Angefangen hat es mit kleinen Motiven (40 x 40 cm), alle ganz spielerisch, dem Thema der Rose verpflichtet, auch den Kitsch nicht scheuend.

Nach kurzer Zeit merkte ich, daß die Größe eine nicht zu unterschätzende Rolle spielt. Es ging darum, das ursprünglich biedermeierliche – und in der Regel den Frauen vorbehaltene – Medium des *Scherenschnittes* ins Heute zu transportieren. Die tradierte Anmutung des Scherenschnittes – Schönheit und Harmonie – sollte erhalten, aber mit völlig anderen Inhalten gefüllt werden.

Die Motive wurden also überlebensgroß und der Cutter ersetzte fortan die Schere.

Parallel zu einer umfassenden Serie von gemalten Frauenporträts in deutschen Trachten entstanden *Blick ins Land I* und *Blick ins Land II*.

Meine Arbeitsvorlagen sind in der Regel von mir fotografierte Motive, aber auch Abbildungen aus der Tagespresse. So fanden Waffen, Jagdflieger und Stacheldraht Eingang in die geschnittenen Darstellungen. Neben der Allgegenwart der Logos, die ich, zum Muster verarbeitet, in die Bedeutungslosigkeit entlasse, beschäftigt mich in letzter Zeit die Präsenz von Graffitis im öffentlichen Raum in zunehmendem Maße.

Der Arbeitsprozeß ist beim Schneiden ein völlig anderer als beim Malen.

Es beginnt mit einer bis ins kleinste Detail ausgeführten weißen Vorzeichnung, der dann akribisch nachgearbeitet wird. Die Gewichtung von Schwarz und Weiß wird zu Beginn festgelegt und ist im Nachhinein nicht mehr zu verändern. Ob ein Motiv funktioniert, läßt sich während des Herstellens nur bedingt überprüfen. Umso spannender ist der Moment, wenn die Arbeit, einmal fertiggestellt, an die Wand gepinnt wird.

Das Arbeiten an einem Papierschnitt ist für mich wie eine lange Wanderung: das Schneiden von Mustern hat etwas Meditatives, etwas auf eine befriedigende Art und Weise Erschöpfendes.

Leipzig, im Januar 2007

Wilhelm Bartsch

Märchen in Ultramarin

> Dein Hals so glatt
> wie ein weichgekochtes Ei
> weiche Wangen, meine Birnen
>
> *Anne Sexton, Hänsel und Gretel*

> O Shenandoah, it's far I wander
>
> *Virginias Hymne*

Verschwistert mit einer Flasche Linie-Aquavit zu verreisen, und zwar über den Großen Teich und über Washington und Lynchburg hinein in die schönsten Wälder der Welt – das war einmal in einer anderen Zeit. Es geschah an dem Tag, als sein Vater starb, da erhielt er einen Brief, laut dem er, Jan Untied –»the ghostwriter of his own«, wie es in jenem Brief zugleich achtungsvoll wie augenzwinkernd hieß–, sich nun für einige Zeit als ein Fellow betrachten könne an jenem altehrwürdigen College am Rand der Blue Ridge Mountains in Virginia.

Das tat er auch gleich, er betrachtete sich. Denn sein Vater, dieser Mutter- und Schwestermörder, war für ihn gestorben, und so fuhr er los.

In London-Heathrow holte er die Flasche Aquavit heraus und sprach zu dieser seiner Schwester: Laß uns einen trinken. Dir tun ja schon hier die Füße weh!

Sie trug bereits ein braunes amerikanisches Packpapierkleid.

Er prostete jenem Mann mit dem Silberbart zu, der ihn von der Sitzschale gegenüber die ganze Zeit angestarrt hatte: Auf meine Schwester, die dumme Pute, die letztes Weihnachten wegen dir ihren Kopf in den Gasofen gesteckt hat!

Das Leviathangerippe der Eingangshalle vom John Foster Dulles Airport schluckte ihn. Der Finnenwal spie sie beide auch gleich wieder aus – und unter ihm auf dem Meeresgrund erstrahlte der endlose Sushi-Kasten von Washington D.C., Häppchen für Häppchen die Villen und Schluck für Schluck all die giftigschmackhaften Swimmingpools in achthundert Metern Tiefe, er saß in der haifischmäuligen Propellermaschine links, wo es den Fensterplatz für Alleinreisende gibt. Bald hatte ihn seine quengelnde Schwester, da, auf dem Geistersitzplatz neben ihm, schon fast alle gemacht, nur ein beschwichtigendes Old-Style-Bier gab es noch dazu, als es schließlich doch noch zappenduster geworden war, draußen, an der Viertausend-Meilen-Waldkante des Wilden Ostens.

Er stierte Löcher hinab ins Dunkelgefunkel. Irgendwo da unten konnte es bereits sein – ein weiteres Hexenhaus aller geisterhaften Waffengattungen der sogenannten schönen Künste.

Als Untied wach wurde, war er allein in Lynchburgs Airpörtlein. Das Transportband rumpelte und zeigte ihm pro Minute einmal seinen sich nuttig vorbeiräkelnden Koffer. Er hatte das Gefühl, daß all seine Habseligkeiten da drin wären – Stück um Stück überflüssiges Zeug. Plötzlich klingelte etwas wie nah und fern zugleich – es klingelte unentwegt.

Er nahm die Schwester bei der Hand, seinen Koffer und versuchte es aufrecht in einen Gang hinein, nach sonst wo. Was da schrillte, war ein rotes Telefon an der Wand. Er nahm ab. Den grollenden Atem kannte er. Zugleich wehte erfrischender Moder ihn an, der kam wohl schon aus Virginias Wäldern. Er sagte gar nichts. Er schaute seiner Schwester in das eine und so klare Auge und ließ ihre Tränen rotieren.

Du bist für mich auch gestorben! grollte die tiefe Vaterstimme. Hörst du? Unter der Erde! Dort, in deinem scheiß Amerika!

Gut, lallte der Sohn, tritt sie doch fest! Und hing den Hörer wieder an die kahle Wand.

Da stand er also. Schließlich hob er wieder ab – und lauschte und lauschte. Irgendwann begann es im Hörer zu rumoren.

…destination? Sir?

Mount St. Angelo – you know…

Der Hörer brutzelte eine ganze Weile vor sich hin.

Sure?

Sure.

Der Fahrer des Vans war ein Schwarzer, der sich unterwegs mit seltsam gepfiffenen Melodiefetzen und Geschwatze wach hielt. Zwischendurch fragte er dies und das.

Du bist aus New York? fragte er schließlich, als sie bereits das Einfahrtstor zum stetig sanft ansteigenden Mount San Angelo passiert hatten.

Warum?

Du sprichst so schlecht englisch.

Ich bin Deutscher. Nordostdeutscher.

Tatsächlich? – Ich schätze mal, du wirst, Nordostler, so ziemlich allein sein unter den Amerikanern aller Sorten und Himmelsrichtungen!

Wär mir nur recht.

Besser wär's aber, es gäb da einen Guide, der hin und wieder mal einen Blick auf dich wirft, da auf dem Berg – Ger-man?

Jan Untied.

He, John! Nenn mich Sparty!

Es war wohl schon kurz vor der Stunde zwischen Wolf und Hund, als er die ehemalige Tabakpflanzervilla auf dem Mount San Angelo zwischen den Parkbäumen hervorleuchten sah. Er konnte jedoch beim Abzählen die Zehn- von den Hundertdollarnoten im Halbdunkel nicht unterscheiden.

Der Taxifahrer drückte Untieds Hände samt Geld beiseite und hielt.

Nächstes mal, John! Es war mir ein Vergnügen! Ich wollte sowieso mal hier her zu meinem Onkel. Mein Onkel ist ein S 8. –Ein S 8 – Du weißt nicht, was das ist. Auf Sohle acht ist die Kohle schon so tiefschwarz, daß sie bereits einen Stich ins Bläuliche hat – horch mal!

Untied horchte zum Haus hin. Aber von der anderen Seite, aus der Finsternis kam eine abgehackt gepfiffene Melodie. Es klang wie Spartys Echo mit größter Verspätung.

Er ist auf dem Pfeifenden Pfad, raunte Sparty Untied ins Ohr.

Ich glaub's ja nicht, murmelte Untied.

Ganz früher, sagte Sparty, sollten der Negerkoch und sein Gefolge, wenn sie die Speisen von der Küche hier herübertrugen ins Herrschaftshaus, was pfeifen, damit sie nichts naschen konnten!

Untied sah einen kopflosen Riesen in löchrigem Grau und mit weißen Stulpenhandschuhen aus der Finsternis kommen. Zwei frisch geschälte Eier schwebten über dem Hals des Riesen und fixierten ihn, und der rabenschwarze Kopf des Koches schälte sich aus der Finsternis gegenüber der milde strahlenden Villa heraus.

Ich finde einfach keinen Sumach diese Nacht, sagte der Riese, und seine tiefe Stimme rollte und schnurrte leise dahin. Untied sah wohl erstaunt aus über diesen nachtaktiven Koch, der ihn nun mit beschwörenden Blicken abtastete.

Mitte März kann es sogar tödlich sein, wenn du den Blue Ridges Sumach anfaßt, geschweige denn pflückst, ich brauch ihn aber für den Catfish zum Dinner, da mach ich den Sumach unschädlich, und so was von lecker, freu dich einfach auf heut Abend, Neuer!

John, das ist mein Onkel Pompeius McCaslin!

Freut mich riesig, John! Nenn mich Pompey! Finger weg da! Der Neger trägt hier den Koffer!

Untied folgte Pompey und seinem Koffer durch die Vorhalle und vorbei an einer Standuhr, die in diesem Augenblick halb vier schlug, ungefähr wohl die Zeit, wo der Rote Tod seine Maske abnimmt. Der enthüllte sich im Kamin des Salons als ein Gluthaufen mit noch blakenden blauen Flämmchen. Untied fand sich in einem Ohrensessel wieder und war gleich umringt von einem Kränzchen dreier älterer zwitschernder Damen. Die hatten ihm auch sogleich ein Glas Rotwein in seine Hand gezaubert. Die Eine trug um ihren Kopf eine Wolke aus feinst gesponnenem Platin.

Er soff nicht nur Peach and Honey, sprach sie. Poe war vor allem Punschist – aber dies da ist ein Breakheart Red.

Die Zweite war schwarz und wurde von lautlosem Lachen geschüttelt.

Der Bruchherzer stammt von den White Hall Vineyards, sagte sie.

Die Dritte brachte mit ihrem Stock noch einmal die Flammen zum Tanzen.

Dieses Weingut liegt nun mal am Hang der Rauhen Berge.

Und plötzlich hatte Untied den goldenen Schnabel eines Adlers unter der Nase – die Knaufseite des Stockes.

Cheers! Und darum kommt der Breakheart so gut! zwitscherte der Adler.

Für deinen ersten Traum hier! lachte die schwarze Lady.

Denn man träumt was im Old Dominion! sprach's aus dem Platingespinst.

Eine weitere Ewigkeit schien ihm vergangen zu sein, als er nach längerem Umherschleichen und mit dem leise schniefenden Kompaß aus seiner Umhängetasche – der fast leeren Flasche Aquavit – seinen Koffer vor der Tür im ersten Stock wiedersah. Als er sie aber öffnen wollte, um einfach nur noch auf ein Bett zu fallen, schlug in einer tief entlegenen Ferne die Standuhr viermal – und plötzlich stand mit ihren langen hellen Haaren seine Schwester dort!

Wie wär's mit Licht? fragte sie und drückte den Lichtschalter, den er nicht gefunden hatte.

Wieso? fragte er nach einem atemstockenden Moment. Sind hier nicht alle Nachtmahre?

Sie trug eine weiße Strähne wie eine Adlerfeder im Haar und amüsierte sich sehr.

Ich nicht, sagte sie. Ich bin Jensie Hummingbird und jetzt das dritte Mal an diesem Ort, aber betrunkene Vampire hab' ich hier noch nie gesehen! Sie nahm ihm die Flasche weg. Es waren noch zwei Schluck drin, sie trank und schaute mit Ekel aufs Etikett.

Oh! Du bist also Wikinger, John Losgebunden, da bist du ja ständig unterwegs! Gehörst du irgendwohin nach Hause?

Ich werde schon noch was finden, sagte er.

Wir sind Nachbarn, sagte sie, nicht hier, aber drüben, hinter der Bergeskante. Mein Studio liegt nämlich direkt neben deinem. Ich komme gerade von der Arbeit.

Laß mich raten: Giftpflanzen in der Finsternis sammeln?

Sie verschränkte ihre Arme und strich sich mit sanftem Ringfinger die weiße Adlerfeder aus ihrer Stirn. Vielleicht daß man dort eine senkrecht drohende Zornesfalte hätte sehen sollen, aber Jensie Hummingbird griente nur, drehte sich abrupt um und schwebte davon.

So verkehrt hast du gar nicht geraten, John! rief sie noch.

Ein Anhauch durch das offene Fenster weckte ihn. Oder war es von einem Gesang unverschämt lauter Nachtigallen?

Er trat auf seinen Balkon und sah gar nicht weit hinten schon die schön geschwungene Kammlinie der wirklich sehr blauen Blue Ridges. Zwischen ihr und ihm versuchte etwas gleich mehrmals, einen knallroten Strich zu ziehen. Dann sah er auf dem kahlen Ast der turmdicken Baumruine den roten Kardinal mit übertrieben spitzer Mütze. Er saß und sang über einem verwüsteten Park oder einer aufgehübschten Wildnis, wo an zahlreichen Stellen schon feinste Schleier in Rosa, Gelb und in allen farbigen Abtönungen von Weiß schwebten.

In der Ferne, fast über den Berg, sah Untied ein merkwürdig blau leuchtendes Gebäude, eine Scheune vermutlich. War es ultramarinblau mit Leuchtpigmenten? Virginias Flagge am Eingang der Villa hatte dieselbe Farbe.

Und gab es eigentlich Schneeglöckchenknoblauch? So roch es, mal mehr nach der ersten, mal mehr nach der zweiten Komponente.

Er fühlte sich frisch – und sehr schutzlos. Er ging wie zielstrebig über die rote, goldfunkelnde Erde und betrachtete die da und dort ausgestreuten bleichen Quarze. Es war ihm auf einmal so zumute, als ob er seine frühe Kindheit noch einmal von vorn beginnen solle – etwas wie grenzenloses Vertrauen lag in der Luft und wehte ihn nahezu heimatlich an.

Untied lachte auf, als er den wahrscheinlichen Grund dafür erlauschte. Aus allen Himmelsrichtungen und noch durch das jubilierende Chaos der Vogelwelt drang immer deutlicher der Klang ferner Glocken.

Ach ja – es war Sonntag, mehr nicht, und er war soeben gleich zweimal in so etwas wie schwarzbraune, stinkende Äpfel getreten. Unter dem mächtigen Baum lagen viele davon und hingen auch noch über ihm und zahllos herab von den Zweigen.

Southern tree bear a strange fruit – blood in the leaves and blood in the root! Wie lange hatte Untied schon nicht mehr gesungen – es klang lächerlich. Der alte Plattenspieler in seinem Kopf hatte Billie Holiday aufgelegt. Die fast vergessene Platte seines Herzens hatte einen Kratzer und sprang über auf: It's all fun and laughter – they lived ever after – in ecstasy!

Der Rubinrest des Abtastsystems – so schrieb er noch am Abend desselben Tages – fuhr inmitten von The Same Old Story scharf übers Herz und machte den Schnitt.

Vom Southern Tree aus jedenfalls sah er auch gleich den Schnitt dort unten in der Landschaft. Falls es ein Kerbtal oder eine Schlucht war, wollte er sie sehen, am besten gleich.

Das Unterholz, die Quicken und Quecken erwiesen sich aber als undurchdringlich. Er gab es auf, als er eine fingerlange Stabheuschrecke mit rotierenden Fühlern an seinem aufgekrempelten Ärmel sah. Er ließ sie als ein neues Abzeichen gelten und versuchte es mit der leicht schadhaften Straße. Die Straße ging durch einige Schlangenkurven hinab in eine spürbare Kühle auch des Gemüts, und sogar weiße Fetzen des Winters lagen hier noch, und er sah bereits die Brücke.

Pompeius McCaslin im schwarzseidenen Sonntagsstaat lehnte über das Geländer der Brücke über die hier schnurgerade South Railway, stieß Rauchwolken aus und schaute nach unendlich. So weit man in dieses gigantische »V« hineinblicken konnte, erhoben sich links und rechts steile verwilderte Bahndämme.

Hi, Mr. Negro! sagte Untied. Pompey McCaslin war wirklich erst am Tag so schwarz wie ein S 8.

Have a nice sunday, John! Schön, daß du den Neger und nicht den African-American ansprichst! Pompey richtete sich zu seiner vollen Größe auf, sog an seinem Zigarillo und reichte Untied auch eines.

O danke! Rauchzeug aus der Gegend?

Rauch ist auch nötig hier auf dieser verdammten Brücke, das merk dir gut! sagte Pompey und sah Jo eindringlich an, während er ihm Feuer gab. Das hier sind nur sehr preiswerte Guantanamera-Puritos, Cuba si, Yankee no – alles klar?

Dann sah Pompey die graue Schrecke am Ärmel von John, wich zwei Schritte zurück und pfiff durch die Zähne.

Hallo, walking-stick, sagte er. So früh im Jahr schon auf den sechs Beinen?

Das Vieh heißt Wanderstock? fragte Untied.

Ja, und zwar nach dem Wanderstock von Stone Man, dem Kannibalen, behauptete Pompey mit seiner tiefen, und jetzt nicht mehr so sanft dahinrollenden Stimme. Stone Man war einmal ein Ungeheuer der Cherokees!

Pompey machte eine beredte Pause, sah auch ziemlich ernst aus. Und Hummingbird ist auch eine Cherokee, Mann! Sie ist in dreizehnter Generation die Tochter des Häuptlings Attakullaculla, unter dessen Herrschaft sein Ungeheuer Nun Yunu Wi, nämlich der Stone Man, bis zu seinem verdienten Ende am schlimmsten unter den Menschen gewütet hat!

Also, versuchte Untied das alles zu fassen, du meinst damit – Jensie sei ein Monster?

O nein, John! Nur 'ne Hexe! Willst du's wissen – oder nicht?

Stone Man oder Nun Yunu Wi, so erzählte Pompey, war ein Monster der Cherokees, ein unsteter Wanderer der Wälder mit Menschenappetit. Wenn Nun Yunu Wi an eine Schlucht kam, warf er einfach seinen Wanderstock und hatte somit eine steinerne Brücke. Auch das Weltwunder der Natural Bridge of Virginia, nur etwa zwei Dutzend Meilen weiter südwestlich in den Blue Ridges, wurde diesem Mann mit der steinernen Haut schon zugeschrieben, aber hier am Fuße des Mount San Angelo, wo die Straßenbrücke über die South Railway geht, soll auch mal eine, allerdings kleinere, Naturbrücke ein tief eingeschnittenes Tal mit einem nun umgeleiteten Fluß überwölbt haben.

Sieben menstruierende Negermädchen haben hier gestanden! rief Pompey und breitete seine mächtigen Arme aus, genau hier wurde Stone Man besiegt! Denn allein der Anblick von sieben menstruierenden Negermädchen konnte den Steinernen Mann Nun Yunu Wi töten. Eine nach der Anderen schmähte ihn mutig und zeigte die Wunde, da blutete Stone Man aus sieben Öffnungen und fiel um. Die sieben Negermädchen durchbohrten Nun Yunu Wi mit sieben Stecklingen des Silberglockenbaumes und hefteten ihn so an den Grund. Sie schichteten Äste des Tulpenbaums und trockenen Tabak um ihn und zündeten alles an. Auf diese Weise erfuhren sie noch von Nun Yunu Wi, so lange er verbrannte, die geheimen Rezepte des Waldes.

Very nice girlies, murmelte Untied mehr für sich. Und wie hieß doch gleich noch mal der Boß des Monsters, also Jensies Urururur-und-so-weiter-Opa?

Attakullaculla! rief Pompey seltsam empört aus. Merk dir den Namen! – Es ist hier noch lange nicht alles vorbei!

Und da hinten hat Attakullaculla wohl seine Wigwams errichtet! Untied zeigte in die Ferne des verwilderten V's, wo anscheinend Baumleichen und -würger oben auf dem linken Bahndamm etwas überwölbten. Er glaubte zu sehen, wie Pompey da zusammenzuckte.

Da soll's mal einen alten Sklavenfriedhof gegeben haben, knurrte Pompey, bestückt mit namenlosen großen Steinen für die Erwachsenen und namenlosen kleinen für die vielen Kinder. Die runden hellen Steine waren weiblich, die eckigen dunklen männlich. Als damals die South Railway kam, sollen sie die fürs Gleisbett verwendet haben. Aber wer wollte denn schon was gegen Leute tun, die ein Tal unendlich lang strecken und Wasser in Stahl verwandeln konnten?

Das konnten nur sehr helle und blonde Weiße wie ich, Pompey, sagte Untied.

Sag Neger zu mir! befahl Pompeius McCaslin.

Kommst du mit da runter – Neger? fragte Untied. Pompeys Augen weiteten sich ungläubig.

Niemals, stieß er hervor, niemals, hörst du, niemals gehe ich dort irgendwo runter! Da hat's schon mehrere erwischt! Vor nicht mal zwei Jahren wollte da unten auf den Schienen einer Münzen vom Zug platt fahren lassen. Der lag am Ende auf etwa hundert Yards verteilt, und in seinem bloßen Hirn steckte ein scharfgeschmiedeter Silberdollar!

Gut, gut, winkte Untied ab und wandte sich zum Gehen. Schönen Kirchgang noch!

Danke, John, sagte Pompey. Ja, rief er noch, ich gehe jetzt beten für die Sklavenhalter in der Hölle! Übrigens soll die Villa, zu der du jetzt hinaufgehst, kurze Zeit mal auch so einem Attakullaculla-Stone-Man, einem Cherokee-Clan namens Hummingbird, gehört haben!

Zum Mittag bekam Untied seinen Lunchkoffer W 9, und er machte sich erstmals auf über den Berg in sein Studio. Dort hinauf gab es Rinderweiden, und etwas jenseits des Zaunes lief parallel zu ihm mit und zischte und kicherte ihn an. Er blieb stehen, das Tier ebenfalls. Er sah in die Äuglein einer nacktschwänzigen Ratte auf Ferkelbeinen und mit dem waffenstarrenden Gebiß eines Insektenfressers. Wer du auch bist, sagte er zu dem Igelrattenferkel, moin, moin! Das Tier sah ihn mit funkelnden Augen an.

Du oder ich, sagte Untied.

Sie standen und standen.

Also ich, sagte er schließlich und wandte sich ab.

An seiner Studiotür hing ein Brief an einem Faden von der Türklinke. Er legte ihn auf dem alten Ledersofa ab und rückte sofort den kleinen Schreibtisch unter das Fenster. Sogleich nahm er auch sein Schreibbuch aus der Tasche, setzte sich schnell hin, wie es seine Art war, und fing an, alles aufzuschreiben.

Darüber hatte es dann zu dämmern begonnen, und er war schließlich auch bis zu dem Brief angelangt – den er ja noch gar nicht gelesen hatte!

Er sprang auf, lief zu dem Ledersofa und las: *To John the Viking – Bin in der Landschaft, bei der verfallenen blauen Scheune. Jensie.* Sie hatte es quer über das Aquarell einer verfallenen blauen Scheune geschrieben. Er wollte den Umschlag schon zerknüllen, da sah er, daß auf der Rückseite noch etwas stand: *Ein Opossum spricht sonst nicht mit Jedem!*

Er riß eine Seite aus seinem Schreibbuch und schrieb: *To Jensie Hummingbird-Attakullaculla – Ich war leider verhindert. Die blaue verfallene Scheune sah ich heute früh vom Balkon deines Herrenhauses. Cheers! (Es gibt bei mir gerade laue Kürbissuppe aus meinem Lunchkoffer – keinen Aquavit.) Das Opossum glotzte nur, sagte nichts. Jan.*

Seinen Brief schob er unter Jensies Studiotür durch und verließ nun in einem Pulk netter Leute das Studiogelände. Das Opossum konnte wohl eine derart hinabwallende Klangwolke nicht leiden und blieb fern.

Untied hatte gar nichts Feines zum Anziehen mit aus seiner frischen und unfeinen Vergangenheit, und Jensie war auch noch nicht da. Das Dinner, von dem der Sumach suchende Pompey ja bereits in der Nacht gesprochen hatte, fand bei Kerzenschein statt.

Das ist hier jeden dritten Abend so, John! sagte die Schwarze Lady vom nächtlichen Empfang, die in Wirklichkeit eine ziemlich berühmte Dokumentarfilmerin aus Missouri war. Du gefällst uns trotzdem, John. Pompeius sieht auch nicht viel schicker aus, das wirst du schon noch sehen! lachte sie, während unter dem Beifall der Speisenden in einer riesenhaften Kasserolle ein Alabama-Katzenwels hereingetragen wurde, der sich in einer gelben Musik aus rumbakugelförmigen Kürbisfrüchten in eine elegante Kurve legte.

In dem Augenblick –und nicht nur, weil sich hinter ihm ein Stuhlbein geräuspert und die Schwarze Lady eine etwas verschlossene Miene aufgesetzt hatte– merkte Jan Untied, daß Jensie Hummingbird da war.

Der Koch hat dich ja schon schön zubereitet, John, sagte Jensie leise an seinem Ohr.

Koste doch auch mal, Jensie, flüsterte er in seine hohl nach hinten gewölbte Hand. Sie hauchte sogleich zurück in sein handliches Gerät.

So wurde er voll an der Wange und an seinen Lippen getroffen. Mit blutüberrieseltem Hals lehnte er sich zurück, und obwohl ihn ein großes Erstaunen auch gleich herumdrehte, sah er nur noch den leeren Stuhl und dahinter, im Vorraum des Salons, den Garderobenspiegel dunkler werden.

Er rückte unter dem schmalen Blick der Schwarzen Lady den leeren Stuhl neben sich, aber Jensie kam während des gesamten stundenlangen Dinners nicht wieder zurück.

Und? spöttelte die Schwarze Lady, wem glaubst du so?

Mir? fragte Untied. Die Dokumentarfilmerin nickte sehr und lachte. Ich mach's auch so! Das wird gleich ein ganz anderer und absolut realistischer Film! Holst du mir bitte noch ein Schüsselchen von der Jambalaya? Untied kämpfte noch dickköpfig gegen ein Riesenstück Pfirsichtorte mit Nußeis, als beide Flügel der Küchentür aufsprangen und an der Wand eingehakt wurden. Jetzt konnte man in Pompeius McCaslins Zauberreich blicken, das etwas verräucherter als vermutet aussah, um nicht zu sagen, wie das Innere einer uralten Lokomotive, allerdings einer, die von jemand gefahren wurde, der sie liebte und auch eine Menge davon verstand.

Pompey trug sein verbeultes löcheriges weißgraues Zeug, allerdings hatte er sich nun seinen schwarzen Kirchgangs-Frack übergeworfen. Links im Arm hielt er die schwarze Köchin, rechts im Arm den weißen Koch mit der Kochmütze. Da gab es kein Halten mehr, alle selig Gespeisten – vielleicht tat ja doch noch der Blue Ridges Sumach seine Wirkung – erhoben sich nach und nach von ihren Plätzen, Beifall brandete auf, Bravorufe ertönten, und begeisterte Pfiffe. Das Trio verneigte sich. Untied würde sich nicht mehr gewundert haben, wenn der Neger auch noch eine Polonaise mit dem Gerippe des Alabama-Katzenwelses angeführt hätte.

Er konnte Jensie nicht finden. Sie war weder in der Villa noch im Gästehotel und auch nicht in ihrem Studio, also ging er mit der Taschenlampe in die Finsternis, in die Richtung der blauen Scheune. Es war windig, und ein Licht blinzelte von dort. Ringsum scharrte, raschelte, piepte es. Einmal seufzte sogar etwas. Vor der Scheune stand eine Laterne mit ruhig brennender Kerze. Untied umschritt die verblichene schiefe Scheune und leuchtete sie an. Was heute früh und aus der Ferne noch wie frisch angemalt ausgesehen hatte, waren nur noch virginiablaue Farbreste auf einigen Fasern der Bretter. Er hob die Laterne hoch und hing sie an einen im Wind schaukelnden Ast. Dort würde er die Laterne vielleicht sogar von seinem Balkon unten im Hotel sehen können. Untied hockte sich auf die Erde. Es konnte wohl sein, daß Jensie käme, wenn er sie nur riefe.

Er hörte in der Scheune ein Weinen, ja Winseln, der schmähliche Vater hatte sonst nie geweint, und wenn, doch nicht mit so hoher Stimme – woher wußte Untied, daß es sein Vater war? Er ballte die Faust. Mit Lob hast du mich gemästet! rief er in die Scheune hinein. Jemand rührte von hinten geistersanft seine Schultern an. Es fror ihm den Rücken hinab.

Ich habe nicht aufgepaßt. Ich hab nie auf sie aufgepaßt! rief er.

Seine Seele, spürte er, war soeben, über den Atlantik hinweg, hier bei ihm eingetroffen – das war nicht gerade ein Wesen, das man etwa in Anwesenheit einer schönen Hexe aus dem Käfig hinter den Rippen herauslassen konnte. Untied sprang auf, er floh von dem Ort, ja er rannte den Mount Angelo hinab. Aus dem offenen Fenster der Küche hörte er Pompeius McUnermüdlich singen mit mitternachtsfüllendem Baß:

I'm from old Virginny state
Where they eat a bowl of grapes
Since I'm black cat you better not laugh
I'll turn back my ears and bite you two'n half…

Pompey brach ab, da er wohl im Rücken etwas spürte, und drehte sich um zum Fenster.

Versuch das doch gleich mit mir, Black Cat! sagte Untied. Pompey lachte auf.

Schon geschehn! Du bist bereits zwei Hälften!

Pompey nahm seinen Frack vom Haken, um Kirche und Küche für heute zu verlassen.

Übrigens! so rief er draußen noch, Jensie Johnnysucker speist morgen nicht mit! Übermorgen auch nicht, die ganze Woche nicht, wer weiß schon, wie lange nicht. Sie muß vielmehr für viel viel Geld viele viele virginische Lebensmittel vernichten gehen im Westen!

Have a good night, Negro, sagte Untied nach einer kleinen, aber verdutzten Bedenkzeit – und danke auch für den singenden Catfish!

Als Untied schon auf seinem Balkon stand, hörte er Pompeius McCaslin zu seinem Auto gehen und anscheinend denselben Oldie weitersingen:

The stare in the skies like the ladies' eyes

Making a lot of light when the moon don't rise...

Und so war es auch am nächtlichen windigen Himmel – kein Mond, aber Sternengewimmel, nur hinten bei der Scheune war es duster – aus, die Laterne, oder? Er starrte dorthin. Der Wind hatte auf einmal nachgelassen, die Stämme schwankten und die Äste und Zweige winkten und wuselten nicht mehr so durcheinander – da sah er die Laterne wieder leuchten wie einen klopfenden Unruhestern.

Come in, sagte er ganz automatisch.

Linie-Aquavit ist es leider nicht, sagte Jensie, nur zwei Mello Yello aus dem Automaten!

Aha, sagte er, nachdem er zurückgewichen war und sich einmal um sich selbst gedreht hatte. Ein Willkommen-und-Abschied-Trunk! Ist was Besonderes an mir?

Ich hab dich gelesen, Ghostwriter of his own! – Cheers!

Da warst du also – das ist jedenfalls der Stand vom letzten Monat – eine von tausendsechshundertdreizehn Leserinnen und Lesern in den USA. Und? Wie war ich?

Das Schwarze da drin hab ich gar nicht gelesen, nur das Weiße. Vielleicht bin ich ja als Einzige so verrückt gegenüber den anderen tausendsechshundertzwölf?

Bei uns hinterm Teich nennt man das Zwischen-den-Zeilen-Lesen. Das war eine Übung, mit der man sich halbwegs wach hielt in Nordostdeutschland. Mein Buch heißt in meiner Sprache auch nicht »Sein eigener Geisterschreiber«, sondern es heißt einfach »Sklavensprecher«.

Findest du nicht, fragte sie, daß ein Buch wie ein Pakt ist? Der Leser hat genau so viele Rechte wie der Schreiber, nicht wahr? Und ich lese nun mal bei dir das Weiße! Weißt du, was Sequoyah, der berühmte Cherokeehäuptling, einmal sagte?

Wie sollte ich – Jensie...

So spricht der Häuptling Sequoyah, begann Jensie nun einen feierlichen Häuptling mit tiefer Stimme zu parodieren: Es heißt, daß in alter Zeit, als angefangen wurde zu schreiben, ein Mann Namens Mose Zeichen auf einen Stein ritzte. Ich, Sequoyah, kann auch Zeichen in einen Stein ritzen!

Ja, hab mal gehört von dem Mann. Und?

Bei dir scheint's mir, ein bißchen, jedenfalls an ein paar Stellen, so wie zum ersten mal, verstehst du? Also geritzt, wie bei Mose, sagte sie, trank schnell einen Schluck aus ihrer Mello-Yello-Büchse, räusperte sich, da sie sich verschluckt hatte, und mußte lachen.

Und, sagte er und nahm ebenfalls einen Hieb in Richtung falscher Kehle, bin ich's oder nicht?

Genau! rief sie. Du bist es, oder nicht. – John! Ich muß morgen weg, vielleicht lange.

Was, denkst du, halte ich von dir? sagte er und klang enttäuschter, als er wollte. Gib mir so was wie ein Buch, Jensie, wenn du hast!

Ich denke gar nicht, sagte sie, ich sehe lieber. Bei dir ist das schwer, du hast eine gute Tarnung. Allerdings eine zu gute! Es ist spät, mach's gut, mein Lieber. Ich gebe dir gleich ein Zeichen von da, wo ich hin muß, sleep well, John, und grüß Pompey rein gar nicht von mir!

Du selbst bist ein viel besseres Buch, Jensie! rief er ihr da, zu seiner eigenen Überraschung, nach. Ich lese auch dein Weißes, Jensie! Selbst wenn ich dich nur in mir sehen kann! Dein Gesicht! Ich kenne es ja eine Ewigkeit länger als vierundzwanzig Stunden!

Sie stand schon in der Tür, lehnte nun Schläfe und Strähne an den Türstock, sah ihn groß an.

Ich hab einfach nicht auf dich aufgepaßt, hörte er sich da auf deutsch sagen. Geh noch nicht!

Sie sah ihn stirnrunzelnd an. Willst du, fragte sie, daß ich dir deutsche Zeitungen mitbringe?

Da wollte er schon ja, mach nur, antworten, aber da war sie schon, und sie küßten und umkreisten sich, bis zu dem Augenblick, als die Standuhr unten zwei mal in die angehaltene Zeit schlug und sie sich ansehen mußten, ob sie's auch gewesen waren hier oben in der Luft.

Das hätte Untied nicht gedacht, daß er einmal in der Cherokee Academy in Amherst sitzen würde. Oder daß er in Pompeys Containerhaus mit der Treppe, an deren Fuß zwei Gips-Neger als rote Pagen Kübel mit Magnolien hochhielten, auch sonst so seltsame Dinge sah und erfuhr. Oder daß in der College-Bibliothek von Sweet Briar mitten am Tag der Geist einer Tänzerin von vor hundert Jahren umging. Untied sah sie, an einem der Tage, als eine undeutliche Wolke in den sich vervielfältigenden Spiegeln im Gang zur Aula. Sie war auf ihn zugeschwebt, trat aus dem Spiegel als ein sogleich verwehender Dampf, ja ein Atemhauch nur wie aus Jensies Mund.

Untied saß in der Zeit oft dort, über allerlei Staaten- und County-Landkarten gebeugt, meistens solchen, durch die der sogenannte Pfad der Tränen verlief, den die Cherokees einst von den Südstaaten bis nach Oklahoma zu gehen hatten. Und sein McIntosh quoll auf einmal über von Genealogien, Wandertagen, hydrologischen Tabellen. Seltsam bekannt traten auch grausige Stimmen hervor, wie die eines Wachsoldaten bei einem Transport der Cherokees von 1838: »I saw them loaded like cattle or sheep into six hundred and forty-five wagons and started toward the west.« Das war ja noch weit vor dem Slogan »Nur ein toter Indianer ist ein guter Indianer«. Er las, daß einstmals in vielen Gegenden des alten Südens die Cherokees wohlhabender waren als die meisten weißen Siedler. Und sie brauchten auch in ihren Städten und Siedlungen keine Irrenhäuser, Gerichte und Gefängnisse. Schließlich erblühte selbst Ost-Oklahoma unter den glücklichen Händen der Cherokees, aber der Senator Henry L. Dawes aus Massachusetts, sonst von den Cherokees und ihrer Kultur rundum begeistert, merkte zum Landzuweisungsgesetz von 1887 an, daß der Gemeinbesitz der Cherokees die Schwachstelle ihres Systems sei, und der Christenmensch Dawes kommentiert: »Selbstlosigkeit ist n i c h t die Grundlage der Zivilisation.« Nach 1900 wurden die Clans der Cherokees erneut, diesmal in Oklahoma, enteignet. Untied gruselte es, als er so nebenbei und ohne überhaupt zu suchen den heiligen Gral im amerikanischen Haus der Tüchtigen entdeckt hatte.

Am zehnten Tag lag ein Päckchen von Jensie auf seinem Lunchkoffer W 9, den sie ihm mittlerweile gleich ins Studiofenster zu stellen pflegten. In dem Päckchen fand er einen Stundenglas-Sereniten, wie es ihn auf der Welt nur auf den Great Salt Plains in den ehemaligen Cherokee-Outlets in Oklahoma gibt. Dieser seltene Gips stak in einer duftigen Tüte voller Blüten und Kräuter, und der Brief lautete schlichtweg: *self digged!!* Es fand sich aber noch eine DVD. Auf der sah man aus einem Zeitraffer-Flugzeug, wie ein Flüßchen allmählich zu einer flitzenden getigerten Schlange wurde – goldgelb und samtbraun, Tabak und Mais, und der Flieger ging höher, und um so schöner fand die Schlange ihren Weg. Es war ein Weg, erfuhr Untied aus einem archäologischen Beipackzettel, den auch eine vorzeitliche Kultur, Bluff Creek genannt, zwischen Oklahoma und Kansas genommen hatte, der Mais war vermutlich aus Mexiko, der Tabak aus Virginia und den beiden Carolinas – Cherokee konnte auch vom Wort Tsalagi herstammen, und das hieß: Uraltes Tabakvolk – und Mais und Tabak stülpten schließlich sogar Flügel aus, und beide fanden in immer verschlungeneren Mustern ineinander – dann erschreckte er über einen Flugzeugabsturz, aber das war nur die aus ihrer Halterung gezottelte Kamera, und plötzlich, vom oberen Bildrand, sehr wackelig und quasi auf dem Kopf, flatterten die Haare von Jensie herab, sie formte mit Knutschlippen ein Küßchen und warf es ihm – oder wem auch immer – zu mit einer riesig sich ausstülpenden Alice-im-Wunderland-Hand. Aber da kam nun auch so ein Arsch mit Ohren ins Bild, hielt Jensies Kopf, umarmte sie gar!

Pompey lachte und lachte. Was? Das wußtest du nicht? Daß die Tabakhexe verheiratet ist? Mit einem sehr reichen Texaner? Nehme an, der Kerl hat ihr den Mais aus Mexiko bezahlt!

Los, Pompey, sagte Untied, gib's ihr! Gib's mir!

Die Cherokees waren oft noch die schlimmeren Sklavenhalter, sagte Pompey. Sie gaben weniger die Peitsche, dafür aber hatten sie für uns nur ein Unmaß an Verachtung. Jede Fliege sahen sie menschlicher an. Sie denken in ihrem Stolz bis heute, daß sie was Besseres sind. Ein Indianer stirbt lieber, als Sklave zu sein – und die haben am Ende doch mehr eingesteckt als wir! Die Unseren haben damals ja zugesehen, als sie sich zum Abtransport versammeln mußten – und das ausgerechnet auch noch an unserem alten Sklavenfriedhof! Das Gejammer, das Klagen – wo der Neger doch erst anfängt zu singen! Und ihr sogenannter Humor, ihre Lebenslust! Die reichen eben nicht aus, wie bei uns, für die Ketten! Sie sind die stillsten Rassisten Amerikas! Und? Kuck dir deine Jensie Johnnysucker doch an! Paktiert mit den Tabakkonzernen! Wer zahlt ihr denn die Lebensmittelverschwendung?

Er hieß übrigens Kleiner Teppichmacher, Pompey, sagte Untied.

Wer denn, zum Teufel?

Attakullaculla! Tu nicht so dumm, Neger! Er war der beste Unterhändler damals im ganzen Wilden Osten! Und sei doch froh, daß die grausamen menstruierenden Girlies in Wirklichkeit Rothäute und keine Negermädchen waren! Ich hab's nämlich inzwischen nachgelesen.

Teufel noch eins! rief Pompey da aus. Vergiß den ganzen Kram! Komm in die Küche, mein glatzköpfiger Freund, ich mix dir'n Planter, daß du deinen Skalp an ihrer Hüfte glatt vergißt!

Untied schickte trotz des Texaners eine Geschichte auf Englisch und in seiner schönsten Schrift nach Nescatunga / Oklahoma und würzte den Brief mit den dicken und jetzt gelb erblühenden Pflanzen, die so sehr nach Knoblauch rochen. Die Geschichte handelte von einem Skalpe jagenden Redneck namens Trashie Stone, der am Ende von sieben Sklavenmädchen erlegt wird, von denen sechs »ihre Erdbeerwoche«, nämlich eine Menstruation, vortäuschen. Die schwarzen Girlies, fand er, waren ihm allerliebst geraten.

Am einundzwanzigsten Tag bekam er die zweite, sehr längliche Sendung. Ihr Skalp war drin, wenigstens symbolisch, nämlich die schöne Schwungfeder eines Weißkopfadlers, eine sehr verbotene Sendung für Jensie, ob sie nun nur eine halbe, viertel oder auch nur achtel Cherokee war oder nicht. Ein Silberdollar kullerte auch noch heraus, mit dem Adler nach oben, ach Schwesterherz, Jensie, was soll's. Bei der ersten Wangenberührung mit der Feder war sie gleich wieder anwesend. Und der Neger mußte ja nichts Näheres von alledem wissen.

Er schickte einen einundzwanzigseitigen Brief nach Oklahoma, in dem er viele seiner hiesigen Tagebuchaufzeichnungen ins Englische übersetzt hatte. Vom eigentlichen Seelenschatz aber gab er wenig heraus, und wenn, dann zensiert. Sie sollte das aber ruhig merken. Sieben Seiten, so merkte er beim nochmaligen Durchlesen erstaunt, hatten irgendwie immer was mit seinem Opossum zu tun, das ihn fast jeden Morgen hinter dem Weidezaun erwartete, um den Parallelweg den Berg hinauf zu nehmen. Er nannte es »mein Eggerman«, auch weil Opossums sich als Eierdiebe und Hühnermörder unbeliebt machen.

Am achtundzwanzigsten Tag kam der dritte Brief. Er enthielt nur eine Seite. Darauf stand ein Cherokee-Märchen von einem Mann, der in ein Mädchen verliebt war, das Mädchen aber auch nicht ein bißchen in ihn. Was sollte er machen? Eines Tages hatte er das Opossum, das damals noch beim Menschen lebte, beim Eierstehlen erwischt und wollte es totschlagen, obwohl es ja schon so tat, als ob es tot wäre. Ich bringe dir, was du willst, bettelte das Opossum, wenn du mich nur am Leben läßt! Der Mann sagte: Bring mir das Herz des Mädchens! Und nachts, als das Mädchen schlief, stahl ihr das Opossum das Herz aus dem Leib. Das Mädchen staunte, wie sehr es nun in den Mann verliebt war! Das Opossum aber wurde fortan in den Wald verbannt und durfte sich nie wieder blicken lassen.

Das Märchen war silbern über ein rotes Herz geschrieben. Das Herz war lebensgroß gemalt.

Jensie schrieb nicht dazu, wann sie sich je wieder in Virginia blicken lassen würde.

An den Tagen darauf konnte Untied nicht mehr arbeiten, obwohl er vor sich selber so tat. Meist ging er nur den Whistle Path vom ehemaligen Küchenhaus zur Villa hin und her, selbst nachts noch, und pfiff gewissermaßen mit Billie Holiday auf Jensie – the scene: same ol' moonlight – the time: same ol' june night.

Jensie kam genau einen Tag vor seinem Abflug zurück. Sie strahlte ihn an und öffnete einen großen Rucksack. Es war ein ganzer Stapel der »Dagens Nyheter« drin.

Meine Lieblingszeitung! behauptete er. Die nehme ich morgen alle mit über den großen Teich! Jensie schluckte, lächelte wenig gefaßt und fiel ihm um den Hals, aber nicht lange.

Come out with me, John! Let's flatten our last coins! rief sie, schon an der Tür.

Es war ihr ja auch immer nur, wie Pompey erzählt hatte, um den Eisenbahnschrott, um Objet trouves, also um Fundstücke für ihre Kunst gegangen – und seltsamerweise war ihr nie dabei etwas passiert. Was mochte außerdem noch so in der Urwaldwüste beider Bahndämme verborgen sein aus jenen Zeiten, als dort noch Menschen mit echten Bierflaschen, durchsägten Handschellen und erloschnen Liebesbriefen statt Waren und Titanbarren fuhren?

Sie gingen gleich an der Brücke runter in die Tiefe, gewissermaßen in Pompey's Tabuzone.

Es gab genug grauen Gräserfilz zum Festhalten, und ihre Füße angelten hier und da sogar den Rest einer Stufe. Sie über ihm schickte auf halbem Abweg mit einem krietschenden Fehltritt eine Flasche. Sie schlug an seinen Knöchel und hüpfte gleich weiter durch seine Beine hindurch nach unten, aber er sah noch das inzwischen erbleichte Wort »Linie-Aquavit« und den Segler auf dem Etikett. Das kommt nicht gut, dachte etwas in seinem Keller.

Sie kamen unten an den Gleisen an, und sie ging gleich zur Sache. Ihr süßer Skalp, die weiße Adlerfeder ihrer Haarsträhne schmiegte sich an den einzigen Silberstreifen im Schlund des ungeheuren, grauen, verrankten V: Sie horchte am endlosen Silberdollar des Schienenstrangs.

Zwei Szenen kann ich seit meiner Kindheit gut leiden, Jensie! Volle Whiskygläser beim Surfen auf der Saloon-Theke – aber vor allem Indianer, die an Schienen horchen!

Sie sah ihn stirnrunzelnd an, er hatte wieder mal deutsch gesprochen! Er sehnte sich so nach ihr, als wäre sie schon jetzt unendlich weit weg.

Don't understand your babel! rief sie.

Sie legten aus. Sein durch die Luft wirbelnder Silberdollar kam in ihrer Hand auf mit dem Adler oben, also gehörte ihr die vordere Schiene. Sie tüpfelten ihre Strecken mit Münzen. Sogar ein paar deutsche waren darunter, davon mochte sie keine nehmen. Seinen Silberdollar aber hieß sie auf ihrer Seite willkommen und ließ ihn sogar den Anführer ihrer Serie machen. Den Zimmermannsnagel aus Oklahoma, den sie auch dabei hatte, bekam er.

Er legte ihn schön gerade aus, doch sie stand da mit spielender Zungenspitze und blickte dem Nagelkopf kritisch in die Augen – sie rückte ihn schräg, so daß er um ein paar Millimeter über die Schiene hinausragte. Inzwischen hatte sie auch ein Röllchen Kupferdraht hervorgekramt, ihren Leatherman vom Gürtel genommen und mit der Kneifzange zwei Streckchen abgeknipst. Der Nagel wurde, wie im Stummfilm üblich, an seine Schiene gekettet. Ihr zartes Ohr horchte an der langen-harten-eisigen Schiene. Dabei sah sie ihn lange lauchgrün an. Schließlich senkten sich ihre Wimpern zu einem endlosen »Ja«. Sie sprang auf, griff seine Hand und sie machten schnell, daß sie noch auf eine der Dornröschenstufen kamen.

Der South-Railway-Saurier stieß einen sich überschlagenden Wutschrei mit Druckwelle aus, sie saßen am Hang, sie preßte seine Hand, er ihre, und der Saurier spie einen silbernen Funken. Sie machten sich auf die Suche nach der Ausbeute im Gleisbett, links und rechts davon im Schotter und im angrenzenden Grasfilz. Am Ende hatten sie ein Dutzend Stücke zusammen, darunter die Hälfte Krüppel: zwei Halbmonde, einen Stocknagel mit Loch, zwei Marienkäfer, die gerade mit Flügelspreizen anfangen, und eine platte versilberte Erdnuß mit dem Flaschengeist von George Washington. Dazu zwei blitzblanke, scharfkantige Ovale, ein kupfer- und ein silberfarbenes, beide konkav oder konvex – was war davon schon noch die Vorder- oder die Rückseite? Doch die Ovale passten so gut ineinander, daß sie aufpassen mußten, sie beim Spielen zwischen ihren Fingerspitzen nicht davon flutschen zu lassen.

Silber war ihrs, Kupfer seins.

Aber auf einmal sah er noch, fast zu seinen Füßen, das Wikingerschiff, nur daß es statt eines Pferdeschädels am Steven den gänzlich unversehrten Nagelkopf trug.

Jetzt brauch ich mir ja bloß noch ein Segel dazuverdienen, sagte er.

Und aufm Atlantik üben! rief sie.

Was denn üben?

Herkommen?

Bin ich denn nicht schon da?

Vielleicht ein bißchen?

Er ließ sein Schiff über ihre Handfläche fahren und auf ihrer Lebenslinie kreuzen.

Frage ihn keiner, was dann und warum geschah in dieser klaffenden Wunde voller uraltem Verbands-Mull des Vergessens mitten durch den Fuß des San-Angelo-Berges. Denn auf einmal sah er etwas, vielleicht hundert, hundertfünfzig Yards von der Brücke entfernt, ziemlich weit oben in der Bahndammwildnis: ein mögliches – nein beinah nicht mögliches! – Objet trouvè. Und es war viel mehr als nur so ein Fundobjekt für Künstler, nämlich ein gar nicht erst aufhebbares Objet trouvè – das vielleicht ganz besondere Fundstücke barg, denn dort unter dem Grau der Ranken, Fasern, Weben zeichnete sich, sah man nur genauer hin, ein Viereck ab – und Jensie sah es jetzt auch.

Es war das Dach eines kleinen Hauses, ein Häuschen, ein Schuppen möglicherweise, was auch immer, fast mochte man durch einige Risse im chaotischen Geflecht da ringsum ein winziges Fenster aufblitzen sehen, ja ein Fensterkreuz erkennen, aber es konnte ebenso gut das zufällige Kreuz zweier durch die Verwitterung geschälter Äste sein, Baumknochen gewissermaßen. Aber um bis dorthin vorzudringen, mußten sie bis weit nach oben ausweichen.

Endlich stießen sie wieder bis zum Bahndamm vor.

Inzwischen war ihm eine Sorte Zeit vergangen, in der nicht nur der letzte Flieger aus Lynchburg längst weg gewesen wäre, sondern der allererste Doppeldecker auf dieser entlegenen Fluglinie noch gar nicht abgehoben hätte.

Auf dem Bahndamm schien eine ganze weite Fläche abwärts voller kniehoher Pflanzen zu sein. Wie er merkte, reichte ihm das uralte Zeug bald bis über die Hüfte. Und er sah auch schon, jetzt nicht mehr als zwanzig, dreißig Yards entfernt, wie sich das zeltdachartige undefinierbare Geflecht wölbte – Doch über was?, über welche Geistermöbel?, -zelte?, -hütten? Das Geviert von vorhin war jedenfalls nicht mehr zu sehen.

Er sagte, daß er jetzt da mal runtergehen würde, nur mal gucken, wenn sie schon bis hierher vorgedrungen wären – falls es ja überhaupt ginge. Sie nickte in der Art, wie man abwinkt und biß sich auf ihre Unterlippe. Das Grübchen, das dabei, völlig neu für ihn, auf ihrer Wange entstand, sah gar nicht süß aus, sondern eher nach einem bereits übersehenen Haltesignal.

Er stieg hinab. Die ersten Schritte ging es fast so schön wie durch die überjährigen Laubhaufen oben im Park, nur daß es jetzt das knisternd-knackende Nichts war, noch nicht mal lauwarm, sondern mit gar keiner Temperatur mehr. Vielleicht hatten auch seine Beine Angst gekriegt und stellten sich taub. Er hat-

te aber mit seinen Füßen schon dreißig Löcher weit in die Schräge hinab ge-
stanzt, er rief Jensie ihre Anzahl laut zu – als er im einunddreißigsten Loch fest-
steckte, und zwar wirklich: fest! Das merkte er erst, als er seinen Fuß wieder
hochziehen wollte. Gleichzeitig, schon im Straucheln, oder besser im Umsinken,
sah er vor sich deutlich das Fenster – oder glaubte es zu sehen, denn jetzt ging
er tatsächlich in die Knie.

Sie rief: Kehr jetzt um!

Er rief: Da ist es! Ich kann es sehen!

Sie rief: Kehr um!

Er rief: Ich kann nicht!

Er sah zu ihr auf und hatte auf einmal die unbeschreiblichste Sehnsucht
nach ihr.

Er griff in die Richtung seines eingeklemmten, wie abwesenden Fußes, fühlte einen Ast, eher aber doch etwas Biegsames, Geschupptes in der Art der
Schlangen, den Hauptstrang eines gold- und braungetigerten Baumwürgers
vielleicht.

So ein riesiges Seil, dachte er, würde er nie auch nur zwei Zoll bewegen können, doch es gab ja nach, irgendetwas kullerte bis an seine Hüfte, das merkte
er noch. Und es stockte. Auf einmal hatte er das gar nicht gute Gefühl, sehr, sehr
sacht zu schweben – und hörte, nein, er sah sie seinen amerikanischen Namen
schreien, er sah eine Art Lava aus Grau und dann tiefem Rot erwachen unter
sich. Er rutschte in die Tiefe, immer schneller...

Und irgendwo da vorne, hinten oder unten tat sich plötzlich ein Maul auf,
mit Zähnen aus Beton hinter schmalen aber endlosen Eisenlippen. Jedenfalls
hörte er es sehr gut brüllen. Wie die Schiffssirene auf einem Seelenfänger von
Charon.

Der Baumwürger hatte ihn anscheinend aufgehalten und federte, schlin-
gerte noch. Und er, Untied, hielt mit. Er bekam Rückenschläge, und etwas riß
auch an ihm, und unter ihm, bis fast aufs Gleisbett, glitt es noch sacht wie röt-
liche Lava – nur einen weißen Quarzbrocken sah er noch in hohem Bogen ins
Schotterbett einschlagen, fest wie ein Nagel.

Er drehte sich um: Über ihm war die dunkelrote, wie Goldstaub funkelnde
Erde Virginnys zu sehen. Er schrie und machte abwehrende Handbewegungen,
denn er sah sie genau über sich auf der oberen Kante des riesigen roten Halb-
monds! Und sie sprang einfach – in genau dem Moment, als der Frachter voller
Titanbarren ziemlich nah an seinem Genick vorüberheulte, Jensie wurde immer schneller, ihre Füße fanden keinen Halt mehr, Jan versuchte, auf dem Seil
zu tanzen, er versuchte, zu jener Stelle zu kommen, wo er sie kriegen konnte
und sie keinesfalls, nie mehr, vorbeizulassen. Und sie steuerte mit ratterndem
Fuß auf ihn zu – so war das, als sie ihm in die Arme sank. Na ja: knallte. Wobei
auch sein Wikingerschiff im Roten Meer Virginias davonsprang und irgendwo
problemlos absoff. In welchem längst verdorrten Netz hingen sie da jetzt nur?
Was hielt sie noch – wenn es nicht die vermutlich älteste und noch gänzlich un-
bestimmte Liane von ganz Virginia war?

What a performance! Da hinten am goldenen Horn des Mondes rieselte es –
vermutlich rote Gespenster, und am anderen, nach Veilchenknoblauch rie-
chenden Ende des Mondes, stiegen die schwarzen Gespenster.

Er hielt sie umschlungen. Nur seine Nase spielte mit ihrem Skalp, und seine Nase hatte wohl nie etwas anderes und Besseres gelernt.

Dann spürte Jan, wie etwas Sanftes, Warmes, Helles auf seine Zunge gelegt war.

Er nahm ihren Obolus, sie seinen. Weder Zahl noch Adler runzelten die glatten Seiten der frisch geschmiedeten Münzen.

Kiss me now or never.

Sie taten es und mehr noch auf dem uralten Seil. Sie verzehrten sich. Da gibt's jetzt nicht ein Knöchelchen mehr.

Ja, er würde wieder nach »Ultramarin gehen und wie Poe's Turteltaube den goldstaubroten Mond« ansehen. Nein, er glaubt auch nicht an die ewige Gültigkeit von Dawsons nichtsdestotrotz ja sehr wahrem Satz, daß die Selbstlosigkeit nicht die Grundlage der Zivilisation sei. Er fände vielmehr, daß es aber schön wäre. Und nein, er würde einen Anschlag dieser Art auf einen Hauptverkehrsweg nahe kriegswichtiger Produktionsanlagen wie die Titanminen im County Amherst/Virginia nicht wiederholen, denn leider passiere so etwas ganz ohne jede Absicht.

Jetzt aber lebten sie, Jedes für sich, in der Zeit, wo das Wünschen angeblich noch helfe.

Erst nachdem die Kraft der angespannten Vernunft an der Unerreichbarkeit des Ideals brach und erschlaffte, überließ ich mich dem Strome der Gedanken, und hörte willig alle die bunten Märchen an, mit denen Begierde und Einbildung, unwiderstehliche Sirenen in meiner eignen Brust, meine Sinne bezauberten. Es fiel mir nicht ein, das verführerische Gaukelspiel unedel zu kritisieren, ungeachtet ich wohl wußte, daß das meiste nur schöne Lüge sei. Die zarte Musik der Fantasie schien die Lücken der Sehnsucht auszufüllen.

Friedrich Schlegel: Lucinde

* * *

Heute war der Zauber gebrochen und der Schleier von den Dingen gefallen, das Märchen war zu Ende, und die Wirklichkeit drängte sich nackt und nüchtern vor und schrie laut zu dem Herzen und dem Verstande.

Wilhelm Raabe: Abu Telfan

Michael Ende. Porträt: Isolde Ohlbaum.

Michael Ende

»...daß der Umweg über Phantasien unerlässlich ist...«

Briefe aus dem Nachlaß

18.12.1980

Liebe ▓▓▓▓▓▓,

besten Dank für Ihren Brief vom 22.11. Ob man die »Unendliche Geschichte« als Märchen bezeichnen will, hängt natürlich ganz davon ab, wie man diese literarische Form definiert. Die phantastische Literatur hat ja sehr viele Formen. Wenn Sie darüber Näheres wissen wollen, empfehle ich Ihnen das Buch von Stanislaw Lem, Phantastik und Futurologie. Darin finden Sie – hauptsächlich in den ersten Kapiteln – meiner Ansicht nach sehr gut formulierte Kritiken der einzelnen phantastischen Literaturformen. Ich selbst würde meine »Unendliche Geschichte« nicht zu den Märchen rechnen. Ich meine, dieses Buch gehört eher in eine Kategorie, die bei uns in Deutschland relativ selten ist und die man deshalb mit der englischen Bezeichnung »Fantasy-Literatur« versieht. Diese unterscheidet sich vom Märchen vor allem dadurch, dass das Übernatürliche oder Phantastische in eine zunächst ganz normale Welt einbricht. Und dadurch eben alle Maßstäbe dieser normalen Welt infrage stellt oder zumindest ändert. Im Märchen dagegen haben wir es mit einer Bild-Welt zu tun, die in sich selbst abgeschlossen existiert und die so geartet ist, daß sie auf ganz bestimmte Tugenden des Protagonisten (z.B. Einfalt, Reinheit, Unschuld usw.) reagiert. Darin besteht wiederum der Unterschied des Märchens zum Mythos oder zur Sage, in denen die Bild-Welt meistens durchaus nicht so beschaffen ist, dass »alles gut ausgeht«.

Die Schlüsselstellen in meiner »Unendlichen Geschichte« fallen im allgemeinen ziemlich genau mit dem Drehpunkt der Handlung zusammen: Bastians Eintritt in die Welt Phantasiens im Kapitel »Der Alte vom wandernden Berg«, Bastians Wille zur Umkehr im Kapitel »Die alte Kaiserstadt« und Bastians Rückkehr im Kapitel »Die Wasser des Lebens«. Ein anderes Schlüssel-Kapitel wäre vielleicht noch »Atrejus Gespräch mit dem Werwolf Gnork« im Kapitel »Spukstadt«, in dem ja die Frage des Verhältnisses der fiktiven poetischen Welt zur äusseren Realität abgehandelt wird.

Ich hoffe, daß ich Ihnen mit diesen Angaben eine kleine Hilfestellung für Ihre Arbeit gegeben habe.

Mit freundlichen Grüßen
und allen guten Weihnachtswünschen

Ihr

Liebe ███████,

vielen Dank für Ihren Brief vom 2.10. Ich freue mich, dass Sie Ihre Zulassungsarbeit über meine Bücher schreiben wollen. Allerdings fürchte ich, daß ich Ihnen dabei nicht so helfen kann wie Sie es sich vielleicht wünschen. Ganz generell schicke ich Ihnen hier einmal eine Ausführung mit, die ich anlässlich einer Preisverteilung vorgetragen habe. Obwohl es sich dabei natürlich nur um *einen* Aspekt meiner künstlerischen Motive handelt, können Sie doch vielleicht einiges für Sie Interessantes daraus entnehmen. Zu den beiden Fragepunkten wäre ebenfalls eine Menge zu sagen, aber ich muss Sie bitten, sich mit einigen Hinweisen zu begnügen.

Teil II b   Was mich dazu bewegt, meine Geschichten im Phantastischen anzusiedeln, ist nichts anderes als das, was unser aller Unterbewusstsein dazu bewegt, innerseelische Vorgänge in Traumbildern auszudrücken. Da für mich Poesie und Kunst überhaupt in nichts anderem besteht, als Aussenbilder in Innenbilder und Innenbilder in Aussenbilder zu verwandeln (wie es übrigens in allen Kulturen üblich war), liegt diese Form des Ausdrucks nahe. Nach meiner Ansicht wird die Welt nur durch diese »Poetisierung« (Novalis) für den Menschen bewohnbar. Damit will ich sagen, nur wenn der Mensch sich in der ihn umgebenden Welt wiedererkennt, und umgekehrt, wenn er die Bilder der Welt in seiner eigenen Seele wiederfindet, kann er sich auf der Welt heimisch fühlen. Genau drin liegt das Wesen jeder Kultur.

Teil IV d   Zu der Popularität meiner Bücher kann ich nur wenig sagen. Offenbar hat gerade für diese Art bildhafter Darstellung bei einer überraschend großen Zahl von Menschen eine mehr oder weniger unbewusste Bereitschaft vorgelegen. Das mag teils von einer Übersättigung an der platten realistischen oder nur sozialkritischen Literatur liegen, teils aber auch an einem viel tiefer liegenden Bewusstseinswandel, der die Menschen nach neuen Werten suchen lässt. Diese Frage des Bewusstseins-Wandels, den wir gerade durchlaufen, wäre einer eigenen Untersuchung wert. Ich kann hier nur so viel sagen: das begrifflich-rationale Denken scheint mir an einem Endpunkt angekommen zu sein. Das, was jetzt zum Vorschein kommen will, ist ein akausales, auf das Erleben von Qualitäten ausgerichtetes Denken, das Sie im allerweitesten Sinne auch religiös nennen könnten.

Ich hoffe, Ihnen mit diesen wenigen Hinweisen doch etwas nützlich gewesen zu sein und verbleibe mit allen guten Wünschen für Ihre Arbeit

Ihr

Lieber ███████, lieber ███████,

Eure Fragen sind ziemlich schwierig zu beantworten. Man kann niemals so einfach sagen, wie man dazu gekommen ist, sich eine bestimmte Geschichte auszudenken. Dazu gehören viele Fragen, die man bisweilen jahrelang mit sich herumträgt, dazu gehören viele Erfahrungen, die man machen muss, dazu gehört ein Miterleben der Probleme, die sozusagen in der Luft liegen. Wichtig schien mir, bei der »Unendlichen Geschichte« zu zeigen, daß der Umweg über Phantasien unerlässlich ist, wenn man die äussere Realität auf eine neue Art begreifen will. Aber Phantasie bedeutet ja nicht einfach ein willkürliches und hemmungsloses Daraufzu-Fabulieren, sondern ein Übersetzen von Lebenserfahrungen in anschauliche Bilder. Alles andere zu diesem Thema zeigt eigentlich die Geschichte selbst.

Die Personen der »Unendlichen Geschichte« haben merkwürdige Namen, weil sie in einer Welt leben, die merkwürdig, d.h. anders ist als die äussere Wirklichkeit. Man kann vielleicht sagen, die Namen der Figuren und Personen drücken ihr eigenes Wesen aus. Das ist bei gewöhnlichen Namen wie Max oder Paul ja nicht möglich.

Der Zusammenhang Phantasie mit der Wirklichkeit geht, scheint mir, auch aus der Geschichte selbst hervor. Vielleicht würde es sich für Euch lohnen, ein wenig darüber zu reflektieren, was man überhaupt Wirklichkeit nennt.

Ist ein Traum keine Wirklichkeit? Hat er keine Wirkung? Vielleicht sollte man davon ausgehen, daß es eine innere und eine äussere Wirklichkeit gibt und daß es zu allen Zeiten und in allen Kulturen darauf ankam, diese beiden Wirklichkeiten miteinander zur Übereinstimmung zu bringen. In den Märchen wird das für gewöhnlich im Bild der Hochzeit dargestellt.

An der »Unendlichen Geschichte« habe ich zwei Jahre geschrieben. Natürlich gibt es eine persönliche Beziehung von mir zum Inhalt des Buches, das heisst nicht, daß dieses Buch autobiographisch wäre. Aber jeder Schriftsteller geht beim Schreiben von eigenen Erfahrungen aus. Wovon denn sonst? Die Frage ist nur, wie weit es einem gelingt, diese eigenen Erfahrungen so umzusetzen, daß auch andere darin ihre Erfahrungen wiedererkennen.

Zur Zeit schreibe ich an einem neuen Buch, es wird eine Sammlung von traumhaft surrealistischen Geschichten. Mehr kann ich im Augenblick nicht darüber sagen.

Ich hoffe, Euch mit diesen Antworten bei Eurer Arbeit behilflich gewesen zu sein und verbleibe
mit herzlichen Grüssen
Euer

Anmerkung:
Orthografische Eigenheiten – wie die Schreibung ß oder ss –
wurden beibehalten.

Porträt Franz Fühmann. © Privatbesitz Barbara Richter-Fühmann. Aus: Franz Fühmann. Eine Biographie in Bildern, Dokumenten und Briefen. Hrsg. von Barbara Heinze. Hinstorff Verlag, Rostock 1998.

Jürgen Krätzer

Franz Fühmann: Die Richtung der Märchen

Editorische Notiz

So habe ich nach Nürnberg und Auschwitz die Märchen empfunden: tua res agitur, und ich hatte erschüttert gedacht, daß hier das Wesen der deutschen Geschichte in einem Buch beschlossen liege.« Als Franz Fühmann dies in sein Bekenntnisbuch »Zweiundzwanzig Tage oder Die Hälfte des Lebens« notiert, hatte er seine Lebens- und Schreibweise bereits radikal geändert, der Lyriker, als der er begonnen hatte, war schon seit einem Jahrzehnt verstummt.

»Plötzlich stehst Du am Grunde / der Dinge. Wie einfach sie sind!« hieß es in einem »Märchen« betitelten Gedicht seines Debütbandes – aus dem Fühmann nicht eines für die Werkausgabe aufnahm, den er einstampfen ließ. In beiden Gedichtbänden Fühmanns – »Die Nelke Nikos« (1953) und »Aber die Schöpfung soll dauern« (1957) – werden die Märchen zu einem permanenten Motiv (daneben existiert nur noch ein Poem). Deutlich wird hier, wie die Hoffnung der Nachkriegsgesellschaft zur Gewißheit werden soll: »Alle Märchen werden Wirklichkeit werden…« lautet ein Vers.

Und so gerieten nicht nur jene die Märchen zitierenden Gedichte schnell zum gleichnishaften Lehrstück, wobei festgehalten werden muß, daß dort, wo die Märchen nicht als »gegenwärtig […] in meines Volkes Arbeit, in meines Volkes Glück« beschworen werden, dem Dichter auch überraschende und witzige Sichten gelingen: auf die Schein-Idylle des »Dornröschen«, den biederen »Müller aus dem Märchen«, das ungehorsame Geißlein. Letzteres trägt einen angesichts der Biografie seines Schöpfers geradezu »schauerlich« zu lesenden Titel (Man lese hierzu die grandiosen Essays zu E.T.A. Hoffmann!) – oder als Brecht-Pasticcio: »Lob des Ungehorsams«.

Das für den letzten Lyrikband, einem nur geringfügig erweiterten Auswahlband, titelstiftende Gedicht »Die Richtung der Märchen« (1962) kündet von beklemmender Angst, geht es »dem Grund zu«. Anders als der Märchenheld, der den Drachen in der Höhle besiegen kann, da er »zerrte, und sie ließen ihn tiefer hinab«, wird das lyrische Wir im Zustand des qualvoll an den Strängen Zerrens belassen – »Dem Grund zu, die Richtung der Märchen, / dem Grund zu, wir zerren an den Strängen / dem Grund zu, wir zerren an den Strängen / dem Grund zu, wir zerren an den Strängen …«

In dieser Gedichtsammlung findet sich auch das Gedicht von der »Weisheit der Märchen«, ein Text, der von Fühmann ausdrücklich widerrufen wird: »Es ist höchste Zeit, daß ich einen Satz berichtige: ›Immer hat der Held Angst.‹ […] ich habe hier einen Zug eines rumänischen Drachenkampfmärchens unzulässig verallgemeinert… Dieser Zug hatte mich überwältigt; er war eben das, was ich im Märchen suchte, und ich habe, ihn aufgreifend, gehofft, daß er sich in anderen Märchen bestätigen würde. Er konnte es nicht; im Märchen haben die Helden sonst eben *nie* Angst, die ist in der ausgesparten Dimension zu Haus.«

Nachzulesen ist dies in den »Zweiundzwanzig Tagen« – und wenige Zeilen später: »Die Dialektik im Märchen ist ein Abglanz der Dialektik des Mythos; Ergebnis der Dialektik, nicht Dialektik als Prozeß. Mythen geschehen; Märchen sind das gewordene, das nie geschehen ist […]. Vom Märchen zum Mythos heißt: zum vollen Leben, zum ganzen Menschen, zur dialektischen Realität.« Auf »Das mythologische Element in der Literatur« Fühmanns einzugehen, ist hier nicht der Ort, ausdrücklich sei hier auf den gleichnamigen Essay verwiesen (und auf die mythologischen Erzählungen!).

Mit »Märchenkonzeption« beschrieb Franz Fühmann rückblickend seinen poetischen Neubeginn in der DDR. Dies meinte vermutlich nicht nur die teleologische Gewißheit des Genres; es ging wohl auch um das Grundmotiv der Erlösung von und aus dem Bösen: »Die neue Gesellschaftsordnung war zu Auschwitz das Andere; über die Gaskammer bin ich zu ihr gekommen und hatte es als Vollzug meiner Wandlung angesehen, mich ihr mit ausgelöschtem Willen als Werkzeug zur Verfügung zu stellen.« Die Mesalliance von Schuldgefühl und Fortschrittsdoktrin führte ihn in einen krisenhaften »Konflikt zwischen Dichtung und Doktrin«, waren doch »beide in mir verwurzelt, und beide nahm ich existentiell.« Die »Märchenkonzeption« war als »eine theoretisch-philosophische, eine weltanschaulich-existentielle Konzeption« gescheitert, wiewohl die Märchen den Leser und Schreiber Fühmann ein Leben lang begleiteten.

All dies ist mitzulesen, davon geht die Rede in jenen Briefen, die hier vorgestellt werden. Die zwei berühmten Seelen stritten sich heftigst in des Herausgebers Brust: Kann, soll, darf man nach über vierzig Jahren diese Briefe an die Öffentlichkeit bringen, ist die historische Distanz groß genug, wird den aus heutiger Sicht zum Teil schon sehr merkwürdig anmutenden Schlenkern mit der nötigen Gelassenheit begegnet, werden die grandiosen Passagen ihre Bedeutung entfalten können? Oder wird dem Dichter ein Bärendienst erwiesen, wird er gar – wie in den unheilstiftenden, leider immer wieder aufgelegten Aufsätzen Reich-Ranickis bis zum heutigen Tage – in die stalinistische Schmollecke geschoben?

Es bleibt zu hoffen, daß die genauer Lesenden Adressaten und Diskursmilieu stets mitdenken: Fühmann will *überzeugen*, und dazu bedarf es *auch* der Instrumentalisierung der offiziellen Sprechblasen. Pawlowsche Rhetorikreflexe und eine DDR-typische Sprechhaltung: Wollte man etwas bewirken, durfte der ideologische Rahmen nicht verlassen werden – jedenfalls nicht nachweislich.

In den hier vorliegenden Briefen verteidigt der Dichter das Recht auf Poesie gegen die Dogmatiker, andere, spätere, wird Fühmann schreiben, um solidarische Hilfe gegen die Staatsanwaltschaft zu leisten. Einer solchen Textsorte dann vorzuwerfen, daß sie in manchen Zeilen realsoz. Kaderwelsch spreche – wie dies in so mancher Rezension der postumen Briefe zu lesen war –, ist schlicht dumm: ein wütender, »staatsfeindlicher« Protest hätte hier wie da nicht geholfen. Wie groß Zweifel und Verzweiflung bereits in den sechziger Jahren waren, wie er auch mit diesen Haltungen später ins Gericht ging, sich »Vor

Feuerschlünden« stellte, das lese man in seinem grandiosen Buch gleichen Titels nach.

Die Briefe verhandeln nicht nur die beiden Kinderbücher »Vom Moritz, der kein Schmutzkind mehr sein wollte« (1959) und »Die Suche nach dem wunderbunten Vögelchen« (1960), deretwegen ihm die Lehrerstudentinnen geschrieben hatten, es geht um den Umgang mit Dichtung. Sowohl der »Moritz« als auch das »Vögelchen« versuchten, Märchenhaftes mit DDR-Alltag zu verweben, was offenbar die Briefschreiberinnen irritierte.

Zudem kam wenig »Vorbildhaftes« vor. Der »Moritz« »fängt damit an«, erinnerte sich Fühmann einmal an etwas „Herrliches in dieser Hinsicht, […] daß ich einen Jungen schildere, der sich mit Wonne in Pfützen suhlt. Meine Tochter ging damals zur Schule, und der Weg führte noch durch Trümmergelände. Ich ging oft auf dem Schulweg mit den Kindern, und ich sah einen Jungen aus unserm Haus, der mit beiden Beinen in eine Riesenpfütze sprang. Ich rief: ›Um Gottes willen, Peter, was machst du denn da?‹ – ›Das fragen *Sie* mich?‹ kam die Antwort, ›ich spiele doch Moritz!‹ – Da war zweifelsohne eine Vorbildfunktion erfüllt…«

Mit dem »Moritz« eröffnete Fühmann jenen Reigen der »Märchen auf Bestellung«, die neben den Nachdichtungen und den Sprachspielen einen wichtigen Strang seines Schaffens für Kinder bildeten. Es sind »Auftragsarbeiten« und »Gelegenheitsdichtungen«: die Tochter Barbara (die als Bärbel in den Texten immer wieder auftaucht; siehe auch den Brief an den Kinderbuchverlag), empörte die Lücke Kinderliteratur im väterlichen Schreiben, die Enkelin Marsha möchte etwas über eine feuerspeiende Fee hören, eine Kindergärtnerin beklagt den Mangel an Kasperstücken, eine psychisch geschädigte junge Frau wünscht sich »ein Märchen von einer Anna Humpelbein«. Fühmanns Kinderbücher tragen denn auch konkrete Widmungen: für türkische Schulkinder in Mössingen, für die »Wohnheimer der Lasdehnerstraße«, für das Enkelkind.

Fühmanns Antwortbriefe an die künftigen Deutschlehrerinnen suchen nach Erklärungen, vor allem aber zeugen sie von der tiefen Sorge, daß diese Vertreterinnen des für die Literatur so wichtigen Berufsstandes weder einen kunstgemäßen Zugang zur Dichtung noch einen kindgemäßen Weg für die Vermittlung finden. Wie wichtig ihm das war, zeigen die Archivfunde: der Brief an Frau Rähner liegt in neun (!) Fassungen vor, er gerät zu einem poetologischen Bekenntnis. Fühmann beschreibt hier – meines Wissens erstmalig – grundlegende Positionen, über die er vor allem ab den siebziger Jahren bis hin zu dem oben schon genannten Opus magnum zu Georg Trakl immer wieder nachdachte: über den Unterschied von wissenschaftlicher und künstlerischer Weltaneignung, über die gefährliche Absurdität des Dogmatismus, über die Notwendigkeit eines kunstgemäßen Umgangs mit Dichtung – und nicht zuletzt über das Wesen von Kunst.

Anfang der achtziger Jahre wurden noch einmal die Märchen wichtig, neben den schon erwähnten »Märchen auf Bestellung« (seit 1990 in einer um zwei Texte erweiterten Edition erhältlich, seit 2002 auch als Einzeledition) erschienen noch zwei Kasperlstücke (»Schlipperdibix und klapperdibax!«, 1985). Als

Fühmann diese und auch drei Hörspiele nach den Grimmschen Märchen schrieb, war er bereits von seiner Krankheit schwer gezeichnet. »Resultate meines ausgeschabten Rückgrats« nannte er sie: »Ich kann mir nicht helfen – es gehört auch zu mir, auch der Blödsinnn vom wieder zusammengewachsenen Rumpelstilzchen. – Das Leben ist so.« (Brief an seine Lektorin Ingrid Pringnitz vom 30.1.84)

Und so klingen bei aller Fabulierlust und Spielfreude auch in diesen Texten zentrale Themen des Fühmannschen Oeuvres an: Das Finden des Gemäßen, das Werk, das eine nicht entfremdete Existenz gestattet, etwas, das nur diese(r) Eine zu schaffen vermag, aber auch der Tanz um die Macht und die Willkür der Mächtigen und das Ausgeliefertsein...

Angemerkt sei noch kurz etwas zum im Werk Fühmanns dreifach auftauchenden Schneewittchen (nicht ein Text schaffte es in die Werkausgabe): Das in der »Nelke Nikos« zu findende, neunseitige »Schneewittchen«-Gedicht gibt sich in seinem hymnischen Credo nebst »volksverbundener« Historiendeutung ganz ideologiekonform; zwei Jahrzehnte später stellt Fühmann in dem Essay »Schneewittchen: Ein paar Gedanken zu zwei jungen Dichtern« Uwe Kolbe und Frank-Wolf Matthies vor, zwei mit der Obrigkeit immer wieder in Konflikte geratende, vor allem aber begabte Lyriker (Sinn und Form 6/1976): Das ursprüngliche Märchen ging eben anders, »die Märe«, so Fühmann, »ist dem Mythos noch nahe: Die gute Mutter und die böse Stiefmutter (und auch der exekutierende Jäger) sind hier *eine* Person. – Du wünschst, daß dein Kind schöner sei als du, aber du sollst die Schönste bleiben. – Der umgekehrte Ödipus. Wilhelm, der Redakteur der gemeinsamen Sammlung, [hat] den Widerspruch auseinandergedrieselt: die gute Mutter hier; die böse Stiefmutter dort. Dieses Gegensatzpaar erlaubt bestimmte didaktische Demonstrationen; der Mythos aber trifft ins Herz. [...] Wir wollen die Jugend besser als uns und verstehen schlecht, daß dies Besser-Sein ein Anders-Sein fordert.«

Im »Spiel vom Kaspar, der Königin Tausendschön und der noch tausendmal schöneren Prinzessin Schneewittchen« greift Fühmann diese direkte Mutter-Tochter-Konstellation auf: Schneewittchen ist ein Opfer, das es aber – dumm und eitel – nicht viel besser verdient. In den Apfel z.B. beißt sie, obwohl sie es besser wissen müßte, aus Angst vor infolge Vitaminmangels erblühenden Pickeln. Kaum an die Macht gekommen, wird sie schnell zur Täterin, die den Kaspar – eine Mischung aus Hanswurst und Volksheld, Klamottenschmied und Schwejk, einst wegen Schneewittchenbeihilfe eingekerkert – nun ebenfalls einsperren will. Schließlich identifiziert sich Schneewittchen vollständig mit der tyrannischen Mörderin-Mutter: das Stück endet mit dem allbekannten Kinderwunsch.

Kurz vor seinem Tode entstehen die Hörspiele »Das Blaue Licht«, »Rumpelstilzchen« und »Von dem Machandelboom« nach den Gebrüdern Grimm. Sie sind ausdrücklich »nur für Erwachsene« deklariert, zu Recht: In ihnen regiert die Angst, diese Märchen gehen nicht in Erfüllung; ihre Figuren, egoistisch bis zur Brutalität und voll dummdreister Anmaßung, haben keine Chance, sie verdienen sie auch nicht. Moral hat hier nichts verloren; sie setzte eine wie auch immer geartete Fähigkeit zur Reflexion voraus, doch dazu sind diese Geschöpfe nicht fähig.

Die Frage dieser Märchen lautet nicht »Wie siegt das Gute«, sondern »Wer rädert wen«; Macht, und sei sie noch so gering, dient allein der Laune des Augenblickes. Wer in dieser Welt nicht mit solcherart »Tugenden« ausgestattet ist und überlebt, hat das Grauen erfahren, wie jene Frau aus dem »Blauen Licht«, die nach einer Massenvergewaltigung (Dreißigjähriger Krieg) zur »Hexe« geworden ist. Oder er weiß um die Dinge wie Führmanns Rumpelstilzchen, das sich verzweifelt bemüht, der Erde letztes Geheimnis zu wahren (der Name, der nicht verraten werden darf), um diese so vor der Zerstörung zu bewahren.

Alle Hörspiele existieren als Rundfunkproduktionen (Grandios: Erwin Geschonneck als Rumpelstilzchen!), »Das Blaue Licht« erschien in der Zeitschrift »neue deutsche literatur« (9/1986), »Rumpelstilzchen« in der Reihe »dialog« (Höchste Zeit. Hörspiele. Berlin 1989). Der »Machandelboom« ist bisher ungedruckt. Wie den Notizzetteln und Tagebucheintragungen zu entnehmen ist, waren noch Projekte zu Jorinde und Joringel, Aschenputtel und Froschkönig in Planung, überliefert sind noch eine als »erste« deklarierte Kurzerzählung zu Rübezahl und ein umfangreicheres, Fragment gebliebenes Libussa-Manuskript.

Die Arbeit am »Machandelboom« ging für Führmann ungewöhnlich schnell von der Hand: In seinem Tagbuch steht unter Freitag, 13. April 1984: »Erste Überlegung Machandelboom«, am Ostersonntag fertigte er eine Abschrift an, einen Tag später schickt er das Manuskript an seine Lektorin:

23.4.84

Liebe Ingrid,

ich bin ein paar Tage im Wald, meine Kinder sind mit draußen und schützen mich. – Diese Charité macht alles verrückt, Sie haben uns ununterbrochen eingehämmert, ich sei chronisch, als Dauerzustand, »lebensgefährlich krank«, dürfe nicht aus dem Weichbild der Charité ausbrechen, müsse immer in Reichweite einer Chirurgie sein, weil ich eine Neigung zum Eingeweide-Verwachsen habe, die Därme wachsen von außen zusammen, dann geht die Peristaltik nicht mehr, oder tut wahnsinnig weh. Man hat in der Ch. eine Roßkur mit mir gemacht, die Peristaltik gewaltsam erzwungen, ich dachte, ich explodiere, sagte schließlich, das hält kein Pferd aus, lieber operieren, aber dann haben sie's in den Tropf getan, und ich habs doch durchstehen müssen. Um die OP bin ich also noch mal rumgekommen, aber, wie gesagt, jetzt wird alles verrückt, die Kinder sollen mich nicht aus den Augen lassen, ich soll 9-10mal am Tag eine »Kleinstmahlzeit« essen, ein Löffelchen Milchhäppchen, und ein Löffel Grießhäppchen, und ein halbes Weißbrotschnittchen ohne Kruste, und durchpassiertes Kalbfleisch – also das mach ich nicht mit. Das ist kein Leben.

Jetzt hab ich den Machandelboom fertig gemacht, er ist nun was ganz andres als die Kasperlstücke, man muß das ganz als Hörspiel lesen, dann ists, glaub ich, ganz gut. – Bitte, tu das Rahmenblatt ganz vorn erst mal zur Seite, sag nicht, daß das eine Folge für diese bestimmte Funkredaktion ist, sonst macht man mirs im Ansatz kaputt. – Mitte Mai fahre ich für 4, 5 Tage mit meiner Tochter nach Frankfurt / Main, d.h. wenn ich nicht wieder einen Il. bekomme, allmählich werd ich wirklich blöd von dem Gedanken, ich mach jetzt einfach Schluß damit, eß was mir schmeckt, und leb wie ich will.

Ja, jetzt hab ich natürlich erst noch mal den Hörspieldrall, muß mich erst wieder zur Prosa zwingen.

Hoffentlich geht Dir's ein bißchen gut,

tschüß Du

Franz Fühmann starb am 8.Juli 1984. Im Archiv der Akademie der Künste lagern zwei handschriftliche Fassungen des »Machandelbooms«, eine Rohfassung und eine leicht korrigierte Endfassung. Offenbar existieren auch zwei von Fühmann noch durchgesehene und handschriftlich korrigierte Typoskriptvarianten, von denen sich aber nur Seite 17 im Archiv befindet. Das im Rundfunkarchiv erhaltene Manuskript datiert auf Dezember 1987. Ob die im Typoskript gemachten Änderungen und auch die von einer dritten Person hinzugefügten handschriftlichen Korrekturen mit dem Autor noch abgesprochen werden konnten, ist sehr fraglich. Daher wurde entschieden, eine Fassung nach der letzten Handschrift herzustellen. Eine »Urfassung« gewissermaßen. Korrigiert wurden dabei nur offensichtliche Verschreibungen und uneinheitliche Schreibweisen.

Porträt
Franz Fühmann.
Zeichnung von
Elizabeth Shaw,
Aufbau Verlag,
Berlin 1956.

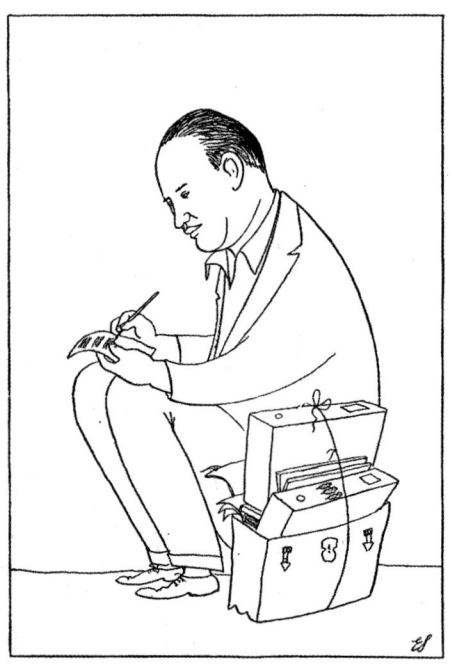

Franz Fühmann

»Sie werden ihnen die eine Sonne stehlen.«

Briefe aus dem Nachlaß

15.4.1958

Kinderbuchverlag
Cheflektorat
Berlin W.8
Markgrafenstraße 30

Werte Kollegen,
ich gestatte mir, Ihnen eines der Märchen, die ich meiner Tochter Barbara erzähle, zu übersenden; vielleicht ist es für Sie von Interesse. Da ich beabsichtige, noch mehr für Kinder zu schreiben, wäre ich an einem Gespräch mit Ihnen interessiert. Allerdings würde ich Sie bitten, es möglichst bald anzusetzen, da ich ab Mitte Mai für einige Monate unauffindbar sein werde.

Ich bin mit den besten Grüßen
Ihr
sehr ergebener

1 Anlage

12.12.64

Sehr geehrte Kollegin Rähmer,

ich bitte um Entschuldigung, dass ich Ihren Brief erst so spät beantworte. Ein paar Zeilen hätte ich Ihnen schnell geschrieben, aber die Frage, die Sie aufwerfen, ist im Grunde viel zu ernst, als dass man sie mit ein paar Zeilen beantworten könnte.
Sie schreiben: »In unserer Klasse gab es sehr verschiedene Meinungen schon zur Konzeption und zur Anlage Ihres Buches. Ein Teil der Studenten meinte, dass die Fabel nicht so konzipiert sein d a r f « (von mir gesperrt) »dass zwei Ebenen, nämlich Wirklichkeit und Phantasiewelt vereinigt werden.« Eine Stützung des Verdikts durch Argumente wird nicht versucht. Das ist kein Vorwurf gegen die Briefschreiberin. Das Argument kann ich mir schon vorstellen. »Die Fabel darf nicht so gestaltet werden!« Warum? Weil sie nicht so gestaltet werden darf. Ich werde mich also zunächst mit dem Prinzip des »Dürfens« beschäftigen müssen.

Wenn jemand der Ansicht ist, ein Märchen dürfe kein Märchen sein und dürfe nur in einer und nicht in zwei Ebenen spielen, so ist das ungfähr (ungefähr) so, wie wenn einer forderte, ein Vogel dürfe prinzipiell nur bellen. Der Vergleich ist ungenau, da der Vogel nicht bewusst handelt. Aber sonst trifft er ziemlich gut. Er trifft in der Gestalt, die diese Forderung erhebt; er trifft in dem imaginären Gesetz, auf dem sich das Dürfen beruft, und er trifft im Resultat. Das zunächst scheint mir wichtig. Ohne Zweifel kann man die Forderung, dass Vögel bellen sollen, erheben; das Glück ist nur, dass die Vögel sich nicht danach richten und fortfahren, auf ihre Art und nach den Gesetzen ihrer Stimmbildung zu singen. So auch die Literatur. Sie kümmert sich nicht darum, was sie nach Meinung besser wissender Doktrinäre ä s t h e t i s c h darf oder nicht darf. Sie tut, was sie tun muss und was sie nach Massgabe des einzelnen Talents und der Gunst der Zeit kann. (Was sie *moralisch* darf, ist eine ganz andere Frage). Ästhetisch darf nämlich die Literatur alles ausser einem: Ihren Charakter verlieren, Un-Literatur werden, das heisst langweilig, trivial, abgeschmackt, dagewesen, amorph, phantasielos, inhaltsleer. Tut sie das, gibt sie sich als Literatur auf und sinkt zu Geschriebenem hinab, das ja nicht ohne weiteres Literatur ist. Sonst darf sie ästhetisch alles, was sie zu der konkreten Form-Inhaltsverbindung, die sie gerade beabsichtigt, zu brauchen glaubt. Sie muss es allerdings auch können. Sache der Kritik und der Literaturwissenschaft ist es, zu untersuchen, ob dem Schriftsteller das, was er wollte, auch gelungen ist. Dieser Nachweis verlangt wissenschaftliche Methoden und Argumente. Sache des individuellen Geschmacks ist es, Gefallen oder Missfallen an der individuellen Schaffensart eines Schriftstellers zu finden. Der Irrglaube jedoch, einem Schriftsteller vorschreiben zu müssen, was er ästhetisch dürfe und was nicht, ist ein Relikt vergangener Zeiten. Man nennt ihn gemeinhin Dogmatismus.

Dies zunächst prinzipiell, und zwar mit aller gebotener Schärfe. Grüssen Sie bitte Ihre Kollegen recht herzlich von mir und sagen Sie ihnen, dass ich mich um ihre Verdikte nicht im geringsten kümmre, zumal da sie denkbar dumm sind. Damit kommen wir ins Einzelne. Ihre Kollegen meinen:

»… dass die Fabel nicht so konzipiert sein darf, dass zwei Ebenen, nämlich Wirklichkeit und Phantasiewelt vereinigt werden. Unmöglich sei es beispielsweise, den König als Pionier vom Dienst erscheinen zu lassen.«

Warum dies unmöglich ist, wird nicht gesagt, aber ich möchte dartun, warum dies möglich ist. Ich nehme meinen Grimm zur Hand und lese folgenden ersten Satz eines Märchens:

»Vor einem grossen Wald wohnte ein armer Holzhacker mit seiner Frau und seinen zwei Kindern; das Bübchen hiess Hänsel und das Mädchen hiess Gretel.«

Reine Realität – und dann kommen Knusperhaus und Hexe. Zwei Ebenen sind zu einer vereinigt.

Ich nehme einen anderen Einleitungssatz:

»Ein Schneider hatte einen Sohn, der war klein geraten und nicht grösser als ein Daumen, darum hiess er auch Daumerling.«

Realitätswelt und Phantasiewelt nicht nur in einem Buch, vielmehr schon in einem Satz. Sie können den Grimm (und jedes andere Märchenbuch auch) an einer beliebigen Stelle aufschlagen und Sie werden sehen, dass k e i n Märchen auf die Einheit dieser beiden Ebenen verzichtet (und dass, nebenbei, auch keines in der Phantasieebene anfängt.) Warum nun dürfen Holzhackerkinder und

Schneider dem Märchenwesen begegnen und junge Pioniere nicht? Warum durfte das 19. Jahrhundert (und die Jahrhunderte zuvor) zwei Ebenen miteinander verbinden oder besser: ineinander verschmelzen, und unsere Zeit nicht? Jedes Märchen (wie jede Literatur) ist nämlich eine Kombination, besser eine Einheit zweier Ebenen, der »realen« Menschenwelt und der phantastischen Welt. Und warum das so ist? Weil das Märchen, wie jede Literatur, vom Menschen handelt.

Das Märchen handelt vom Menschen, und die Menschheit hat sich in ihren Kinderjahren das Märchen geschaffen, um ihre Hoffnungen und Wünsche, Träume, Sehnsüchte, Erwartungen, Verzweiflungen, Verheissungen und Verklärungen, ihr Glück, ihre Trauer, ihr Grauen, ihr Entsetzen, ihr Erschauern und immer, immer wieder ihr Hoffen auszudrücken. Das Märchen wurde vom Menschen geschaffen, um ihm die Welt zu erklären und zu erhellen in des Wortes doppeltem Sinn. Deshalb sind ja die Märchen unabhängig voneinander überall da entstanden, wo die Menschengemeinschaft in ihrer Entwicklung eine bestimmte Stufe erreicht gehabt hatte. Sie spiegeln die seelisch-geistige Verfassung der Urgesellschaft wider und erhielten von allen Gesellschaftsordnungen neue Züge und Bereicherungen – vom Feudalismus feudalistische (die Ritter), vom Kapitalismus kapitalistische (den Kaufmann), vom Sozialismus sozialistische – unter anderem auch den Pionier vom Dienst, den zu finden ich mir nicht nur zu dürfen erlaubt habe, sondern den gefunden zu haben ich stolz bin.

Wer mir also vorwirft, ich hätte jene zwei Ebenen nicht miteinander verbinden dürfen, der wirft mir im Grund vor, ich hätte kein Märchen schreiben dürfen. Denn man kann geradezu als Definition sagen: Das Märchen ist diejenige Literaturform, die möglichst direkt und möglichst überzeugend eine Verbindung von realer und phantastischer Welt zu schaffen versucht und der daran mehr als an jeder andren Frage (zum Beispiel der der psychischen Entwicklung des Helden) gelegen ist. (Im Grund ist jedes Kunstwerk eine Verbindung dieser beiden Ebenen; das Märchen zeigt sie nur am deutlichsten.) Das Märchen ist die E i n h e i t von realer Welt und Phantasiewelt; jene Einheit, in der das Phantastische ganz selbstverständlich real und das Reale ganz selbstverständlich phantastisch ist. Gerade auf diese Selbstverständlichkeit kommt es an:

> »Nun war's schon der dritte Morgen, dass sie ihres Vaters Haus verlassen hatten. Sie fingen wieder an zu gehen, aber sie gerieten immer tiefer in den Wald, und wenn nicht bald Hilfe kam, so mussten sie verschmachten. Als es Mittag war, sahen sie ein schönes schneeweisses Vöglein auf einem Ast sitzen, das sang so schön, dass sie stehenblieben und ihm zuhörten. Und als es fertig war, schwang es seine Flügel und flog vor ihnen her und sie gingen ihm nach, bis sie zu einem Häuschen gelangten, auf dessen Dach es sich setzte, und als sie ganz nah herankamen, so sahen sie, dass das Häuslein aus Brot gebaut war und mit Kuchen gedeckt; aber die Fenster waren von hellem Zucker. ›Da wollen wir uns dranmachen‹, sprach Hänsel, ›und eine gesegnete Mahlzeit halten…‹«

Es ist ganz selbstverständlich, dass die hungrigen Kinder ein Knusperhaus im Wald finden, und es ist ganz selbstverständlich, dass der faule verfressne König vom Märchenland Pionier vom Dienst macht, weil eben sonst keiner da ist und es doch einen Pionier vom Dienst geben muss. Die Prinzessin Rosenblatt lebt selbstverständlich real im Sozialismus, und das Kinderheim, das mir bei meinem Buch Modell stand, Berlin O 17, Lasdehnerstrasse 12, ist ein durchaus phanthastisches Gebäude. Die Ebenen sind verschmolzen; ist dies gelungen, wird diese Legierung als selbstverständlich, als homogen empfunden, ist das Märchen geglückt. Ein guter Prüfstein darauf (kein unfehlbarer, aber ein guter) ist die Reaktion der Leser und Hörer, für die das Märchen bestimmt ist, nämlich der Kinder. Ich habe viele Lesungen mit beiden Büchern gemacht und überall gingen die Kinder begeistert mit. Keines war dagegen, dass Eichhörnchen im Wunderland grün sind und Könige Pioniere vom Dienst machen.

Das Märchen als Einheit von realer und phanthastischer Welt ist nichts als die Widerspiegelung der geistig-seelischen Welt einer Gesellschaft, für die eben Geister und Götter real sind, Gestalten, mit denen man spricht, die einem helfen oder schaden, die einem begegnen, die auf der Welt sind. Das wird ganz deutlich, wenn man Märchen von Völkern liest, die vor kurzem noch in der Urgemeinschaft lebten, den Nordasiaten etwa. Hören Sie den Anfang aus einem Samojedenmärchen:

»Es war einmal ein Dorf von siebenhundert Zelten. In dem siebenhundertsten Zelt stritten sich die Kinder, sie spielten und stritten sich. Einige sagten: ›Bei uns gibt es einen besseren Zauberer!‹ Die Anderen aber: ›Bei uns gibt es einen besseren!‹ Als sie sich so stritten, fingen auch die Zauberer selbst an, sich im Zelt zu streiten. Sie stritten und stritten, indem jeder sich für den besseren hielt. Endlich sagte einer von den beiden: ›Der ist ein rechter Zauberer, der den Mond auf die flache Hand stellen kann!‹ ›Das kann niemand‹, sagte der eine. ›Das kann ich‹, sagte der andere und stellte den Mond auf die flache Hand.«

Der Zauberer ist also hier noch ein ganz konkretes Mitglied der Gesellschaft, ein ganz bestimmter Mann in einem ganz bestimmten Zelt, der real da ist und der »zaubern« kann wie andere Männer schmieden oder schnitzen können. Die Einheit von real und phantastisch ist noch im Leben selbst da, sie ist selbstverständlich weil wirklich. Die Ebene der Märchenerzählung war die Widerspiegelung einer homogen Welt, die homogen real war (als seelische Wirklichkeit). Der Zauberer war Zauberer, nicht »Zauberer«. Reaktionäre Literaturströmungen wie die deutsche Romantik haben versucht, die Märchen als Abspiegelung einer homogen phantastischen Welt zu gestalten. Das musste missglücken, weil eine rein phantastische Ebene gar nicht existieren kann.

Das Märchen entstand also als Widerspiegelung einer Einheit von Realität und Phantasie; diesen Charakter hat es behalten, und wer seit dieser Zeit Märchen schreiben will, muss als Grundgesetz, als erste Forderung, als oberstes Gebot sich vor Augen halten, dass er die Einheit von Phantasie und Realität als Selbstverständlichkeit vollbringen muss, da sonst kein Märchen ein Märchen werden kann.

Doch warum schreibt er denn eigentlich Märchen, wenn die gesellschaftliche Basis für diesen Überbau verloren gegangen ist? Darum weil sie nicht völlig verloren gegangen ist. Das Weltbild der Urgesellschaft ist nämlich bis zu einem bestimmten Alter annähernd auch das Weltbild der Kinder. Eben darum greifen sie zum Märchen. Sie sehen die Welt märchenhaft und wollen sie märchenhaft widergespiegelt haben. Für ein Kind k a n n eben jeden Augenblick ein

König vorm Kinderheim stehen; jedes neugeschaute Tier i s t ein Fabelwesen, jeder Sonnenkringel im Sand oder Moos eine Botschaft aus dem Wunderland. Was aber ist das Wunderland? Nichts anderes als das Leben!

Ein Beispiel: Ich wohne in einem Hochhaus, dessen Aufzug oft kaputt war (und ist). Meine damals dreijährige Tochter musste ermüdend hohe Treppen steigen. Dann aber kamen Arbeiter, die den Fahrstuhl reparierten. Meine Tochter erlebte sie als Engel. Es waren Männer, die gekommen waren, ihr zu helfen. Sie konnten etwas, was keiner der Hausbewohner konnte: Den Fahrstuhl reparieren, ein totes Wesen wieder lebendig zu machen. Es waren die Zauberer, über die man im Zelt 701 der Stadt mit den 700 Zelten stritt. Wenn sie plötzlich durch die Luft geflogen wären, hätte es meine Tochter durchaus nicht verwundert. Sie konnten ja eine tote Kabine in die Höh steigen machen, warum sollten sie da selbst nicht fliegen können?

Natürlich ist das ganz naiv, und natürlich muss dieses naive Weltbild mit fortschreitendem Alter korrigiert werden. Es wird immer mehr rationalisiert. Aber diese »Naivität« ist eine originäre menschliche Fähigkeit; sie ist spezifisch menschlich. Sie ist jene menschliche Möglichkeit über den Naturinstinkt hinaus, die den Menschen vom Tier unterscheidet. Sie ist etwa, annähernd, ungefähr das Gegenteil von dem psychischen Zustand, den wir als »abgebrüht«, »zynisch«, »blasiert« bezeichnen, wenn wir zum Ausdruck bringen wollen, dass diese Naivität verloren gegangen ist, und den wir (noch ungenauer) etwa mit »unbedarft«, »banausisch«, »spiessig« bezeichnen, wenn wir ausdrücken wollen, dass diese Naivität von Anfang an fehlte oder nur kümmerlich vorhanden war. Denn das naive Staunen-Können ob der Zauber und Wunder in der Menschengesellschaft und in der Natur ist immer noch neben dem Schaudern-Können ob der Ungeheuerlichkeiten dieser Welt des Menschen bester Teil. Ein Mensch, der von einem Sonnenaufgang im Gebirge oder am Meer oder an einem nebelverhangenen See oder in einer dunstigen Ebene oder über den Häusern der Stadt oder einfach in einer Allerweltslandschaft an einem Allerweltsmorgen nicht angerührt wird, ist nur ein halber Mensch, ebenso halb, das heisst ebenso verkrüppelt wie einer, der etwa in der Liebe nicht Zauber und Wunder, die den Menschen beflügeln oder auch vernichten können, erleben kann, sondern dem das Leibesverlangen nichts mehr als die physische Reizung bestimmter Drüsen ist. Das Wissen um die Drüsenfunktion ist notwendig; reine Naivität, wie etwa eine verflossene Gesellschaft sie konservieren wollte, ist verderblich. Reine Ratio hingegen und eine Ausrottung der Naivität aber wäre ebenso verderblich und unmenschlich, weil sie eine Fähigkeit und Möglichkeit des Menschen unterbinden würde.

Johannes R. Becher hat immer wieder den Satz zitiert: »In jedem Menschen ist ein Dichter (Künstler) gestorben.« Genau das meine ich auch. Ich will ein Beispiel dafür bringen. Ein Freund von mir, ein Tscheche, hat eine Tochter, die als Sechsjährige eine genial begabte Malerin war. Sie malte und zeichnete mit Inbrunst; ihre Bilder wurden auf bedeutenden internationalen Ausstellungen von Kinderkunst gezeigt; sie waren in Vietnam, Ägypten und Mexiko zu sehen. Sie malte die Sonne, wie van Gogh sie gemalt hat, mit wilden Strahlenzügen, denn so erlebte sie sie auch: als flammendes Wunder. Dann kam sie in die Schule und da gab man ihr ein Lineal und sie musste schön gleichmässig Strahlen ziehen, denn die Sonne sendet ja gleichmässig Strahlen aus. Das aber war ihre Sonne nicht mehr; die astronomische Sonne war nicht ihre ästhetische Sonne, und das beim Technischen Zeichnen sicher notwendige exakte Striche-Ziehen mit dem Lineal interessierte sie hier gar nicht. Nach einigen Jahren Schule hatte sich ihre Kunst weggestohlen, weil ihr vorher die Sonne gestohlen worden war. Es gibt für den Menschen nämlich zwei Sonnen, und darum hat die Menschheit auch zwei verschiedene Methoden herausgebildet, sich diese Sonnen vom Himmel zu holen und sich dienstbar zu machen. Dies ist einmal die Sonne als reale Naturkraft, die Sonne als Gegenstand der Wissenschaft, die Sonnen die ein bestimmtes Volumen, eine bestimmte Masse, eine bestimmte Dichte, eine bestimmte Temperatur, eine bestimmte physikalische und chemische Konsistenz hat – und da ist zum andern die Sonne als unausdeutbares Wunder, das ein Menschenherz anrührt, beseligt, erschüttert, das Goethe so beschrieben hat:

»Die Sonne tönt nach alter Weise
in Brudersphären Wettgesang
und ihre vorgeschriebne Reise
vollendet sie mit Donnergang.
Ihr Anblick gibt den Engeln Stärke
wenn keiner sie ergründen mag;
die unbegreiflich hohen Werke
sind herrlich wie am ersten Tag.«

Mit Donnergang! Die Sonne als Gegenstand der Kunst.
Anders diese:

»Sonne (germ): Der zentrale Himmelskörper des Planetensystems. Der Abstand S.-Erde schwankt zwischen 147,1 und 152,1 Mill. km und ist im Mittel 149,6 Mill. km (= eine astr. Einheit). Von der Erde aus erscheint die Sonne unter einem Winkel von annähernd 32 Bogenminuten…«

Im Mittel 149,6 Mill. km! Die Sonne ist Gegenstand der Wissenschaft (Zitiert nach dem Lexikon).

Was aber ist nun eigentlich die Sonne? Für den Menschen ist sie Beides: Die Einheit von wissenschaftlicher und ästhetischer Begrifflichkeit, die Einheit von Realität und Phantasie. Also ein Märchen? Genau das. Eben darum ist das literarische Genre des Märchens heute nicht nur für Kinder noch wirksam, weil die Einheit von Realität und Phantasie, die seine Darstellung erfordert, genau der Fähigkeit des Menschen entspricht, jene Einheit beim Erleben der Natur und Gesellschaft nachzuvollziehn. Was ist Schnee? Was ist Gras? Was ist Licht? Was ist rot? Was ist tapfer? Was ist eine Blume? Was ist eine Hand? Was ist Nebel? Was ist Logik? Was ist Natur, was ist Wissenschaft, was ist Kunst? Immer: Beides!

Der Dogmatismus nun möchte nur die Wissenschaft gelten lassen – nein: Das, was er für Wissenschaft hält. Und was hält er für Wissenschaft? Das unabänderlich Fixierte und darum Bequeme – eben das Dogma. Denn auch die Wissenschaft ist eine Einheit von Phantasie und Realität mit ihrer Selbstverständlichkeit und ihrem Widerspruch, der immer aufs Neue Lösung, das heisst Arbeit, Mühe, Fortschreiten, Denken, Forschen, Durchdringen, Unruhe, In-Frage-Stellen erfordert. Nein, der Dogmatiker ist kein Nur-Wissenschaftler, das wäre eine Beleidigung für die Wissenschaft, die doch Schwester oder Bruder der Kunst ist. Der Wissenschaftler untersucht; der Dogmatiker postuliert. Er will's bequem haben, übersichtlich: Die Realität da, die Phantasie dort. Hie Freund und Feind da. Sortiert. Mit Etiketten. Er will »schwarz auf weiss besitzen« und »getrost nach Hause tragen«, was unaufhörlich fliesst. Und warum will er das? Weil er ein verkrüppelter Mensch ist, der darum das Lebendige verkrüppelt haben möchte: Tot, in Formeln gepresst. Einerseits und anderseits, säuberlich getrennt. Was aber ist das leibhaftige Einerseits und Anderseits? Der Kleinbürger.

Der Dogmatiker ist der ewige Kleinbürger, der das Dogma will, weil er wenigstens illusionär zu dem kommen möchte, wozu er in einer tüchtigen Gesellschaft nicht kommen kann: zur Macht. (Genauer: Zur Macht ohne Verantwortung). Er will Herrscher und Richter sein; er möchte verurteilen können, administrieren, absetzten und erhöhen, verdammen und verklären – und all das mit absoluter Sicherheit und möglichst ohne Denkanstrengung. Darum schreit er nach Formeln, nach dem Kodes, nach Regulativen für das, was der Andre darf oder nicht darf. Also reglementiert er. Und reglementiert gegens lebendige Gesetz.

Also plädiere ich für den Anarchismus? Heisse ich Kodices prinzipiell für schlecht? Bin ich gegen Regelwerke? Natürlich nicht. Ich bin nur gegen dogmatische Regeln und Kodexe des geistigen Bürokratismus.

Ich habe mit Leidenschaft die Freiheit des Schriftstellers auf ästhetische (nicht moralische – das ist ein Kapitel für sich, und ich möchte mich in diesem Zusammenhang dazu nicht äussern) Autonomie verteidigt; ich habe ihm das Recht zugebilligt, ästhetisch alles zu dürfen, was er zu brauchen glaubt. Damit will ich durchaus nicht sagen, dass es keine objektiven Gesetze literarischen und künstlerischen Schaffens gäbe. Natürlich gibt es sie, doch es gibt auch eine ästhetische Willensfreiheit. Der Schriftsteller kann sich vierfach zu diesen Gesetzen verhalten. Er kann sie nicht kennen – und wird sie trotzdem in der Praxis anwenden, etwa so, wie ein Mensch gehen kann, ohne die mechanischen, biologischen, anatomischen usw. Gesetze des Gehens im Bewusstsein zu haben. Aus dieser Haltung kommt oft herrlich Naives und Ursprüngliches in die Literatur. Der Schriftsteller kann fernerhin die Gesetze, soweit sie vorliegen, kennen und sich nach ihnen richten. Dabei entsteht meist Klassizistisches. Er kann zum Dritten versuchen, gegen sie trotzdem ein Werk zu schaffen; dabei entsteht manchmal Geniales, freilich auch Fragmentarisches. Und er kann zum vierten versuchen, diese Gesetze zu differenzieren, weiterzuentwickeln, dem lebenden Leben immer aufs Neue anzupassen, sie in noch unerprobten Bezirken zu erproben – eben das leistet der lebendige Strom der Literatur. Eben diesen lebendigen Strom (des Lebens, der Literatur, der Wissenschaft) mag der Dogmatiker nicht. Und warum mag er ihn nicht? Weil er im Strom schwimmen muss (denken, kämpfen, sich behaupten, sich anstrengen, schöpferisch tätig sein. Andre Leistungen anerkennen. Zugeben, dass man auf andre Art auch schwimmen kann.) Er will auf einem goldenen Stuhl sitzen und dekretieren. Und er will in diesem Dekretieren nicht gestört sein. Da aber werden wir ihm eins pusten. Wenn ich versucht habe, den Unterschied zwischen wissenschaftlicher und ästhetischer Aneignung der Realität durch den Menschen herauszuarbeiten, so habe ich es auch getan, um den Dogmatismus von echter Wissenschaftlichkeit abzugrenzen. Ich verneige mich tief vor der schöpferischen Arbeit des Wissenschaftlers. (Der Dogmatiker arbeitet nicht schöpferisch). Ich bin nicht gegen Literaturwissenschaft; ich finde sie vielmehr viel zu schwach entwickelt. Ich würde es von Herzen begrüssen, wenn Ihre Kollegen sich wirklich kritisch mit meinen Kinderbüchern beschäftigen würden – aber mit einer Kritik, die der Einsicht in die objektiven Gesetze literarischen Schaffens entspringt und nicht irgendwelche – verzeihn Sie – blöde, weil bequeme Postulate aufstellt. Ich bin für die Kunst der Wissenschaft schon allein darum, weil die Wissenschaft auch Kunst ist. Ich möchte aber noch einmal auf den Unterschied zwischen diesen beiden menschlichen Fähigkeiten, ohne deren beide der Mensch kein Mensch ist, zurückkommen. Denn wenn es auch falsch ist, den Dogmatismus als eine »Nur-Anerkennung einer vermeintlichen Wissenschaftlichkeit anzusehen, so ist es auch falsch, nicht darauf hinzuweisen, dass der Dogmatismus sich allein auf die Allein-Anerkennung stützt und die Wissenschaft gegen die Kunst auszuspielen versucht. Darum eben spielt er eine so grosse Rolle in unserm wissenschaftlichen Zeitalter.

Also nochmals: Kunst und Wissenschaft. Nehmen Sie das »Wunderbunte Vögelchen«. Was ist das für ein Tier? Wer im »Brehm« oder einem andern Lehrbuch für Zoologie nachschlägt, um Familie, Art und Rasse dieses Tierchens zu bestimmen, wird enttäuscht werden, denn dort ist es ebensowenig zu finden wie grüne Eichhörnchen. Im Sinn der Naturwissenschaft ist es zweifellos nicht real. Dennoch ist es Held einer Geschichte. Wie kommt das? Wie kommt es gar mit der Volkspolizei zusammen? Es ist der Inbegriff des Wunderbaren, des Schönen, des Liebens- und Lebenswerten, das in unserm Staat zu Hause ist (es gibt auch Quälendes); es ist das, was von unsrer Volkspolizei geschützt und von unsern Jungen Pionieren behütet wird und das von Leuten bedroht ist, die unserm Land feind sind. Es ist der Inbegriff etwas durchaus Realen, nämlich des Gesamtkomplexes aller Umstände, die uns unsre Republik lieben und sie gegen das sich faschisierende andre Deutschland verteidigen lässt, also ein Inbegriff von etwas, das unser reales Leben ganz entscheidend lenkt und das darum notwendig real sein muss und das sich dennoch in der Poesie nur phantastisch fassen lässt. (In der Wissenschaft lässt es sich moralisch fassen.) Es ist eben ein wunderbuntes Vögelchen, das nur in unserer Republik dasein kann und eben darum nicht im Brehm steht. Es ist mehr als eine Allegorie: Es ist eine reale Gestalt (es fliegt, trillert, ist wütend, usw.) und dennoch selbstverständlich phantastisch; es ist eine phantastische Gestalt (siehe allein die Beschreibung des körperlichen Äussern) und trotzdem ganz real. Ähnliches (Anderes) könnte ich über den König sagen. Aber Sie schreiben ja Ihre Arbeit über diese Bücher, und werden sicher schon herausgefunden haben, worum es da geht.

Doch nun möchte ich zum Kern meines Schreibens kommen. Er ist bitter. Denn ihre Kollegen, die das der Literatur vorschreiben, was sie dürfe und was sie nicht dürfe, die gegen das Märchen und gegen die Phanthasie sind, diese Ihre Kollegen sind alle Lehrer. Sicherlich alles sehr fleissige, tüchtige, verdiente Männer und Frauen, die gewiss viel Gutes, vielleicht Grossartiges, an ihrem Arbeitsplatz geleistet haben. Aber nun sind sie Lehrer, das heisst, sie haben Macht bekommen, geistige Macht über Kinder, die die Sonne mit Flammenzungen malen. Sie werden ihnen die eine Sonne stehlen. Sie werden ihnen die Kunst austreiben. Sie werden sprudelnde Quellen der Phantasie für immer verschütten. Sie werden ihnen einpauken, was gedurft werden darf. Sie werden sie geistig verkrüppeln und sich dabei einbilden, sie richtig zu erziehen – nach dem eigenen Ebenbild. Und das ist schrecklich. Ich beobachte seit langem in Zweigen unserer Volksbildung einen geradezu fanatischen Hass gegen alles Musische, gegen die Kunst, gegen die Phantasie. Ihr Brief hat mir neue Anhaltspunkte gegeben. Sie werden Lehrerin werden. Ich möchte Sie als Vater eines phantasiebegabten Mädchens, als Freund zahlreicher und als Autor für viele Kinder von Herzen bitten: Helfen Sie uns gegen die Leute, die den Kindern die Sonne stehlen. Ihrer sind viele, unsrer sind wenige. Ich weiss nicht, ob Ihnen bekannt ist, dass die Kinder, wenn sie zur Schule kommen, gemeinhin geneigt sind, ihren Lehrern mehr zu vertrauen als den Eltern. Ich glaube, dass Sie wissen, dass Wunden, die in Kinderseelen geschlagen werden, Wunden durchs Leben bleiben, auch wenn sie verharschen und vernarben. Man wird Ihnen Kinder anvertrauen. Unter ihren Schülern könnte ein Dürer sein, ein Goethe, ein Bach, ein Marx, eine Rosa Luxemburg. Bitte: lassen Sie die Kinder sich selbst werden. Ein Talent setzt sich auch gegen widrige Umstände gewöhnlich durch; ein Genie wird oftmals, zu oft, davon erstickt.

Für Ihren Brief danke ich Ihnen ebenso wie für Ihre Anteilnahme an meinen Bemühungen, den Kindern die Phantasie zu erhalten. Wenn Sie mich sprechen wollen, stehe ich Ihnen gern zur Verfügung. Ich bin ausser der Januarmitte immer in Berlin.

Gegen die Dogmatiker in Ihrer Anstalt bin ich scharf gewesen. Es wäre meine grösste Freude, wenn ich ihren Kollegen unrecht getan hätte.

Mit den besten Grüssen

Ihr

Aus dem Brief von Edda Probst

1. Was bewog Sie, überhaupt Kinderbücher zu schreiben?
2. Wovon gehen Sie beim Schreiben aus – pädagogische Fragestellung
   – oder von einer eigenartigen, bzw. fesselnden Geschichte?
3. Halten Sie die Synthese zwischen Märchen und Wirklichkeit (z.B.
   »wunderbunte Vögelchen«) für eine endgültige Lösung?
4. Worin sehen Sie die Zukunft des neuen Märchens?

Fortsetzung Seite 148!

Sehr geehrte Frau Probst,   *28.4.66*

auf Ihre Fragen möchte ich wie folgt antworten:

1.) Zur Kinderliteratur hat mich meine damals sechsjährige Tochter gezwungen, die es für äußerst ungerecht fand, daß ihr Vati nur für Erwachsene aber nicht für Kinder schreibt. Seitdem schreibe ich jedes Jahr ein Kinderbuch.

2.) Das kann man nicht voneinander trennen. Beim »Vögelchen« z. Bsp. hatte ich vorher lange Zeit mit Volkspolizisten in kleinen Dörfchen gearbeitet, und ich wollte darüber auch etwas für Kinder schreiben, einen kleinen Kinderkrimi, wenn Sie wollen. Die pädagogische Fragestellung oder besser mein Auftrag an mich lautete, den Kindern die Arbeit der VP nahe zu bringen. Dann setzte schon das Nachdenken über die Fabel ein. Dabei ergaben sich nun wieder pädagogische Möglichkeiten: Einzelgängertum – Kollektivarbeit usw.

3.) Was heißt »endgültige Lösung«? Jeder neue Stoff fordert seine neue Lösung. J e d e s Märchen ist eine Synthese aus Phantasie und Wirklichkeit; nur scheint uns heute bei den älteren Märchen die damalige Wirklichkeit selbst schon phantastisch. Ein Köhler z. Bsp. wird heute als reine Märchenfigur empfunden; damals aber war er höchst real und leibhaftig. Die Romantiker verschmolzen die Wirklichkeit ihrer Zeit mit dem Phantastischen, ebenso Gogol. Ein Märchen, das nur im phantastischen Raum spielte, gibt es gar nicht, es höbe sich selbst ins Unerträgliche auf. In diesem Sinne sehe ich also in der Synthese unserer Gegenwart mit dem Phantasiebereich eine endgültige Lösung.

4.) Die Zukunft des neuen Märchen sehe ich zunächst einmal in seiner Möglichkeit. Unsere Zeit, unsere Gesellschaft ist dem Märchen günstig. Nicht jede Zeit und jede Epoche ist das. Überall werden heute Märchen geschrieben, Gegenwartsmärchen – werfen Sie einmal einen Blick in mein »Tierschiff«. Ich glaube, daß wir eine schier unermeßliche Fülle von Märchenformen und Märchenmöglichkeiten erleben werden; ich glaube ferner daran, daß aus den ehemals kolonialen Ländern reiche Ströme von Folklore zu uns fließen und uns bisher noch ungeahnte Möglichkeiten zeigen werden.

Für Ihre Arbeit möchte ich Ihnen alles Gute, viel Spaß und viel Erfolg wünschen! Mit den besten Grüßen

Ihr

Mein liebes Fräulein Barbara Wilka,   *7.2.67*

was soll ich Ihnen denn auf Ihren rührenden Brief nun schreiben? Die Grenzen und Vorzüge des modernen Märchens – aber darüber sollten S i e mich doch belehren, laut der Themenstellung Ihrer Hausarbeit. Ich kann mir unter dem Thema wenig vorstellen und nehme an, daß es eine Art Kürzel für einen umfangreicheren Arbeitskomplex darstellen soll, eine Art Chiffre für eine Reihe zu behandelnder Probleme.

Grenzen – wohin? Jedes Genre hat seine literarischen Grenzen und damit auch Grenzen seiner Wirksamkeit und dies wieder im Bezug auf Teilnehmerkreis, Teilnehmerzahl, Gefühlstiefe usw. Eine Novelle etwa ist »enger« in Umfang und Handlungsbereich als ein Roman, aber sie kann viel weitergehend viel weiter und tiefer wirkend in ihrer Intensität sein. Jedes Genre hat seine literarische Funktion und damit wie gesagt seine Grenzen und damit wieder seine Vorzüge. Aber das ist keine Wertigkeit, weder eine literarische noch eine ideologische noch eine pädagogische.

Mehr kann ich Ihnen schon nicht sagen. Ihr Thema behandeln hieße eine Genretheorie des Märchens aufstellen und sie an Hand meines Moritz demonstrieren. Wahrscheinlich ist gemeint, Sie sollten die Grenzen und Vorzüge pädagogischer Wirksamkeit behandeln. Darüber wissen Sie mehr als ich.

Märchenwissenschaftliche Literatur gibt es sehr viel, sehr schwer beschaffbar und in tausend Schulen zerspalten, die sich alle aufs heftigste befehden. Am besten vielleicht »Literaturkunden. Band I. Beiträge zu Wesen und Formen der Dichtung. VEB Fachbuchverlag Leipzig 1962. – Verfaßt von einem Kreis von Deutschdozenten«. Hier finden Sie erst einmal eine verläßliche Einführung. Ich beschäftige mich seit langer Zeit mit der Theorie des Märchens, bin aber noch lange nicht imstande, etwas Brauchbares zu formulieren.

So hat jeder seine Plage. Nett, daß Ihnen der Moritz gefällt. Ich mag den Bengel auch sehr. Und alles Gute für Ihre Arbeit.

Herzlich

Sehr geehrte Kollegin Werkstätter,   *25.2.68*

es ist immer gut, Mißverständnisse aufzuklären. Sehn Sie, ich bekomme nicht wenige Briefe, die etwa so lauten: »S. g. H. F., ich muß eine Arbeit schreiben über die Kompositionsprinzipien in Ihren Kriegserzählungen. Bitte würden Sie mir folgende Frage beantworten: Welches sind die Kompositionsprinzipien in Ihren Kriegserzählungen? M. fr. Gr. I. X. Y.«

Da bleibt einem halt nichts anderes übrig als sich zu wehren.

Ihre Frage setzt mich wieder in Verlegenheit. Was soll ich Ihnen antworten. Natürlich soll man den Kindern Tiermärchen erzählen und die Märchen in ihnen wirken lassen oder besser: die Märchen zu möglichst großer Wirksamkeit im Fühlen, Denken und Handeln der Kinder zu bringen. Wie man das macht, kommt ganz auf den Lehrer und die Kinder an. Ein Lehrer kann dem Kind das poetischste Märchen vergraulen und ein anderer kann aus einem ziemlich hölzernen Traktat ein Stück blühende Phantasie machen. Beschränke ich mich auf ein öd-pragmatistisches: »Und was lernen wir daraus?« so werde ich die Märchen bald zu Tode geritten haben. Verstehe ich es, die Kinder in die Welt der Märchen hineinzuführen, verstehe ich es, sie durch den Geist des Märchens und nicht durch den erhobenen Zeigefinger so zu leiten, daß sie sich mit dem Armen und Geplagten solidarisch fühlen, seinen Kampf gegen den großen, starken Räuber selbst mitkämpfen usw. dann habe ich ein Stück Charakter in ihnen geformt. Aber so ist es ja nicht nur mit dem Märchen, so ist es ja mit jedem Werk der Kunst und Literatur.

Genaueres kann ich Ihnen wirklich darauf nicht antworten. Aus der Tatsache, daß Sie mir nochmals geschrieben haben, ersehe ich, daß ich Sie durch meine abweisende Antwort nicht gekränkt habe, und darüber bin ich froh.

Mit allen guten Wünschen weiterhin

Ihr

»...das Schrecklichste, was geschehen konnte...«

Und wenn er ein Rabe war: Sehnt er sich nicht manchmal, fliegen zu können...

*

»Ich bin verzaubert«, warum empfinden wir diese Formel nur rundum als positiv? In neunundneunzig von hundert Fällen war sie das Schrecklichste, was geschehen konnte...

*

Nicht die Zauberei ist das Irreale im Märchen; ein bißchen Hexen kann jeder lernen ... Das Märchenhafte ist die beinah beliebig vollziehbare Kommunikation aller mit allen ungeachtet der Richtung und die Wiederherstellung der Idylle, das glückliche Ende, das Lachen, das den Western beschließt. Das Märchen kann in der Wirklichkeit aufgehn; die Wirklichkeit aber geht nicht im Märchen auf.

● *Franz Fühmann: Zweiundzwanzig Tage oder Die Hälfte des Lebens*

* * *

Wie sollten mir die Märchen nicht teuer sein; sie sind ja eine der verwunschenen Formen, in denen die alten Mythen schlafen, und man kann die Schläfer wiedererwecken wie Dornröschen in ihrem Rankenschloß. Wir müssen allerdings anstelle des Happy-Ends die Widersprüche in die Märchen zurückdenken, und das könnte mit einem Blick in den allernächsten Alltag wie mit jener Fragestellung Platos beginnen, was denn von dem berichteten Fabelhaften in der eigenen Seele Wirklichkeit sei. Auch dort schläft Dornröschen, und auch dort verbluten die zur Unzeit gekommenen Retter im spitzen Gestrüpp, doch einer davon wäre dann der Befreier, für den die Zeit längst gekommen war. Und der schlechte Schlaf des Entwicklungslosen, des »Wie es ist, so muß es bleiben«, gibt sich mancherorts als Erstrebtes aus und schützt sich gegen Ruhestörer. Hier hätten Sie beispielsweise einen Weg aus dem Happy-End in den Widerspruch. Es lohnt sich auch, darüber nachzudenken, ob die Hexe und die Mutter in »Hänsel und Gretel« nicht miteinander identisch sein könnten und welche Welten die Spiegel spiegeln, in die Schneewittchens Stiefmutter schaut.

Bemächtigen Sie sich solcherart unerschrocken der holden Märchen, und fürchten Sie nicht, den Zauber der Poesie zu zerstören. Sie zerstören Dornen, daß Dornröschen lebe, und Sie erwecken Kore in ihr.

● *Franz Fühmann: Das mythische Element in der Literatur*

Franz Fühmann

Von dem Machandelboom

nach Philipp Otto Runge und den Gebrüdern Grimm

Personen:

A., ein Märchenforscher	Zeitgenossen von heute, etwa vierzig
B., sein Begleiter	Jahre, dialektfreie Aussprache
Vater	Urlauber, ebenfalls Zeitgenossen,
Mutter	mit der Stimme Magdeburgs oder Berlins,
Maik, ihr Sohn	jedenfalls nicht Sachsen oder Lausitz

Fru
Moder
Vader
Broder
Marlenichen
Goldschmied
Feinschuster
Müller und zwanzig Gesellen
(im Text einmal auch 22 Müllergesellen)
Der Wind

Die Szene ist ein freies Gelände auf Usedom, nicht direkt am Meer. Ein Novembertag ohne Schnee oder Regen, aber immer durchbraust von Wind.

Der Wind, der über die Landschaft saust. – Langsam näherkommende Schritte zweier Wanderer. Sie bleiben stehen.

A.: Hier könnte es gewesen sein –: Dieses Grau, dieser Wind –

B.: Warum gerade hier? Warum gerade Usedom? Pommern ist groß.

A.: Sieh dies Hügelrund, wie ein Schuh, und der Fluß zum Haff hin. Hier könnte die Stadt gelegen haben.

B.: Wieso eine Stadt? Es geschah doch vor mehr als zweitausend Jahren – *(mit einer ein wenig veränderten Stimme des Erzählers:)* »Dat is nu all lang heer, wo twe tusend Johr, do wöör dar en ryk Mann, de hadd ene schöne frame Fru –«. *(Normalstimme)* Wie hätte es vor zweitausend Jahren auf Usedom eine Stadt geben können?

A.: Es muß eine Stadt gewesen sein. – Vergiß doch nicht, daß ein Goldschmied mitspielt *(ebenfalls mit der Stimme eines Erzählers:)* »De Goldsmidt seet in syn Waarkstäd un maakd ene gollne Kede, do höörd he den Vogel, de up syn Dack seet und süng –« Und ein Feinschuster ja auch – nicht jeder Meister macht solche Schuhe:
»»Fru‹, säd de Mann, ›gah na dem Bähn up dem bäwelsten

Titelseite Franz Fühmann: »Von dem Machandelboom«, handschriftliches Manuskript

	Boord door staan een Poor rode Schö, de bring herünn.‹«
	Es muß eine Stadt gewesen sein, und hier könnte sie gelegen haben. Denk an Vineta.
B.:	›Könnte, könnte‹ – Warum gerade hier, warum nicht dort?
A.:	Vielleicht auch dort; vielleicht hinter der Oder; irgendwo zwischen Wolgast und Eutin. Wir müssen warten, dann werden wir's wissen.
B.:	Worauf warten?
A.:	Bis es sich offenbart.
B.:	Wie soll hier sich ein Märchen noch offenbaren? Es gibt keine alte Landschaft mehr. Schau dich doch um, du Märchenjünger: Telegraphenmaste; elektrische Koppelzäune; statt Stapfen von Drachen Traktorenspuren; im Hintergrund die vollautomatische Melkstation; über uns die Knäuel der Radiowellen, und wie oft das Düsenjägergeknall –
A.:	Die Drähte singen. Die Maste auch. Der ewige Wind –
B.:	Und wo ist der Machandelboom? Es gibt keinen Wacholder mehr in Pommern, nicht im Deutschen, und nicht im Polnischen.
A.:	Aber der Boden ist noch derselbe. Er könnte einen Machandelbaum treiben. Und die Ohren der Phantasie – auch der Wacholder hat seine Stimme.
B.:	Meinst du seinen Duft?
A.:	Der schwillt auf und ist schon verschollen. Aber die Stimme, das Sausen der grünen Flamme – Still!

Schweigen; Wind wie vordem auch.

| B.: | Ich höre nichts! |

A., als ob er auch dem Wind gebiete:

Still!

Tiefe Stille, dann wieder, langsam, der Wind, und mit ihm das Singen des Machandelbaums, die Stimme der grünen Flamme, und darin, zauberisch leise:
Broder, *mit der Stimme des Vogels:*

Mein Mutter der mich schlacht,
mein Vater der mich aß,
mein Schwester, der Marlenichen,
sucht alle meine Benichen,
bindt sie in ein seiden Tuch,
legts unter den Machandelbaum.
Kywitt, kywitt, wat vörn schöön Vagel bün ik!

Das Lied verklingt. – Weiter der Wind. – Sonst Schweigen und Stille.

| B.: | Da ist es gewesen – |

A., mit der Stimme eines Erzählers:

»Dat is nu all lang heer, wo twe dusend Johr, do wöör dar en ryk Mann, de hadd ene schöne frame Fru,

B. , mit der Stimme eines Erzählers:

un se hadden sik beyde sehr leef,

| A.: | hadden awerst keene Kinner, |
| B.: | se wünschden sik awerst sehr welke, un de Fru bedd'd so veel dorüm Dag un Nacht, man se kregen keen un kregen keen. Vör erem Huse wöör en Hof, dorüm stünn en Machandelboom, |

A.:	ünner dem stünn de Fru eens im Winter
B.:	un schelld sik enen Appel, un as se sik den Appel so schelld, so sneet se sik in'n Finger und dat Blood feel in den Snee. ›Ach‹, säd de Fru, un süft'd so recht hoog up, un seg dat Blood vör sik an un wöör so recht wehmödig, ›hadd ik doch en Kind, so rood as Blood un so witt as Snee‹. Un as se dat säd, so wurr ehr so recht fröhlich to Mode: ehr wöör recht, as schull dat wat warden.«

Pause; Schweigen; das Sausen des Windes wird stärker.

A., *verzückt*:	Sieh, der Machandelboom grünt herauf –
B.:	Wacholder im November –
A.:	Nein, sieh doch, es ist Winter –
B.:	Grüne Flamme im Schnee – es muß Februar sein. Wie damals –
A.:	Und der Schnee vergeht –

mit Erzählerstimme:

Da war ein Monat hingegangen.

B., *mit der verzückten Stimme des Augenzeugen:*

Und es grünt ringsum.

A.:	Der zweite Monat
B.:	die Blumen brechen aus der Erde
A.:	Und die Bäume schießen ins Holz!

Vogelgezwitscher, Insektensummen, Rauschen des Laubes, aber nur eben noch vernehmbar, immer dahinter das Sausen des Windes.

B., *Erzählerstimme:*

Der vierte Monat war vergangen

A.:	Und die Blüten fielen von den Bäumen –
B.:	– und da war der fünfte Monat vorbei
A.:	– und der Machandelboom, der roch so schön

B., *Erzählstimme:*

»do sprüng ehr dat Hart vör Freuden, un se füll up ere Knee un kunn sik nich laten;

un as de soste Maand vorby wöör, do wurren de Früchte dick un staark, du wurr se ganß still;

A., *Erzählstimme*:

un de söwde Maand, do greep se na den Machandelbeeren un eet se so nydsch,

B.:	do wurr se trurig un krank«

Das Vogelgezwitscher ist verhallt, ebenso das Insektensummen; dürres Rascheln, und Blätterfall, stärker der Wind

A.: »do güng de achte Maand hin…

Der Wind wird noch stärker, überdeckt fast die Stimmen, er trägt zweitausend Jahre zurück.

B., *Erzählstimme, im Wind eben noch hörbar:*

Und sie rief ihren Mann und weinte und sagte:

Windbö, dann schwillt das Sausen jäh ab; der Wind wie immer, darin die Stimme der Fru, im pommerschen Tonfall, aber nicht im Plattdeutsch des Märchens:

Der November kommt, lieber Mann

Vader:	und mit ihm unser Kind. Rot wie Blut und weiß wie Schnee. So wie du es damals wünschtest, als du dich in den Finger gestochen hast.

Fru: Ich werd' es nicht mehr sehn, lieber Mann.

Der Wind wird still.

Mann: Es ist Gottes Wille. – Wir müssen uns fügen.

Stille.

Fru: Mann, wenn ich denn also sterben soll, dann begrab mich unter dem Machandelboom.

Vader: Ja, liebe Frau, das will ich tun.

Tiefe Stille.

Vader: Wir müssen uns fügen.

Fru: Behüt' unser Kind.

Vader: Ja, liebe Frau.

Und wieder kommt der Wind auf, und mit ihm die Stimme des Erzählers:

A.:   »Do wurr se ganß getrost, un freude sik, bet de neegte Maand vorby wöör, do kreeg se en Kind, so witt as Snee un so rood as Blood , un as se dat seeg, so freude se sik so, dat se stürw.«

B.:   November – wie heute.

A., *Erzählstimme*:

        »Do begroof ehr Mann se ünner den Machandelboom, un he füng an to wenen so sehr: ene Tyd lang, do wurr dat wat sachter, un do he noch wat weend hadd, do hüll he up, un noch en Tyd, do nöhm he sik wedder ene Fru. Mit de tweden Fru kreeg he ene Dochter, dat Kind awerst von der eersten Fru wöör en lüttje Sähn, un wöör so rood as Blood un so witt as Snee. «

Ziehender Wind.

B.:   November.

Wind; und plötzlich bricht eine neue Dimension in das Spiel: eine Urlauber-familie. Man hört rasch heranschwellend, und sofort dröhnend-stampfend die Szene beherrschend, aus einem Transistorradio fortissimo die Monophonie eines brutal hämmernden Taktes und Textes:

        Ich lieb dich nicht du liebst mich nicht da da da

        Ich lieb dich nicht du liebst mich nicht da da da

        Ich lieb dich nicht du liebst mich nicht da da da

        Ich lieb dich nicht du liebst mich nicht da da da

        Ich lieb dich nicht du liebst mich nicht da da da

        Ich lieb dich nicht du liebst mich nicht da da da

Dazu das Fußgetrappel eines entlaufenden Kindes; Schnaufen eines offenbar beleibten Vaters Mitte der Dreißig und das Keifen der gleichaltrigen Mutter.

Mutter: Maik – Maik – komm her, sag ich dir!

Vater, *schnaufend*:

        Laß ihn doch!

Mutter: Maik! Kommst Du her!!

Vater, *bei den beiden Wanderern angekommen:*

        Tag auch!

A.:   Tag.

B.:   Guten Tag.

Mutter: Tag. – Maik, ich sag dir!

Das Brüllen des Transistors rasch heran; immer noch und immer nur:

        Ich lieb dich nicht du liebst mich nicht da da da.

Maik: Ej, was is?
Mutter: Ich wer dir geben, du Aas!
Schall zweier Ohrfeigen.
Mutter: Gibste sofort das Radio her!
Maik brüllt; die Mutter hat ihm offenbar das Radio abgenommen. Des Transistors Fortissimo etwas leiser.
Vater: Nu komm doch, Karin.
Mutter: Ich schlag dir tot, du!
Schall einer Ohrfeige. Maik brüllt.
B.:   Also hören Sie –
Mutter: Dat geht Ihnen gar nischt an, Sie! Mischen Sie sich nich in unsre Erziehung, Sie!
Vater: Komm doch, Karin!
Mutter: Du Aas!
Maik hat ihr offenbar das Radio wieder entrissen, rennt weg. Die Monophonie ist wieder fortissimo und zugleich enteilt sie rasch.
Mutter: Wenn ich dir kriege, schlag ich dir tot!
Vater: Laß ihn doch, Mutter –
Das Radiogeplärr hat sich verloren; Schritte und Schnaufen der Abgehenden, man hört nur noch die Mutter brüllen:
            Ich krieg dir schon, du!
Wind. Ein Augenblick Stille.

B.:   Das war kein Knabe weiß wie Schnee und rot wie Blut.
A.:   Darauf kommt's nicht an. Es ist ein Kind.
B.:   Urlauber vom Heim; ich kenn sie zufällig. Ich werd mit dem Heimleiter –
A.:   Du wirst nichts ändern. Laß uns warten.
Wind; und dann leise, ein klein wenig lauter, das Lied des Vogels, und es scheint ein wenig vom Rhythmus des anderen Lieds angenommen zu haben:
Broder, *mit der Stimme des Vogels*:
            Mein Mutter der mich schlacht',
            mein Vater der mich aß …
Das Lied bricht ab.
A.:   Sing weiter, schöner Vogel!
Broder, *mit der Stimme des Vogels*:
            Nein, zweimal sing ich nicht umsonst. Ihr müßt mir dafür etwas geben.
B.:   Was willst du?
Broder, *mit der Stimme des Vogels*:
            Schlag die Frau dort tot! Da, mit diesem Birkenknüppel!
B.:   Das können wir nicht.
Broder, *mit der Stimme des Vogels*:
            Dann sing ich nicht mehr.
B.:   Das mußt du verstehen. Wir können sie doch nicht so einfach totschlagen. Wir leben nicht mehr wie vor zweitausend Jahren. Und *sie* mußt du auch verstehn. Jede dritte Woche Nachtschicht, ebenso ihr Mann, aber immer zu verschiedenen Zeiten. Sie wird mit Maik nicht anders fertig.

Broder, *mit der Stimme des Vogels*:	
	Warum muß sie mit ihm fertig werden?
B.:	Er kann doch nicht machen was er will.
A.:	Siehst du, schon nimmst du ihre Partei.
	Sag, schöner Vogel, lag hier eine Stadt?
B., *schnell einfallend*:	
	Vor zweitausend Jahren?
Broder:	Das ist viel, viel länger her.
A.:	Aber es war eine Stadt, hier zwischen den Hügeln?
Broder:	Ei freilich, eine schöne Stadt. Mit einer festen Mauer, da wuchs Kresse in den Ritzen, und die Wache vorm Tor, mit roten Knöpfen, und morgens und abends läuteten Glocken.
B.:	Heißt die Stadt ›Vineta‹?
Broder:	Aber nein –
A.:	Wie hieß sie denn?
Broder:	Na einfach: ›Stadt‹. Wir haben auch einen Goldschmied gehabt, und einen Kupferschmied, und einen Grobschmied.
A.:	Und dort habt ihr gewohnt.
Broder:	Na denkst du etwa im Vorwerk, draußen bei den Hungerleidern und den zwanzig Müllergesellen?
B.:	Ist dein Vater nicht Bauer gewesen?
Broder:	Ach wo. – Er war Kaufmann, Getreidehändler – und ich glaube, ihm haben dann auch Schiffe gehört.
B.:	Aber all das gab es doch nicht vor zweitausend Jahren!
Broder:	Ich sagte es doch, daß das früher war. Vor hunderttausend Jahren und so.
A.:	Woher weißt du denn, wie lange es her ist?
Broder:	Ich träum mir's so, drunten, unter dem Baum.
A.:	Dort wohnst du jetzt?
Broder:	Ei freilich, drunten bei meiner Mutter, seitdem ich der schöne Vogel bin. Sie streichelt mich, und ich sing ihr Lieder. Aber manchmal muß sie sehr lange weinen.
B.:	Aber du bist doch wieder zum Knaben geworden.
Broder:	Quatsch, ej! Das war ich doch nur zwölf Jahre.
B.:	Aber das Märchen endet doch so *(mit Erzählerstimme)*: »… do güng en Damp un Flamm un Führ up von der Städ, un as dat vorby wöör, do stünn de lüttje Broder door, un he nöhm synen Vader un Marleenken by der Hand, un wören all dre so recht vergnöögt un güngen in dat Huus by Disch, un eeten.«
Broder:	Nein. Das ist ein Märchen. In Wirklichkeit war's anders.
A.:	Und wie ging es wirklich zu Ende?
Broder:	Mit dem Mühlstein, das stimmt, und dem Dampf, und dem Feuer. Dann ging ich wieder zur Mutter hinunter. Marlenichen weinte, es war ja ihre Mutter, der ich den Mühlstein auf den Kopf geschmissen, und um Marlenichen tat mirs auch leid. Sie ist dann bald mit dem Vater nach Hamburg gezogen, und seitdem weiß ich von ihnen nichts mehr.
B.:	Und die Stadt?
Broder:	Ein Krieg, und noch einer, und noch einer, dann fror für lange

	Zeit alles zu, auch das Haff und die See, fuhr Schutt darüber, Kiesel, Sand, das bisschen Gras. Seitdem ist es, wie es ist.
B.:	Das kann alles nicht sein. Das ist nicht möglich.
Broder:	*Du* mußt's ja wissen. Und jetzt sing ich euch niemals mehr.

Windgebraus.

A.:	Sag mir noch eins noch, schöner Vogel –: War die Stiefmutter wirklich so bös?
Broder:	Ach, schlecht war sie nicht, die sorgte schon, bloß so furchtbar neidisch war sie, daß ihr Marlenichen auch die Erbschaft kriegt. – Vater war der reichste Mann in der Stadt, mußt du wissen. Na ja, da brauchte sie halt meinen Tod.
B.:	Und es geschah so, wie es erzählt steht – mit dem Apfel und mit der Truhe?
Broder:	Ja, das ist ihr Einfall gewesen. – Einfach, nicht wahr: Klapp zu und Kopf ab!

A., *sehr leise einsetzend, mit der Stimme des Erzählers*:

	»Eens wöör de Fru up de Kamer gaan, do köhm de lüttje Dochter ook herup un säd:
Marlenichen:	Moder, gib mir einen Apfel!
Moder:	Ja, myn Kind!
A.:	säd de Fru un gaf ehr enen schönen Appel uut de Kist; de Kist awerst hadd einen grooten sworen Deckel mit en groot schaarp ysern Slott.
Marlenichen:	Moder, soll Broder nich auch ein'n haben?
B.:	Dat vördrööt de Fru, doch säd se:
Moder:	Ja, wenn er aus der Schule kommt!
B.:	Un as se ut dat Fenster wohr wurr dat he köhm, so wöör dat recht, as wenn de Böse äwer ehr köhm, un se grappst to un nöhm erer Dochter den Appel wedder wech un säd:
Moder:	Du sollst nicht eher einen haben als Broder!
A.:	Do smeet se den Appel in de Kist und maakd de Kist to;
B.:	Do köhm de lüttje Jung in de Döhr, do gaf ehr de Böse in, dat se fründlich to em säd:
Moder:	Myn Sohn, willst du'n Appel haben?«

Kleine Pause; die beiden wissen, daß der Broder verlockt ist, sich zu erinnern.

Broder:	Ja, das war eine schöne Truhe gewesen, so ein tiefes, rötliches Braun, wie altes Kupfer, und ein Machandelbaum war drauf gemalt, ganz wild, eine wilde grüne Flamme, über den ganzen Deckel, der Länge hin. Die stammte von Mutter her, die Kiste, da hatte die früher die Wäsche drin, weil die Truhe auch aus Machandelholz war, da dufteten dann die Betten so süß. Ja, und auf den beiden Seiten der Kiste war eine Frau und war ein Mann gemalt, nackt, also nicht ganz, die deckten 'ne Hand drüber, da unten, du weißt schon, aber die Brust von der Frau, die war halb zu sehen, unterm Haar, das war lang wie Moder ihrs. Da saß ich oft mit Marlenichen, und hab die beiden angeschaut. – Neben der Frau stand eine Schlange, komisch, was, die stand steil auf dem Schwanz, und hatte noch dazu vier Pfoten, mit Händen und Füßen dran, wie ein Mensch, und neben dem Mann war

ein komisches Gerippe, nur Knochen, das hielt einen Blütenzweig, und die Frau nahm mit einer Hand einen Apfel, den ihr die Schlange rüberreichte. Deswegen hat Stiefmutter dann gesagt, sie will Äppel in die Truhe rein tun, wenn schon draußen ein Appel draufgemalt ist. – Ich glaub' aber, die konnte Mutters Bettzeug nicht leiden, sie ließ es vergammeln und nahm nur ihr eignes, obwohl Moders doch viel schöner ist.

Ja, und da haben sich die Düfte gemischt, vom Wacholder und von den Äpfeln, – du, das sind Himbeeräpfel gewesen, die kleinen, weißt du, diese ganz drallen, mit dem rosa Fleisch und der festen Haut, knallrot und mit kleinen schwarzen Punkten, die haben wunderbar geschmeckt. –

Pause; die beiden wagen nicht weiterzufragen, selbst B. ist still.

Der Broder fährt fort:

Broder: Ja, und dann war noch ein Duft da, von Zimt, der wehte durch die Küche, den brachten die braunen Händler, die aus dem fernen Süden kamen, – es war ja kurz vorm Großen Winterfest, da verbrannten wir einen lebendigen Baum und buken Brot mit Zimt und Vanille –

B.: Lag schon Schnee?

Broder: Nein, es war noch November. – Hätte damals schon Schnee gelegen, wäre alles anders gekommen, da hätten wir eine Schneeballschlacht gemacht. Aber so – es war nämlich kurz vor meinem zwölften Geburtstag, da dacht ich: Aha, drum ist Stiefmoder so freundlich.

Moder: Myn Söhn, willst du ein'n Appel haben?

Broder: Moder, was siehst du so gräsig aus? Ja, gib mir einen Appel!

Völlige Stille. Pause.

A., *ganz leise*: Do wöör ehr, as schull se em toreden.

Moder: Kumm mit my!

B.: … säd se und maakd den Deckel up.

Moder: Hol dir'n Appel heraus!

Stille.

Der Knall des Deckels.

Völlige Stille.

Moder, *entsetzt*: O myn good! Kunn ik dat von my bringen!

 Schreit: O myn good! Kunn ik dat von my bringen!

Pause.

Moder: Marlenichen kommt!

B., *rasch*: »Da güng se bawen na ere Stuw na eren Draagkasten und hahl uut de bäwelste Schuuflad enen witten Dook, un sett't den Kopp wedder up den Hals un bünd den Halsdook so üm, dat'n niks sehn kunn, un sett't em vör de Döhr up enen Stohl un gaf em den Appel in de Hand. Do köhm doorna Marleenken to erer Moder in de Kääk, de stünn by dem Führ un hadd enen Putt mit heet Water vör sik, den röhrd se jümmer um.«

Marlenichen: Moder, Broder sitzt vor der Tür, und sieht ganz weiß aus und hat ein'n Appel in der Hand; ich hab ihn gebeten, er soll mir was abgeben, aber er antwortet nich, da wurd mir ganz greulich!

Moder: Geh nochmal hin, Marlenichen, und wenn he nich antworten will, gib ihm eins hinter die Ohren!

Man hört Schritte; eine Tür.

Marlenichen: Broder, gib mir den Appel!

Stille.

Broder, gib mir den Appel!

Stille.

Marlenichen stampft mit dem Fuß auf:

Broder, du sollst mir den Appel geben!

Man hört einen Schlag; der entsetzte Aufschrei Marelnichens; heranstürzende Schritte, und noch im Laufen die Stimme Marlenichens:

Ach, Moder, ich hab mein'n Broder den Kopp abgeschlagen!

Moder *stellt sich entsetzt und ist noch entsetzt:*

Marlenichen, was hast du getan?

Marlenichen bricht in Schluchzen aus.

Moder: Marlenichen, och myn Marlenichen – nu schweig mal still, daß kein Mensch es merkt.

Marlenichen schluchzt heftiger.

Moder: Marlenichen, och myn Marlenichen, das ist nu doch nicht mehr zu ändern, *(entschlossen:)* Wir wollen ihn als Schwarzsauer kochen.

Pause.

B., *leise:* »Do nöhm de Moder den lüttjen Jung un hackd em in Stücken, ded de in den Putt un kaakd em in Suhr. Marleenken awerst stünn daarby un weend un weend, un de Thranen füllen all in den Putt un so bruukden goor keen Solt.«

Küchengeräusche und Feuersausen und Wassergießen.

Schweigen, dann der

Broder*, leise, wie verträumt:*

Es war wie im Traum. – Als der Deckel zuschlug, dachte ich, daß Stiefmutter sich auf mich setzen würde, mit hochgehobenen Röcken, auf mein Gesicht. – Und dann zersprang was, es war alles nur ein Zerspringen; es tat so seltsam weh, und wieder auch nicht. – Und dann war alles nur Duft, die Äpfel, der Wacholder, und dann sah ich mich vor der Haustür sitzen, ganz weiß im Gesicht, und das Tuch um den Hals, und da dachte ich: Wer sitzt denn da? Und als dann Marlenichen zuschlagen wollte, schrie ich noch: Tu's nicht, tu's nicht, und da hatte ich Angst, aber dann spürte ich gar nichts mehr, weißt du, nur diesen wilden Geruch vom Machandel, und dann sah ich auch schon Vadder kommen, vom Fluß her, von der Mühle herauf.   •

A., *nun treibt ihn sein Forscheneifer doch an, diese Frage zu stellen, aber er hat Mühe, sie zu formulieren:*

So hast du – mit angesehn, wie er – dich verspeiste?

Broder: Gesehn wie im Traum, wie hinter Schleiern, so wie man bei diesigem Wetter aufs Haff sieht, aber gehört hab ich alles Wort für Wort –

Langsam sich nähernd, aus der Richtung, in die Maik entlaufen, schwere Schritte.

Vader: Tag auch, Moder.

Moder: Tag, Vader.

Marlenichen, *schluchzend:*

                Tag, lieber Vader.

Vader: Wo iss denn myn Sähn?

Geräusche des Tischdeckens und Essenauftragens.

Marlenichen heult auf.

Moder: Ach, der ist über Land, zur Großöhm, der will dort eine Zeit blei-
                ben.

Marlenichen heult.

Vader: Das is aber nicht recht von myn Sähn, der hätt doch wenigstens
                Adschüss sagen sollen. Da bin ich traurig.

Moder: Na denn iß man, Vader, laß es dir bekommen.

Marlenichen heult auf.

Vorlegegeräusche.

Vader: Na weene man nicht, Marlenichen. Dein Broder wird schon wie-
                derkomm!

Essensgeräusche.

Vader: Ach, Frau, wie schmeckt das Schwarzsauer gut! Gib mir noch ein
                Stück –

A., *Erzählerstimme, ganz leise:*

                Un he eet un eet, un de Knakens smeet he all ünner den Disch –

B., *in ganz andrem Ton als A., forsch-unbefangen:*

                Und das hast du mit angesehn? War das nicht gräsig?

Broder: Ach weißt du, als ich sah, wie es Vader schmeckte, hatte ich
                plötzlich Lust, mitzuessen. – Nein, nicht weil es ihm schmeckte –
                ich weiß nicht warum. Es war irgendwas Besondres, so wie
                früher beim Großen Frühlingsfest, als alles Volk unterm Wa-
                cholder saß, dem großen lebenden Wacholder, und einen ganzen
                Tag aß und trank und die großen roten Vögel kreisten –

B.:   Rote Möwen?

Broder: Ach nein, vier-, fünfmal so groß, und mit furchtbaren Krallen und
                hackenden Schnäbeln –

A. *(nennt einen lateinischen Namen á la Meergeier)*

B.:   Ah ja.

Broder: – und beim Großen Frühlingsfest, da wurden alle Knochen auf
                einen Haufen geworfen, und dann verbrannt, mit Machandel-
                beeren, das war, als ob die Stadt […] So warf Vader meine Kno-
                chen auch zusammen, untern Tisch, auf einen großen Haufen,
                und Marlenichen las sie auf –

B., *zeigend, wie gut er das Märchen kennt*:

                »Marleenken awerst güng hen na ere Kommod un nöhm ut de
                ünnerste Schuuf eren besten syden Dook, un hahl all de Been-
                kens un Knakens ünner den Disch heruut un bünd se in den sy-
                den Dock un droog se vör de Döhr un weend ere blödigen Tra-
                nen. Door läd se se ünner den Machandelboom in dat gröne Gras,
                un as se se door henlechd hadd, so wahr ehr mit eenmal so recht
                licht, un weend nich mehr.«

A., *verzückt, er sieht es:*
»Do füng de Machandelboom an sik do bewegen, un de Twyge deden sik jümmer so recht von eenanner, un denn wedder tohoop, so recht, as wenn sik ener so recht freut un mit den Händ so dait. Mit des so güng so'n Newel von dem Boom, un recht in dem Newel, dar brennd dat as Führ, un uut dem Führ, dar flöög so'n schönen Vogel heruut, da süng so herrlich un flögg hoog in die Luft, un as he wech wöör, so wöör de Machandelboom as he vörhen west wöör, un de Dook mit de Knakens wöör wech.«

Broder: Ja, da war ich hinuntergegangen unter die Wurzeln, da sah ich meine Moder sitzen, wie die schöne Frau auf der rotschwarzen Truhe, und auch das Haar über ihrer Brust.

›Kumm myn lewen Sähn‹, hat sie nur gesagt, und dann -

Er spricht noch weiter, aber seine Worte gehn in einem Heulen unter, das am Himmel heraufschwillt.

A.,*schreiend:* Verdammt!

B.:   Diese Düsenjäger -

Das Heulen wird unerträglich; ihm folgen 3, 4 Knalle des »Schallmauer-Druchbrechens«, dann ist es jählings vorbei, und schmerzende Stille, und dann hebt, leise, der Vogel wieder an:

Mein Mutter der mich schlacht',
mein Vater der mich aß,
mein Schwester, der Marlenichen
sucht alle meine Benichen

Hämmern des Goldschmieds.

B.:   Still, es ist doch –

A.:   – die Werkstatt des Goldschmieds.

B.:   De Goldsmidt seet in syn Waarkstöd un maakd ene gollne Kede, do höörd he den Vagel, de up syn Dack seet un süng, un dat dünkd em so schöön.«

Goldschmied: Vogel, wie schön kannst du doch singen! Sing mich das Stück nochmal!

Broder: Nee, zweimal sing ich nich umsonst. Du mußt mir dafür etwas geben.

Goldschmied: Und was willst du haben?

Broder: Die goldene Kette!

(Randnotiz Franz Fühmann: [Jetzt Heule?])

Feinschuster: Vogel, sing mir das Stück auch, ich will dir die roten Schuhe geben, die ich für die kleinsten Füße genäht hab!

Mühlengeklapper.

Müller und 22 Müllergesellen:
Sing, Vogel, du schullst den Mühlenstein hebben!

Broder: Und was gebt ihr mir, ihr Wandrer?

Rasch heranschwellend die Transistorheule:
Ich lieb dich nicht du liebst mich nicht da da da -

Maik *kommt heran*:
Ej, ihr seid ja *noch* da!

B.:   Mann, mach die Heule leiser!

Maik: Eej, biste blöd, Mann?

Das Lied wird leiser.

Broder: Guten Tag, Maik.

Maik: Ee, was zwitschert denn da?

Erblickt den Vogel

                 Wat'n das? Was iss'n das für'n blöder Vogel?

Hinter der Szene, ferne, die Stimme der Mutter:

                 Maik!

                 Maik!

                 Ich schlag dir tot!

Die Stimme entfernt sich.

Maik: Eej, grün und gelb und rot, das iss doch kein Vogel!

                 Hast'n Stein wo?

B.:   Wehe, wenn du dem Vogel was antust?

Maik: Kannst mich mal, ej!

B., *verdutzt:*   Da liegt ja ein Mühlstein!

Maik stößt ihn mit dem Fuß an: Ville zu schwer!

Mutter*, näher:* Maik!

Maik: Ee, krieg mich doch, du blöde Fotze!

*Dreht das Radio auf volle Stärke, läuft ab, zum Fluß hin. Das Gestampfe bleibt
ganz leise aus der Ferne hörbar:*

A.:   Und da, sieh, die Kette des Goldschmieds.

                 Nein, rühr sie nicht an!

B.:   Glaubst du, sie zerfällt?

A.:   Ja. – Und da, die roten Schuhe, von des Feinschusters bäwelsten
                 Boord.

B.:   Und der Mühlstein drum herum. Wie hast du den bloß tragen
                 können?

Broder: Ach, den Mühlenstein tragen, das war nicht schwierig, da hab ich
                 ja nur den Hals durchgesteckt. Und die Kette des Goldschmieds
                 hatte ich in der Kralle. Schwierig waren die roten Schuh, da hatt'
                 ich Angst, daß ich das Leder zerkratze, ganz weiches Leder von
                 jungen Geißen, die sollten doch für Marlenichen sein, und die
                 Kette für Vader –

B., *der überhaupt nichts begreift:*

                 Aber wie kann so ein Vogel einen Mühlenstein tragen! Nicht ein-
                 mal der Seegeier hätts gekonnt.

Broder: Na ich sagte es doch, mit dem Hals!

A., *erzählend erinnernd:*

                 »Do köhm de Vogel herünn, un de Möllers faat'n all twe un twin-
                 tig mit Bööm an un böörden den Steen up –«

Müller und 20 Müllergesellen:

                 Hu uh uhp! – Hu uh uhp! – Hu uh uhp!

Und dazu das Krachen des Hebebaums und das Knirschen des Mühlsteins

A.:   »Do stöök de Vagel den Hals döör dat Lock un nöhm em üm as
                 enen Kragen, und flöög wedder up den Boom un süng … un as
                 he dat uutsungen hadd, do dedd he de Flünk von eenanner, un
                 hadd in de rechte Klau de Kede un in de linke de Schö un üm den
                 Hals den Mühlensteen, un floog syt wech nach synes Vaders
                 Huse.«

Mutter, näher: Maik!

Maik:
Ee, Krieg mir doch, du blöde Fotze!

Zerließt Radio ... alle Stücke, hörst du, zum Fleck ...

... Festmache bleibt gar keine von Faser hörbar.

A: Und da, sieh: die ~~goldene~~ Kette "Goldschmidt!

Goldschmidt: Nein, näher sie ja an.

~~Vogel mir~~

B: Glaubst du, sie zerfällt?

A: Du. — Und da ~~der~~ die roten Schuhe, von der Fensterbank bewölsten Bord.

Fensterbank:
Vogel, was kannst du so schön singe!
Wer will Sing mir das Stück noch einmal, ja?"

Brader: Ah, zweimal sing' ich nicht umsonst.
~~Du machst mir nur stinken!~~

B: Und den Mühlstein kriegt schon du!
Wie hast du den ... tragen können?

Brader: Ach, den Mühlstein tragen, der war nicht schwer, da hab
ich ja nur den Hals d'gestreckt. Und die Kette
Goldschmidt habe ich in der Kralle. Schwer war die
rote Schuh, den hätt' ich tragt, doch ist der Feder
zerkratze, ganz weiches Feder, S jungen Federn, die sollten
d'e Mühlenrad sein, und die Kette für Vater —

B) Aber wie kann so ein Vogel einen Mühlstein tragen!
(das übstb begreif:)

Brader: Na ich sagte d' $\varnothing$, mit 2 Fluh!

Broder:	– und da saßen Vader und Marlenichen und Stiefmutter bei Tisch; ich hab's gesehen als wär das Haus aus Glas, und schon von ferne hörte ich Vader sagen:
Vader:	Ach, wat waart my licht, my is recht so good to Mode!
Moder:	Ne, my is recht so angst, so recht, as wenn en swoor Gewitter kommt.

Marlenichen weint, das Weinen wird jäh überschmettert von einem plötzlich nahen Ich lieb dich nicht …
Und so jählings, wie das Lied aufgeheult hat, wird es mitten im Wort abgebrochen, und man hört triumphierend die Stimme der Mutter:

Jetzt hab ich dich!

Maik brüllt auf.

Mutter:	Jetzt kriegst du dein Teil!
Vater:	Karin, bitte –
Broder:	Laß die Finger von dem Jungen!

Das Klatschen zweier Ohrfeigen.

Vater:	Karin!
Mutter:	Ich reiß dir die Ohren raus!

Wahnsinniges Gebrüll Maiks.

Vater:	Der blut' doch –
	Eej, gib's ihm!
B.:	Also hören Sie –
Vater:	Halts Maul, ja!
	Das ist *unser* Sohn!
Broder, *mit Zornesstimme*:	
	Wehe!

Flügelschlagen.

Marlenichen, *besessen*:	
	Ja, Bruder, tu's!
A.:	Der Mühlenstein!
Mutter, *im Orgasmus des Strafens*:	
	Jetzt schlag ich dir tot!
Broder:	Das wirst du nicht!

Aufschrei der Mutter, Maiks ununterbrochenes Schmerzgebrüll geht in Wimmern und Schluchzen über.

Vater:	Karin – was haste?

Dumpfes Niederstürzen eines Körpers.

Vater, *entsetzt begreifend*:	
	Karin!
Marlenichen:	Gut so, Broder!
B.:	Schnell, knöpfen Sie ihr den Mantel auf!
Vater:	Mein Gott –
B.:	Das ist ein Hirnschlag.
Vater:	Karin –

Stille.

Maiks Wimmern und Schluchzen ist leiser geworden; plötzlich ein Sprung,
enteilende Schritte, der triumphierende Schrei:
> Ich hab die Heule!
und im wahnsinnigen Fortissimo, alles überbrüllend
> Ich lieb dich nicht du liebst mich nicht ...
und dazwischen, eben noch als Verstärkung hörbar, das Heranjaulen
und Knallen eines Düsenjägers; hämmernder Rhythmus,
dann jähes Abbrechen,
schmerzende, ohrenbetäubende Stille,
dann sehr nüchtern die Absage:

> Sie hörten das Hörspiel von dem Machandelboom...

Wind, das Sauen des Machandelbaums, langsam verschallend.

Schluß

* * *

... dieses Motiv des Befreiens durch Töten, Zerstückeln, mindestens Schmerzzufügen kommt in den Märchen aller Völker vor. Erlösung durch Kopfabschlagen; Erlösung durch Aus-der-Haut-Peitschen; Erlösung durch Feuer; Erlösung durch An-die-Wand-Werfen. Es ist eine Menschheitserfahrung.

Franz Fühmann: Zweiundzwanzig Tage
oder Die Hälfte des Lebens

Kurt Drawert

Ich hielt meinen Schatten für einen andern und grüßte

*»Die Geschichte von Kaspar Hauser
ich will es selbst schreiben, wie hart es mir ergangen hat.«*

Kaspar Hausers Autobiographie, erste Variante, erster Satz.

… Wollen Sie vielleicht auch noch wissen, fragte ich[1] Feuerbach[2], wie Grete von Hering[3] beerdigt wurde? Gar nicht. Selbsttötungsdelinquenten wurden prinzipiell nicht beerdigt. Dennoch stand ich[4] an einem Montag mit gleichmäßig gut verteiltem Regenwetter auf einer Beerdigungswiese hinter der städtischen Aufwärmhalle und wartete, ob Grete von Hering oder das, was von ihr noch zu sehen oder zu riechen war, nicht vielleicht doch noch beerdigt werden würde durch eine Gnade von Gott allein weiß wie weit oben und nun speziell Grete von Hering betreffend, die von der mit vollen fünfundzwanzig Kilometern die Stunde über den Highway[5] von Leiden[6] gebretterten Trabantkutsche so schrecklich zerrissen und im Gesicht entstellt wurde, daß lange schönheitschirurgische Nachbesserungen notwendig waren, Grete als Hering überhaupt anzuerkennen, Grete von Hering als Grete von Hering überhaupt noch herauszufinden inmitten der vielen Körperknochenfragmente und Fleischüberbleibsel. Und dann wurde sie von zwei Personen der Volksfürsorge angekarrt, ziemlich zerzaust auf einer Zementkarre zitternd, der Hemdoberkörper zusammengesackt wie ein Jutebeutel, in dem aber auch gar nichts mehr drin ist, Kopf auf den Rumpf gefallen, Beine vielfach zur Schraube verdreht, wenn überhaupt noch an Ort und Stelle zu finden, ein Auge ausgelaufen, ein anderes auf die gebrochene Nase gefallen wie ein Puppenknopf mit noch am Puppenkopf hängendem Fädchen, Ohren schon von den Ratten zerbissen und die Frisur freilich ganz hin, ein schreckliches Bildnis, eine Wüste, ein Garnichts. Hier noch ein bißchen Grete und dort noch ein bißchen Hering, aber nirgends mehr war noch irgend etwas von ihrem

---

1 (?)
2 Feuerbach, Paul Johann Anselm v., Oberarzt im psychiatrischen Klinikum von Okkerwalde, schrieb auch den Begleittext: »Kaspar Hauser, Beispiel eines Verbrechens am Seelenleben des Menschen«.
3 Sehr frühe sexuelle Beziehungsfreundin meinerseits (ohne Nachkommenschaft).
4 Wer ich bin, macht gewiß das Grundmotiv meiner Aufzeichnungen und Gespräche mit F. aus; indes werde ich es auch am Ende nicht wissen; aber was ich *nicht* bin, wurde mir durchaus plausibel: – kein Besenschrank 1.), kein Geschirrautomat 2.), kein, wir müssen aus Platzgründen an dieser Stelle aufhören, sagte ich Feuerbach.
5 Wortwahl asynchron zur Zeit des Erzählten – aufpassen (!), warnte ich Feuerbach.
6 Stadt meiner Herkunft, in der mathematischen Mitte zwischen Leipzig und Dresden gelegen und abhandengekommen mit dem Einsturz der Erdschicht über uns und dem Verschwinden der Deutschen D. Republik im allgemeinen.

Von vorzufinden. – Kein Erbschafts-Von mehr zu haben, rief mir der eine und, was ich an seinen tief auf die Wangenknochen herabhängenden Tränensäcken sofort richtig erkannte, auch sensiblere der beiden Volksfürsorgler zu. – Nicht deshalb bin ich gekommen! rief ich in die Nacht hinein den plötzlich nur schemenhaft zu erkennenden Gestalten zu und bereits hinterher. Bobo[7] war meine Garderobenwartliebste vom Polytechnikum! – Aha, rief der nicht gleichermaßen sensible zweite Volksfürsorgler zurück. Dann brach die Kommunikation zwischen uns ab. Vielleicht, weil es regnete und der eine Montag zu Ende gegangen war und ein anderer Montag begann. Grete von Hering wurde auf die Beerdigungswiese geschüttet und mit lose herumliegenden Zweigen nur sehr mäßig bekleidet, und ich, ihr Goldlockenjüngling mit der Hasenscharte, ihr einziger Verbündeter in dieser dem Leben genommenen und dem Tod gegebenen Stunde, hockte nieder vor ihren letzten körperlichen Habseligkeiten und weinte mir die Seele aus der Brust. Es gibt so Gefühlsgeheimnisse, die sind sehr schwer verständlich zu schreiben, denn an und für sich übten wir ja nur Russisch. Und dennoch: ja ljubju tebia.

… Erzählte ich wohl, daß es ein verregneter Montag gewesen ist, als ich so vor Bobos letzter Leidensstätte die Hände zum heimlichen Gebet gefaltet in meiner eigenen Urinpfütze saß? Das zu erwähnen ist insofern wichtig, als der Montag immer der Verscharrungstag der Suiziddelinquenten gewesen ist und folglich auch keine Feierklientel zu bekommen war, was dann eben einen so traurigen und menschenfreien Montag wie diesen ergab. Aber hoppla jetzt! War nicht jeder Tag Montag[8]? Das macht mich nun wieder stutzig. Und dann sah ich durch ein Astloch hindurch ihre wirklich sehr schöne weibliche Öffnung, völlig unbeschädigt übrigens, ein bißchen dampfend, so kam es mir vor, wie eine Coltmündung nach einer wilden Schießerei mit den Ordnungsbehörden, und ich wußte, daß es ihre Seele sein mußte, die sich fortgemacht hatte aus ihrem irdischen Grete-von-Hering-Leben in die Ewigkeit geradewegs durch die Muschi. Mit niemanden sonst hatte Gott ein so großes Erbarmen wie mit den ostdeutschen Suizidleichen. Ich war gewiß fast überhaupt nicht religiös, aber es gab Momente von einer solchen moralischen Schönheit, daß ich nicht einmal einen Geschlechtsaktversuch unternehmen wollte, obgleich es mir danach stand bei gleichzeitig optimaler Bedingungssachlage. Wäre ich Grete von Hering an diesem traurigsten aller traurigen Montage körperlich zu nahe gekommen, keiner hätte es bemerkt und mich zur Buße meines Schuldkörpers vor die Pionierfreundschaftsgruppe auf den Appellplatz gezerrt. Warum erwähne ich das? Um zu beweisen, daß auch in meiner wirklich lächerlichen Gestalt erhabene Zeichen der Schöpfung wetteifern. Ich deckte also Gretes Loch mit einem zusätzlichen und ausgesucht schönen Fichtenzweig zu, wartete, bis alles in mir wieder friedlich wie ein Bergsee in seiner Verschlafenheit ruhte und gab ihr auf diese Art das letzte Geleit. Welche Fragen tauchen jetzt auf? Grete von Hering kehrte irgendwann kurz vor Weihnachten xx62 in ihren Ursprung zurück, und das freien Willens verbotenerweise. Ich war sexuell betrachtet noch gar nicht geboren, so daß es keinen besonders großen Verzicht bedeutet haben kann, sich den Geschlechtsaktversuch abzuerkennen. Wir haben es hier mit einem sehr

---

7 Hier als Kosename verwendet.
8 Es gab nur Montage (ZK-Beschluß von xx61 ??? (siehe auch Montagsdemonstrationen etc.)).

praktischen Fall der Übereinkunft von Moral und natürlicher Verhinderung zu tun, die sich eine soziale Person mit berufsorientierter Aufgabenstellung sofort als willentliche Leistung hoch anrechnen würde. Weiter. Warum war die ostdeutsche Suizidleiche so erbarmungswürdig wie nichts anderes sonst? Weil ihr das Recht auf ein rechtmäßiges Ende schlichtweg versagt geblieben ist, und das fand ich persönlich sehr schmachvoll. – Ich finde das persönlich sehr schmachvoll, sagte ich dem sensibleren der beiden Volksfürsorgler, als sie den Karottenweg wieder zurückgekommen waren nach zwei oder drei Tagen, die ich allein am kleinen Gebirge aus Knochen und Kiefergehölz trauernd und ohne geeignete Wunschvorstellung betend verbrachte. – Ich auch, sagte der erste Volksfürsorgler. – Ich nicht, sagte der zweite Volksfürsorgler. Aha, dachte ich und wußte Bescheid. Das mit den bis auf die Wangenknochen tief herabhängenden Tränensäcken war das gute, das mit den Mongolenschlitzaugen immer nach verlorenen Geldstücken schielende war das schlechte Subjekt. Die Menschen verraten sich, man muß sie nur lange genug beobachten. – Aber gehört er nicht auf das allgemeinverbindliche Polytechnikum? fragte der zweite, nein, der erste Volksfürsorgler. – Oh, sagte ich, ich bin ausgesondert. – Soso, sagte der erste, nein, der zweite Volksfürsorgler. Und da treibt er sich jetzt auf der Beerdigungswiese herum und schaut, ob irgendwo noch ein Adels-Von zwischen Grete und Hering übriggeblieben ist, das er sich in die Schatulle legen könnte für die ganz schlechten Zeiten. Ich fühlte mich ertappt, obwohl ich damals keinen Schimmer hatte, daß so eine winzige Silbe einmal Rente absondern könnte. Zumal in einer politischen Landschaft, in der Adelsankündigungen eher auf Anfeindung stießen, was nur besagt, daß die beiden Totengräber der Volksfürsorge schon eine Witterung hatten für eine Zukunft im Umsturz. Nah genug an der Basis waren sie ja. – Ich bin ein Bürge der Deutschen, ich kenne das Mittelwort nicht, Republik, sagte ich im Brustton der halbvollen Überzeugung, damit von einem sozialrealistischen Land gesprochen zu haben. – Und wir sind Bürgen der Beerdigungswiese, bekam ich von beiden gleichzeitig in merkwürdig hoher C-Dur-Tonlage als Antwort zurück. Dann muß ich, eng an Bobos Überreste gekuschelt, eingeschlafen sein.

… Als ich erwachte, lag ich auf meinem Strohsack in Leiden, küßte meinen Klumpfuß und dachte nach, den Blick starr auf eine ertrunkene Fliege im Nachttopf gerichtet. Über was? Natürlich, über die zur geistigen Nachuntersuchung freigegebene Situation, wie ich so ganz ohne Übergang von dem einen in den anderen Raum gekommen war. Darf ich an dieser nicht uninteressanten Stelle der Aporie ein wenig verweilen? fragte ich Feuerbach, der mir plötzlich sehr müde vorkam, das graue Haupt vornüber auf das kleine und ebenfalls graue Lätzchen – oder war es eine Krawatte (?) – gesunken, das er um den Hals gebunden trug. Also auch das nahm ich zur Kenntnis, wie selbstverständlich und parallel zu meinen Ausführungen ein anderes Leben betreffend. Mein Hang zur Reflexion des Erlebten war schon als Kleinkind enorm. Bärbel murmelte mir ein paar Glaskugeln rüber, und mir fielen Zitate aus Kierkegaards *Entweder-Oder* dabei ein. Später, im ersten Paarungszeitalter, legte sich Babsi nackt für mich nieder[9], und ich sah sie mir an wie eine Seite aus *Also, sprach Zarathustra*. Ich war ein Geistesarbeiter und bis zum siebten Lebensjahr vollkommen impotent. Ich fühle noch, wie mir ein Mäuschen in die Hose geschlüpft ist und

9 Biologieunterricht 7. Klasse: DER MENSCH, wie fruchtbar das klingt. (Nachhilfe!)

sich nichts, aber auch gar nichts geregt hat bei mir im lüsternen Fleische. Hing es vielleicht doch mit meiner negativen Herkunft zusammen und einer damit durchweg falschen Ernährung? Zähringer-Linie[10], o. K.!, nur eben leider in umgekehrter Richtung.

… Von Schloß Pilsach[11] im Palast der Republiken weiß ich nun Folgendes zu berichten: Ein Glasbau halbseitig, der Rest verschraubte Metallelemente eines Stabilbaukastens. Besonders eine am Treppenaufgang zu den in Blattgold und Mahagoni gefaßten Volkskammerpritschen, auf denen die Staatsratsvorsitzenden aller Generationen, nur von hauchdünnen Pergamentpapierwänden voneinander getrennt, die im Auf und Ab der schnarchenden Atmung fein oszillierten, Mittagsschlaf hielten – der Satz ist nicht mehr zu retten. Ich vereinfache: Besonders eine am linken Treppenaufgang mit halbrechter Drehung zur Mitte stehende Plastik, Lenin auf einem Wildschwein und einer Sichel in der linken und einem Hammer in der rechten Hand, fesselten meine Blicke für Stunden. Altrussische Ritter- und Fürstenbilder in Schwarzweißkopie auf Preßpappe gezogen, um allein in der Schlichtheit der Präsentation die Dekadenz auszudrücken, ohne daß die Kulturgeschichte nun gleich ganz auf den Müll geht, hingen daneben an einer olivgrünen Ölwand, wie ich sie sonst nur noch von den Toiletten einer geschlossenen Abteilung her kannte, in der ich einmal meine Kamillenteesucht zu therapieren bemüht war. Sie gehörten zu einer Wanderausstellung mit dem doch etwas unguten Titel: *Die Flöhe im Schafspelz*, und waren administrativ, warum auch immer, dem chinesischen Staatszirkus zugeordnet. Dann sehe ich mich auf einem Platz mit dem Namen *Alexandraplatz* stehen, der auf einem T-Shirt geschrieben war, das von einer Weltuhr in Richtung Palastwache wehte. Weltuhr? Bei uns? Habe ich diesen Globus vielleicht doch verwechselt mit einem nachgebauten Kürbis, über den symbolische Schiffe über symbolische Meere auf der Suche nach neuen Ländern irrten? Der Name *Alexandra* hingegen war klar: Alexandra, die verleugnete Witwe Stalins und Erfinderin der ersten Schulbücher in blutroter Druckschrift. Dann wieder die Bilder vom Palast der Republiken, die Staatsflagge mit knallhartem Hammer, gespreiztem Zirkel und großer gebogener Ehrenähre an diesem Tag auf Halbmast gezogen, was ein deutliches Zeichen der Impotenz war und der Frauenwelt sagte: heute, bitte schön, nicht. Vom Schloßhof, dessen Mitte ein Gemüsebeet zierte, auf dem hauptsächlich die gemeine Gurke gedieh, aber auch die asiatische Erbse und die ideologisch nachformatierten Tomaten der KPdSU, führten kleine Kies-, nein, Kokswege zu Strickleiterwänden, über die man in die oberen Etagen gelangte. Die Zahl der Türen und Tore, hundert (?), tausend (?), durch welche man ins Innere des Volkskammerhauses kam, weiß ich nicht genau mehr anzugeben. Inwendig des Volkskammerhauses viele Plastikstühle mit PVC-Schonbezügen. Überall Apfel- oder Eimerchensymbole. Eine Wand mit Zahnputzbechern und Apfel- oder Eimerchensymbolen, und eine Wand mit Fingerbürsten und Apfel- oder Eimerchensymbolen. Eine dritte Wand mit Waschlappen und Apfel- oder Eimerchensymbolen, und eine vierte Wand mit Kämmen und Apfel- oder Eimerchensymbolen. Keine Zwetschgensymbole, ganz sicher nicht. Keine Birnensymbole, ganz sicher auch nicht. Keine Radieschensymbole und keine Erdbeersymbole und ganz sicher auch keine Rharbarbarsymbole. Nur eben Apfel- und Eimerchensymbole,

10 Badischer Adel (hier eher unwahrscheinlich).
11 Erste Station der Inhaftierung (unterirdisch).

was übertragen auf die Dienstgrade der Nationalen Volksfrontarmee so ungefähr dem oberen Offiziersstatus entsprach. Gesetzt nun den Fall, sagte ich Feuerbach, daß dieses Erlebnis im Schloß nur ein Traum gewesen ist, wie kam dann aber dieser Traum, den exakt zu analysieren ich mir für die Rentenzeit bereits schon einmal vorgemerkt habe, in meinen gewiß nur sehr kleinen und vielleicht auch mit Gehirn ausgestatteten Kopf? Ich will sagen, sagte ich Feuerbach, ich kann doch nur geträumt haben, was ich irgendwann einmal sehenderweise erfuhr? Diesen Gedanken nun fand ich in seiner Logik so messerscharf, daß mir für den Moment des Selbsteindrucks schwindelig wurde und ich mich Feuerbach zu Füßen auf den Boden legen und kurz ausruhen mußte. Ich war also meiner Abstammungsvermutung argumentativ um einige entscheidende Zentimeter nähergekommen, wenn man sich bitte das Näherkommen im Geiste einmal vor einem geradewegs in die Unendlichkeit aufgespannten Zollstock vorstellen möchte. Ich weiß nicht, ob mir Feuerbach noch folgen konnte. Seine nach innen verdrehten Augen wollten eher anderes sagen. Aber ich konnte meine Denk- und Kombiniergeschwindigkeit nicht mehr langsamer gestalten, so daß man hätte vielleicht auch noch mitschreiben können, ich war eine gezündete Rakete des Geistes und schoß nur so durch die Galaxien der Wissensvorräte. Glauben Sie mir, fragte ich Feuerbach, daß das meiner Regierung schon damals gar nicht in den Kram gepaßt hat? Diese Pfiffigkeit, wenn ich nicht gerade prästuporös abhing? Ich konnte ihnen ja in den Rechnungsblock gucken, soll heißen, ihr System durchröntgen mit meinen temporären Potentialen des Denkens.

...Und richtig, es klingelte, oder es klopfte, sofern die Batterie meiner Klingelanlage gerade aufgebraucht war. Es muß ein Montag mit dem für Leiden ganz typischen rostbraunen Ascheregen gewesen sein, der sich auf alle Gegenstände abgesetzt und sie zu rostbraunen Aschegegenständen gemacht hatte. Sehr lustig. Der Fehler nun war, daß ich öffnete und, wie es zu meinen diversen Angewohnheiten schon damals gehörte, die Augen noch eine Weile geschlossen hielt, um mich stärker überraschen zu lassen. Zeit genug, für den ganz in schwarz gekleideten Geheimbundbeamten auf eine Weise meinen kleinen und im Grunde nur schwer ins Ziel zu bekommenden Kopf mit dem Stiel einer Streitaxt zu treffen, daß ich sofort auf den Fußboden stürzte und den Anschein von Ableben gab. – Weiß er, fragte mich Genosse Dr. Tutti, kaum, daß ich mit kleinen Zwinkerspielen der Augenlider von meiner Rückkehr ins Leben Zeugnis ablegte, warum er einbestellt wurde? Dann winkte er mich in einer chilenischen Hängematte zwischen zwei Holzpfosten schaukelnd so nah zu sich heran, daß ich riechen konnte, was es zum Frühstück gab[12], und sagte: Er denkt zu viel. Das ist nicht gut. Das ist für ihn nicht gut, und für uns auch nicht. Deshalb liebe ich Tiere. Sie denken zwar auch, aber nützlicher, allein auf sich und ihre primären Interessen bezogen. Fressen, verdauen und ausscheiden, und um etwas anderes geht es in Wahrheit auch gar nicht. Fressen, verdauen und ausscheiden. Und, meinetwegen, noch ficken. Aber nicht denken, jedenfalls nicht in einer so exzessiven, ja geradezu zügellosen Weise. – Aber ich kann leider gar nicht anders, erwiderte ich halblaut, und ich gehe auch, die Finger zum Schwur hochgehoben, nur mit Büchern ins Bett. – Ja, er hat die Grübelsucht, und das ist ein wirklich ganz scheußliches Leiden, sagte Genosse Dr. Tutti, denn es lenkt

12 Wodka, Speck und Zwiebel. Vergl. hierzu den Schlager: »Wodka, Speck und Zwiebel / schmeckt nicht übel, / das ist russisch Tradition.« (3. Vers evtl. ungenau (?))

nicht nur vom gar herrlichen Klassenkampfstumpfsinn unserer Montage ab, es produziert vielleicht auch Erkenntnisse, und schon weiß er mehr als die Partei und ist eine Gefahr für den Fortschritt und die sozialrealistische Basisverordnung. Nun kann ich gewiß nicht sagen, daß ich besonders neugierig war, im Gegenteil, ich liebte das Nichtstun und fühlte mich wohl, wenn ich niederkam auf meinem Strohsack ohne Zweck und Bestimmung, sagte ich Feuerbach. Aber ich konnte einfach nicht *nicht* denken in dieser Zeit. Es war ein schwerer und laut Genossen Dr. Tuttis Meinung dringend behandlungsbedürftiger Anankasmus. – Aber, versuchte ich Genosse Dr. Tutti noch zu beruhigen, ich muß zwar andauernd denken, aber ich denke fast nur an Pussis, und zwei Sekunden täglich vielleicht auch an Nietzsche. War er beruhigt? Nein. Er kannte nämlich Nietzsche nicht, blätterte in seinen Nachschlagewerken aus der Zeit des Studiums auf der Polizeifachhochschule »Roter September« herum und fand dann nur das Wort *Niete* heraus. – Nieten, aha, sagte er. Produziert er also auch Nietenhosen, wie sie da oben so Grundmode sind? Ob *Nietzsche* oder *Niete*, ich saß in der Falle zweier unter Verdacht auf Landesverrat stehender Worte und hatte gewissermaßen die Wahl zwischen Pest und Cholera. Aber ich wählte die Grippe und empfahl Dr. Tutti, sich besser nicht anzustecken und mich auf Abstand zu halten. Danach muß ich in eine sicher nur gutgemeinte Einzelhaftzelle gekommen sein, denn ich wachte auf, und es war dunkel, und ich schlief ein, und es war immer noch dunkel. Das hatte mir Tutti, die Nummer 7, einmal gesagt: wenn du aufwachst, und es ist immer noch dunkel, dann haben sie in den Fabriken entweder frischen Ruß abgelassen, oder die Schweine vom Geheimbund haben dich in einer Einzelhaftzelle bei Wasser und Brot eingeschlossen, weil du viel zu viel nachdenkst. Doch wie war herauszubekommen, an welchem Ort ich nichts sah, wenn es zu den Haupteigenschaften von Dunkelheit zählt, genau das zu verbergen? Denn wachte ich auf, war es dunkel, und schloß ich die Augen, war es ebenso dunkel. Augen auf, Augen zu, Augen auf, Augen zu. Bald schon wußte ich nicht einmal mehr, wann ich die Augen geöffnet und wann geschlossen hatte, wann Tag und wann Nacht gewesen ist, und ob ich nun wach oder in einem Traum versponnen war. Ich begann, mir Gedanken über mein Denken zu machen und kam zu dem Schluß, daß ich, wenn ich in grammatisch geschlossenen Sätzen denke, bei Verstand sein muß, was ich mit Tag identifizierte, und wenn ich in Wort- und Bildsalat denke, irgendwie weggeschlummert bin, wofür nun bekanntlich die Nacht zuständig war. Aber konnte mir irgend jemand in dieser gottverlassenen Unterwelt sagen, ob ich nicht lange schon den Tag mit der Nacht und die Nacht mit dem Tag ausgetauscht hatte, um am Tag, den ich für die Nacht hielt, geschlafen zu haben, und in der Nacht, die ich für den Tag hielt, wach gewesen zu sein, um nun so auch das Denken mit klarem Kopf verwechselt zu haben mit dem Denken in den wilden Bildern der Träume? Doch Einhalt jetzt! Konnte ich überhaupt ein Bewußtsein über einen das Bewußtsein außer Kraft setzenden Traumzustand haben? Und ehe Sie mir gleich keine Antwort zurufen, sagte ich Feuerbach, komme ich Ihnen lieber zuvor und sage es selbst: nein! Denn das denkende Denken kann sich nicht selber erkennen, wohl aber das gedachthabende Denken, das vollzogene und schriftlich niedergelegte und als schriftlich Niedergelegtes bereits reflektierte Denken. Von schriftlicher Hinterlassenschaft kann ja nun in Zusammenhang mit mir um Zettel und Bleistift notorisch verlegter Bildungsruine eigentlich nicht die Rede sein. Mit welchen Worten hätte ich meine Gedanken überhaupt zum Ausdruck gebracht und als schriftliche Hinterlassenschaft einer Nachwelt vererbt haben können? Licht, Wasser, Brot, das dürfte so ziemlich alles gewesen sein, was mir als Denkmaterial zur Verfügung gestanden hat, wobei ich noch nicht einmal weiß, ob ich mit Pferd Pferd, mit Licht Licht, mit Wasser Wasser und mit Brot Brot gemeint habe und nicht etwa mit Pferd Brot und mit Licht Wasser, oder mit Pferd Licht und mit Wasser Brot, oder mit Pferd Wasser und mit Licht Brot. Nein, ich habe nur das Wort Pferd gekannt. Es war alles Pferd. Das Licht war Pferd und das Wasser und das Brot waren Pferd. Ich habe das Pferd, aufs intensivste denken müssend, über den Boden geschoben und ihm nach und nach die Haare des Schwanzes und der Mähne ausgerissen. Jedes ausgerissene Haar war die Originalität eines in seiner Flüchtigkeit unwiederbringlichen Gedankens. Es müssen stumme Gedanken gewesen sein, jenseitige, im Körper auf- und untergehende, nicht mitteilbare, sondern empfundene Gedanken. Der Gedanke als Blick beispielsweise oder als Bewegung des Fußes oder der Hand, und dann der Gedanke als Schrei. Die Hälfte meines bisherigen Lebens muß ein einziger Schrei gewesen sein. Aber nicht aus Zorn oder Angst oder Verzweiflung, wie es meinem Adoptivkörpervater vorgekommen sein mußte, da er mich knebelte, ehe er sich hinlegen und schlafen wollte, sondern weil die konsequente Verlängerung der menschlichen Sprache diese Energie, die nur ein Schrei werden konnte, zwingend verlangte. Die Fortsetzung der menschlichen Sprache ist ein Schrei, das war ganz klar bewiesen. Aber meinem Adoptivkörpervater konnte ich das nicht vermitteln, er wäre 1.) beleidigt gewesen, mich eine Evolutionsstufe höher zu sehen, so vollgemacht und sehr übel riechend, wie ich vor Gott stand, und er wäre 2.) in dieser tiefen Kränkung für mich und meinen Hunger unberechenbar geworden und hätte mich womöglich meinen eigenen Dreck fressen lassen aus Verachtung sich selbst gegenüber. Ich mußte ihn also täuschen und verhindern, daß er in mir seine Zukunft erkennt. Mein tief in die sprachliche Verlautbarung eingegangener und die gesamte Existenz zusammenfassender ontologischer Schrei hatte ein individueller und damit nicht verallgemeinerbarer Schmerzschrei zu werden, das beruhigte ihn. Er hat wieder die seelische Not? rief mir mein Adoptivkörpervater in den Schacht meiner Einzelhaftzelle hinein, um meinen ihn aufs tiefste beunruhigenden Schrei ein wenig schön werden zu lassen oder doch zu verharmlosen. Aber ich hatte weder eine seelische Not noch einen physischen Schmerz, ja, ich hatte nicht einmal einen sachlichen Grund, der in eine seelische Not oder einen physischen Schmerz hätte münden können, weil es mir an rein gar nichts gefehlt hat. Im Gegenteil, ich besaß sogar einen Vierkantschlüssel, mit dem ich als traurige Zwergwuchserscheinung des allgemeinverbindlichen Polytechnikums die Garderobenschränke öffnen und schließen konnte und mit dem ich für immerhin drei Monate eine nicht zu unterschätzende politische Macht in die Hände bekam. Bei soviel Kompetenzübertragung, die mich dem vaterländischen Verdienstorden in Plaste & Elaste aus Schkopau schon näher gebracht hatte, als ich es jemals in Anbetracht meiner Denkresultate gewollt haben konnte, durfte mein ontologischer Schrei schon gerechtigkeitshalber kein Schmerzschrei mehr sein, und das hätte mein Adoptivkörpervater auch wissen können, wenn er es hätte gewußt haben wollen. Aber er wollte es nicht wissen, und ich half ihm dabei, indem ich ihn täuschte, so gut es irgendwie ging. Ich erfand Schmerzgründe, Verzweiflungsgründe, Zornesgründe, um ganz normal kommunizieren zu können mit meinem Pferd beispielsweise in langen, spitzen, erschreckend lauten Schreien, wie Wahnsinnige schreien, oder Sterbende. Das konnte er nicht ertragen, das hätte niemand ertragen. Die gesamte Menschheit hätte diesen Schrei als eine Sprache der Zukunft unmöglich ertragen, in der Unterwelt nicht und in der Oberwelt nicht und in keinem Schuldbezirk aller Schuldbezirke. Ich konkretisiere: eine Sprache des Schmerzes anstatt ein Schmerz in der Sprache. Mein Schrei war also die absolute Sprache des Schmerzes, und das war meinem Adoptivkörpervater so unerträglich, daß er mich eines Tages nach einem wohl sehr deutlich mißglückten Täuschungsversuch, obwohl er natürlich aus eigenem Überlebensinteresse immer an meinen Täuschungsversuchen interessiert gewesen ist und ihnen durch eine erhöhte Glaubenswillensanstrengung unterstützend entgegenkam, dies aber nur im Rahmen seiner hier von mir ganz offensichtlich überschrittenen Möglichkeiten zur Selbsttäuschung praktizieren konnte, aus dem Schacht zog, mich notdürftig kleidete und mich, des Laufens in den vielen Jahrzehnten des Kriechens nicht kundig, wie einen Mehlsack durch die Unterwelt schleifte bis nach Okkerwalde hinauf. Ich komme später darauf zurück, sobald ich einen Globus gefunden und die entscheidenden Stellen mit Lupe und Zentimetermaß hinreichend gut ausgeforscht habe.

… Erwähnenswert vielleicht noch meine völlige Lustlosigkeit an der Fortbewegung. Mein Gefängnis, in dem ich bis zum Einsturz der Erdschicht leben gewollt haben mußte, war ohngefähr sechs bis sieben Schuh lang, vier breit und fünf hoch. Die Hauptstadt hieß Ostberlin. Der Boden schien mir festgestampfte Erde zu sein, an der Vorderseite waren zwei kleine Fenster mit Holz verschlichtet, welches ganz und gar schwarz aussah. Es soll aber Uran gegeben haben für die sowjetische Besatzungsmacht als Nachschlagszahlung zum Weltkrieg zuvor. Und braune Kohle gleich unter der Erdoberfläche, fast schon mit den bloßen Händen herauszubekommen und technologisch denkbar und dankbar einfach abzuverbauen. Auf dem Boden war Stroh gelegt, worauf ich zu sitzen und zu schlafen pflegte. Ich habe also noch einen Begriff mehr gehabt haben müssen als Materialverfügung zum Denken: Stroh! Sehr schöner Nachklang. Meine Füße waren von den Knien an mit einer Decke bedeckt. Über meinem Lager auf der linken Seite war im Erdboden ein Loch, worin ein Topf angebracht war. Es war auch ein Deckel darüber, den ich wegschieben mußte und dann doch immer wieder darüber deckte. Zur Schreibnatur wird man, erkannte ich schnell, wenn man diesen Deckel einmal nicht mehr oben hinauf tut und dann sehr kräftig nachdenkt. Aber das kam aufgrund meiner dauernden Zettel- und Stiftlosigkeit ohnehin nicht in Frage, sonst wäre ich womöglich auf eine gebildete Schule geraten und wir hätten heute von mir schon bedeutende gesammelte Werke zum darin stöbern gehabt. Die Kleider, die ich in dem Gefängnis getragen habe, waren ein Hemd, kurze Hosen, in denen aber das Hinterteil fehlte, damit ich meine Notdurft verrichten konnte, weil sich die Hosen nicht ausziehen ließen. Alles VEB-Ware mit TGL-Sigel und Qualitätsmarke Q, und einheitlich stahlblau. Die Hosenträger hatte ich auf dem bloßen Leib. Das Hemd war darüber. Meine Nahrungsmittel waren Wasser und Brot. An Wasser hatte ich Mangel, an Brot niemals. Ich aß aber wenig Brot, da ich keine Bewegung hatte und nur dachte. Auf den Gedanken, mich fortzubewegen, kam ich vielleicht deshalb nicht, weil ich sofort mit dem Kopf irgendwo angestoßen wäre, in Heringsdorf / Ostsee an der Zellendecke und in Zinnwald / Erzgebirge am Zellenfußboden. Vielleicht kroch ich hin und wieder ein bißchen, zum Beispiel zur Darm- und Blasenentleerung in die Hauptstadt, wo ich einmal xx72 die Ju-

gendweltfestspielbewegung mit angesehen habe, obwohl nicht gewollt und ge-
fördert wie die positive Jugendweltfestspieljugend. Aber Bobo war auch da, und
wir küßten uns das erste Mal glücklich. Meine Fortbewegungsart und -weise
fand also hauptsächlich auf einer negativen Umlaufbahn statt, nach innen gerichtet und mehr stellvertretend als tatsächlich, mehr symbolisch als faktisch,
mehr im Kopf als auf der Fußbodenerde meines ersten sozialrealistischen Va-
terlandes. Dachte ich viel, weil ich mich nicht fortbewegen konnte? Oder be-
wegte ich mich nicht fort, weil ich viel dachte? Wer weiß, ob ich das alles stu-
diert und gelesen hätte, das ich allein deshalb studierte und las, weil ich bis auf
die kleinen Ausflüge zum Latrinenloch unendlich viel Zeit in der Zeit gehabt habe. Ein Luxus, wie sich unschwer erkennen läßt. Ein Aufseher öffnete die Luke,
um ein wenig frische Luft herein- und herunterzufächeln, und ich schmiegte
mich ganz fest an die Zellenwand in direkter Linie zum Lichtstrahl, der wie ein
Gottgeschenk zusätzlich da war und ausreichend Helligkeit anbot. Ich las wirklich alles, von der Gebrauchsanweisung bis zum Gesetzbuch und von Adorno
bis Zatopek's *Aus dem Tagebuch eines Langstreckenläufers*, oder Wittgenstein,
oder *Wittgensteins Neffe*, alles vor und zurück und meistens von links nach
rechts und von oben nach unten. Wo hatte ich diese Feindlektüre von drüben,
draußen, oben damals schon her, und wie kam sie zu mir? fragte ich Feuerbach,
der das natürlich auch nicht wußte. Denn was mein Adoptivkörpervater in der
Hauptstadt Ostberlin hinterlegt für mich hatte, waren a) die gesammelten Denk-
schriften von Marx, Engels und Lenin, b) zur Entspannung *Die Töchter der
großen Bärin* von einem verheimlichten Nachwuchs Karl Mays und c) *Wie der
Stahl verhärtet wurde* des russischen US-Amerikaners Nikolai Ostrowski. Letzteres war Pflichtlektüre mit Zitatverpflichtung auf dem Polytechnikum. Wäre es
dabei geblieben, was mein Adoptivkörpervater mir in bester domestizierender
Absicht neben den Topf gestellt hatte, oh, ich wäre doch nie auf die falschen und
meine Zukunft sämtlich zur Vergangenheit erklärenden Bahnen gestolpert.
Aber so, geistig durchwurmt vom Klassenkampfgegner, bestand stündlich entweder Flucht- oder Selbstmordgefahr, die auch ein Freiherr von Schnitzel, der
in entfernter Verwandtschaftsbeziehung zu Grete von Hering gestanden haben
soll, diese aber aus (wer-wen)-moralischen Gründen nie zugab, nicht gutreden
konnte. Da mochte der Kanal schwarz sein wie er wollte, keiner schenkte ihm
Zuversicht. Ich sehe mich noch hinter Omas Ohrensessel versteckt Feindsender
gucken, wie ihn Freiherr von Schnitzel in Auszügen anbot, den Ton immer weg-
ignorierend und damit wie unter Starkstrom geraten. Ja, der Gedanke zu Bärbel zu gehen[13] wurde größer und unabweislicher noch als meine Antenne im
erregtesten Zustand – fünf Zentimeter, würde ich schätzen. Aber Sie sehen ja,
sagte ich Feuerbach, daß ich kein Bär bin und einer Bärin nur dienen könnte
als erotisches Gesamtereignis, aber nicht von den Werkzeugen her. Bobobabsi,
als ich so drei oder vier war, ich werde in meiner Sehnsucht wohl immer wieder auf diese erste Liebe verfallen[14]. Dann Bärbel, dieser listige Geheimbund-
feger, der häßliche Berichte schrieb mit meinem Herzblut wie mit roter Tinte.
Aber nichts nachtragen will ich ihr zu dieser Stunde, so müde mit dem Augenlicht für diese Geheimbundarchive und ihren erbärmlichen Jeder-ist-ein-

13 Lebte damals schon oben im Westen bei Köln, dort bekannt auch als Grete von Hering,
   beispielsweise.
14 Anspielung auf Bobo (siehe auch Anm. 3).

anderer-Infos. Nicht alle lieben jede Lektüre, und ich bin an dieser einen und sehr besonderen Textverarbeitungsstelle regelrecht phobisch geworden und spüre sofort, wie sich der Magen umdreht schon bei dem bloßen Gedanken daran. Schweineschriften sind harmlos dagegen. Und daß ich sie lesen konnte, noch ehe ich bei Professor Daumer[15] zur Umerziehung einsaß und den neuen Kulturtext Wort für Wort auswendig lernte, besagt doch klar, daß ich des Lesens und Schreibens schon fähig gewesen sein mußte und nun alles noch einmal erlernte.

… Mein erstes Lesen- und Schreibenkönnen hat allerdings mit meinem zweiten Lesen- und Schreibenkönnen herzlich gern wenig zu tun. Denn einmal las und schrieb ich, weil sonst nichts zu tun gewesen ist und ich wenigstens etwas erleben wollte, und ein anderes Mal las und schrieb ich, um das Lesen und Schreiben meiner ersten Abrichtungsjahre oder -Jahrzehnte (?) wieder loszuwerden oder zu verwesentlichen, je nachdem, worum es gerade ging und wer was von mir wollte. Das zweite Lesen- und Schreibenkönnen ist demnach mit dem ersten Lesen- und Schreibenkönnen überhaupt in keine Beziehung zu bringen. Um so mehr oder weniger nicht, als das Gelesene oder Geschriebene in meiner ersten Lese- und Schreibzeit völlig anders geklungen hat und völlig anders zu verstehen gewesen ist als das Gelesene oder Geschriebene in meiner zweiten Lese- und Schreibzeit, da es zwischen der ersten und der zweiten Lese- und Schreibzeit keine, darf ich jetzt bitte *Koinzidenz* sagen, ohne überheblich zu wirken? fragte ich Feuerbach, Koinzidenz gab. Hätte früher gestanden, *Gertrude ist glücklich und geht durch die Gülle,* hätte es sofort ein germanistisches Sonderkommando von hochinformierten Sprach- und Sprechexperten gegeben, die, abberufen von allen Polytechnikhochschulen o. ä., nichts anderes zu tun gehabt hätten die nächsten Monate oder Jahre hindurch, als ausnahmslos alle Bedeutungsmöglichkeiten dieses an Botschaftsvielfalt tatsächlich überreichen Satzes herauszubekommen und in ihrer eventuellen Subversivität gegeneinander ins Verhältnis und den Verfasser schließlich vor die sozialrealistische Gerichtsbarkeit zu bringen. Was lesen wir jetzt? *Getrude, ist, glücklich, und, geht, durch, die, Gülle.* Der Satz sagt fast nichts, jedenfalls nicht mehr als das, was er in der Folge seiner Worte bezeichnet. Kein Geheimnis, kein tieferer Sinn, kein, darf ich bitte *Subtext* sagen? fragte ich Feuerbach, Subtext. Warum nicht? Weil der Leser keine Angst vor der Sprache hat und nichts in sie hineinliest oder aus ihr heraushört, was er begehrt oder fürchtet; weil er, darf ich bitte *Metapher* sagen? fragte ich Feuerbach, keine Metaphern mehr braucht und metaphorisch auch nicht mehr denken kann. Das sind die Unterschiede, so grundlegend und so unüberwindbar, daß alles, was war, nicht mehr lesbar sein kann oder lesbar ist in anderer Weise. So daß ich doch tatsächlich zweifach gewesen sein muß und immer als eine Hälfte des Ganzen. So daß mein Körper auf der einen Seite mit Schrift schon beschriftet worden ist und auf der anderen Seite mit Schrift noch zu beschriften sein wird. So daß meine Körpergeschichte, unter der Erde oder auf der Erde und immer so hin, zweimal gewesen ist. So daß ich vielleicht auch alles zweimal erzähle, weil ich es zweimal zu sehen oder zu hören oder zu empfinden bekam. Das erklärt auch mein doppeltes Vorhandensein gespalte-

---

15 Daumer, Georg Friedrich, Begründer der Homöopathie im psychiatrischen Klinikum von Okkerwalde, schrieb unter anderem die »Mittheilungen über Kaspar Hauser« und experimentierte gerne und viel.

nerweise, philosophisch verständlich, medizinisch bedenklich, so daß Daumer Folgendes an Untersuchungen bzw. Behandlungen bzw. Operationen bzw. prophylaktischen Therapien usw. noch wird vornehmen müssen: 1.) Messung der Gehirnströme, vor allem die biophysikalischen Aktivitäten vom Thalamus zum Hypothalamus betrachtend, 2.) Kopfschichtröntgen, 3.) Stirnhirndurchtrennung nach Monez, 4.) anschließende Maltherapie, eventuell kreativer Schreibkurs für Stuporklienten, sofern mindestens vier Vokabeln einwandfrei gesprochen und schriftlich hinterlegt noch abrufbar sind: Pferd, Licht, Wasser (und) Brot. Und dabei hat, bitte schön, Pferd Pferd zu sein, Licht Licht, Wasser Wasser (und) Brot Brot. Kein Pferd für Brot oder Licht für Wasser mehr, oder Pferd für Licht oder Wasser für Brot, oder Pferd für Wasser oder Licht für Brot.

Aus und vorbei mit dem Unterweltvorteil und seiner nicht genug herrlich zu findenden Hochbedeutungsvergabe aus reinem Nichtsein heraus, obwohl und andererseits, aber das wissen wir ja.

Brigitte Struzyk

Bruder und Schwester

Es war einmal ein Kind, das wurde mit einem fehlerhaften Herzen geboren. Die Welt, in die es hineingestoßen wurde, war derart herzlos mit sich selbst beschäftigt, daß so ein fehlerhaftes Herz in einem so kleinen Körper gar nicht bemerkt werden konnte. Sie lag in Scherben, die Welt – überall rauchten noch die Trümmer. So schrie das Kind unerhört.

Vom Lebensbaum war nur noch ein gespaltener Stumpf übrig geblieben, aber er schlug so aus, daß in seinem Schatten bereits Schwarzhandel betrieben werden konnte.

Als das Kind aufhörte zu schreien und die paar Kräfte zusammennahm, um sich von der Stelle zu bewegen, die ihm nicht behagte, krabbelte es auf allen vieren zu dem Baumstumpf, riß an den Blättern der wilden Triebe – eins zwei drei in den Mund, wie es Kleinkinder zu tun pflegen. Fortan, wenn es in seinem Bettchen lag und die wandernden Schatten an der Zimmerdecke zu ihm sprachen, Worte wie Rhododendron und Vogesen, verspürte es keinen Hunger mehr. Stattdessen wuchs in ihm der Wunsch nach Rhododendron und Vogesen, ohne nur die Bohne davon zu wissen, was es sei.

Es wußte ohnehin kaum etwas von der Welt – seine Leute hatten keine Zeit, waren sie doch unaufhörlich damit beschäftigt, die schwarzen Löcher zu stopfen, die Mägen hießen. Das Verlangen nach Nahrung wuchs in dem Maße, wie die Möglichkeit, es zu stillen, abnahm. Im Grunde war gar nichts da, auch wenn der Ersatzkaffee und das Ersatzmehl und all das Gezauberte dem ähnlich sah, was es darstellen sollte, aber die Löcher wollten nicht mit Ähnlichem, sondern mit Wirklichem gestopft werden.

Das Kind mit dem fehlerhaften Herzen hatte Glück. Nach dem Genuß der Blätter vom Baum des Lebens verspürte es kein Verlangen. Das Kind sehnte sich nach etwas anderem.

Es hatte einen Bruder mit einem fehlerfreien Herzen. Er war in der heilen Welt des Heimatfrontfriedens mitten im Krieg herumgekrabbelt, als der Baum des Lebens Äpfel trug, die von den Leuten verschmäht werden konnten, bekamen sie doch aus allen Herrenländern die süßesten Früchte umsonst, kapverdische Weintrauben auf Nordpoleis.

Dem Bruder mit dem fehlerfreien Herzen ging das Schreien nach Rhododendron und Vogesen an die Nieren. Er nahm das kleine Körbchen auf Rädern, in dem das Schreibündel lag, und fuhr es auf dem dunklen Flur hin und her, damit einmal eine Ruhe ist und er sein Kleiebrot essen konnte, Kleiebrot mit drei Zuckerkörnchen, der letzten Nascherei, die ihm vom Krieg geblieben war. Ungesehen stopfte er dem kleinen Störenfried das Maul, der sich eins zwei drei daran verschluckte und das Kleiebrot ausspuckte.

»Du undankbares verwöhntes Balg!« rief er, die Leute nachmachend, die ihn oft beschimpften, und stieß, aus Versehen, das Körbchen um. Die Flucht hinter den Kleiderschrank schien der einzige Ausweg zu sein. Dort stand er nun, und sein fehlerfreies Herz schlug ihm bis zum Hals, die Ohren rauschten. Auf dem Flur vor dem Schrank wimmerte es immer leiser unter den Kissen vom Körbchen her.

»Es stirbt!« rief er hinter dem Schrank hervor, aber da war schon die Mutter vom Hamstern gekommen, nahm das kleine Bündel und legte es in sein Bettchen. Für den Sohn, für die gerechte Bestrafung, die sie ihm in ruhigeren Zeiten zugemessen hätte, fehlten ihr einfach die Kräfte, hatte sie doch den ganzen Tag gestoppelt, das Essen zusammengestoppelt, das sie nun aus dem ersehnten Mehl herzustellen wünschte. Der Bruder wimmerte nun hinter dem Schrank, wie das Bündel unter den Kissen gejammert hatte. Keiner kümmerte sich um ihn, ständig trippelten, knallten oder schlichen Schritte an ihm vorbei über den langen Flur. Ach, wie sehr wünschte er sich eine schallende Ohrfeige. Da wäre er erlöst worden. Nicht einmal gesucht wurde er. Statt seiner marschierte die nicht vergebene Ohrfeige auf dem Flur hin und her.

Es war zum Davonlaufen, was er, verfolgt von der Ohrfeige, unversehens tat, als die Leute, die hinter ihm her gekonnt hätten, um den ungehobelten Tisch saßen, dem einzigen, der ihnen geblieben war.

Ein Esser weniger.

Das Kind mit dem fehlerhaften Herzen fiel nicht weiter ins Gewicht. Wie ein Vögelchen. Es lebte von Luft und Liebe. Doch wo blieb die Liebe? Mit dem Genuß der Blätter vom Baum des Lebens war zwar das schwarze Loch in der Mitte des Leibes gestopft worden, aber das Kind verzehrte sich selbst oder vor Sehnsucht oder aus Unverstand. Seit der Bruder verschwunden blieb, magerte das Kind ab, mehr und mehr und unübersehbar. So begannen sich seine Leute zu kümmern. Es wurde nun nach dem Vater als Esser beachtet. Widerwillig nahm es zunächst seine neue Beschäftigung hin. Bis es verstand: Es mußte für zwei essen. Wenn die Mutter den Löffel zwischen die Milchzähne schob, so tat sie es immer mit den Worten: Einen Löffel für die Mama, einen für den Papa, einen für die Tante, einen für den Onkel und den letzten für den weggelaufenen Hans. Das Kind jedoch leerte all diese Löffel nur für den weggelaufenen Hans. Daß es ihn suchen müsse, war so sicher wie der letzte Löffel für den weggelaufenen Hans.

Inzwischen waren die Rauchfahnen über den Trümmerstätten erloschen, die Mutter war eine Küchenfrau geworden und der Vater ein Aktivist. Unermüdlich schafften sie sich und am Aufbau einer neuen Welt. Onkel und Tante waren über Nacht im Nebel verschwunden.

Da gab das Herz dem Mädchen, das aus dem Kind geworden war, schmerzhaft zu verstehen, daß es zu ihm gehörte.

Es sprengte beinahe die keimende Brust.

Margarete, von den Bauarbeitern Gretel genannt, lief zur Baustelle mitten im Wald, wo der Vater Zement mischte für die Staumauer und die Mutter für seine Kollegen und die Umsiedler aus dem Dorf kochte. »Ich verlasse Euch«, rief es in den Mischerlärm. »Ich geh' mit dem Wind«, rief es durch die Klappe der Essensausgabe der Mutter zu. Das war leichter getan als gesagt, und so geschah es.

Der Vater fragte die Mutter auf dem Pritschenwagen, der die Leute von der Baustelle nach Hause fuhr, ob sie auch die Margarete gesehen habe. Daß da was gewesen war, was sie nicht verstanden habe, weil die Dunsthaube so laut gerauscht hätte in der Küche und ob er sich nicht mal das Ding ansehen könne, war die Antwort der Mutter.

»Rhododendron, Vogesen, Vogesen, Rhododendron«, sang das Mädchen laut im Wald, hinter dem es den Weg vermutete, der zu seinem Bruder führen sollte. Das fehlerhafte Herz hüpfte im Takt des Liedes »Tomatensalat, toma tenn sallat ...«. Auf diese Weise kamen sie schnell voran.

Nun war aber viel geschehen in der Welt. »Jugend aller Nationen, uns vereint gleicher Sinn, gleicher Mut«, hörte Margarete aus einem Lautsprecher schallen, als sie endlich den dichten Tann durchquert hatte, den Thüringer Wald. Vor ihr lag eine Stadt mit vielen Türmen, von denen die Glocken tönten, jede so, daß es ihr schien, sie würden ihr Lied kennen: »Rhododendron, Vogesen, Vogesen, Rhododendron«, hörte es sich in ihren Ohren an.

Margarete ging durch die Stadt. Es war Markttag. Zwischen zwei Buden auf dem Marktplatz schlug sie ihren Stand auf, die Margarete, eins, zwei, drei. GESUCHT schrieb sie auf eine herumliegende Pappe, auf der sie das Bild vom Hans befestigte.

Der Vater hatte eines Tages die Zeitung gelesen, mit der flachen Handrückseite auf ein Foto geschlagen und ausgerufen: »Das ist doch unser Hans!« Sie zeichnete es ab, so genau, daß es deutlicher war als das Foto selbst.

Dieses Bild zeichnete sie immer wieder. Sie war darin schon so geübt, daß sie es mit geschlossenen Augen konnte.

Jetzt hing eine zehnfache Vergrößerung unter der Zeile GESUCHT, und sie wollte doch mal sehen, ob sich nicht jemand fände.

Es dauerte nicht lange, und zwei Schutzmänner stellten sich ein, zwei Volkspolizisten.

»Warum provozieren Sie die Arbeiter- und Bauern-Macht?«

Das Mädchen wunderte sich nicht einmal und machte keinen Hehl daraus, daß es sich direkt freute, festgenommen zu werden. »Margarete Greiner« stand unter einem Schriftstück, welches die vernommene Person unterzeichnen sollte. Sie nahm das Papier, falzte es sorgfältig und riß, hast du nicht gesehen, eins zwei drei, eine Girlande heraus, die sie über dem Schreibtisch des Vernehmers entfaltete.

»Du hast sie wohl nicht mehr alle!« rief der erstaunt aus. Sie aber lachte.

»Du kommst in die Klapper, wenn du so weiter machst!« drohte der uniformierte Mann. Während dessen lief das Radio. «Uns vereint gleicher Sinn, gleicher Mut!« schallte es heraus.

»Hören Sie? Ist es nicht so?« Margarete sah ihn prüfend an. Ein irritiertes Lächeln huschte um die Mundwinkel des Mannes. »Sind Sie mit dem Greiner verwandt?« fragte er lauernd.

In dem Moment tat das fehlerhafte Herz einen Satz, der Margarete zu Boden warf.

»Schnell, zu Hilfe, sie ist ohnmächtig geworden. Nun aber dalli!«

Als sie die Augen wieder aufschlug, lag sie unter einer Bettdecke, deren volle Länge verziert war mit dem sich stets wiederholenden Schriftzug *Strafvollzugsanstalt Hoheneck*.

Vor ihr stand eine uniformierte Person, die sich als ihre Erzieherin vorstellte. Plötzlich steckte diese ihren hoch toupierten Kopf unter Margaretes Bettdecke und flüsterte: »Sind Sie wirklich die Schwester?«

Margarete konnte noch nicht antworten, als sie schon zur Untersuchung geholt wurde. Ihr fehlerhaftes Herz! Es rebellierte. Sie werde abgeschoben, hörte sie vom Anstaltsarzt. Das wäre ja noch schöner, wenn sie hier die Mücke machte und der Buschfunk morse es in die Westmedien – *Schwester des ausgewiesenen Vogesenliedsängers in DDR-Zuchthaus gestorben*.

Ach, wie sie nun an sich hielt, wie sie ihre Freude verbarg! Das tat richtig weh, so heftig bezwang sie sich. Sie wurde in eine Zinkkiste gesteckt, herumgefahren, bis sie endlich in einem Bus saß, der voll war mit Frauen ihrer Art. Der Busfahrer sang »Hab mein Wagen vollgeladen, voll mit jungen Mädchen« und drehte das Radio laut auf, als das Vogesenlied von HANS GREINER gespielt wurde. Wieder versagte das fehlerhafte Herz seinen Dienst, diesmal aber nur für wenige Sekunden, um dann so heftig zu schlagen, daß Margarete noch ein weiteres Schlagzeug zu vernehmen glaubte. *Vogesen, Rhododendron,* den Refrain brüllte der ganze Bus mit, mit wachsender Begeisterung. Ganz zart stimmte Margarete ein. Kaum angekommen, gewitterten nur so die Blitzlichter, als der wartende Hans Greiner seine Schwester Margarete in die Arme schloß. Die hing darin wie ein nasser Sack. Das Herz! Es war zu viel für sie! so begannen unisono die Artikel aller Zeitungen. *Hänsel und Gretel wiedervereint* war die Titelzeile.

Aber das fehlerhafte Herz wäre nicht das von Margarete gewesen, hätte es ein für alle Mal versagt. Nein, als die beiden Bahrenträger unterwegs zum Rettungswagen über eine Bierflasche stolperten, kam das Herz wieder in Gang. Margarete schlug die Augen auf und schaute in das tränennasse Gesicht ihres Bruders.

Um nicht ständig dem Blitzlichtgewitter ausgesetzt zu sein, gab der Bruder seine Wohnung auf und zog mit seiner Schwester in eine einsame Waldhütte.

»Schwester, mich dürstet«, klagte der Bruder nach der ersten Freude des Wiedersehens.

»Ach, Brüderchen, ich bitte dich, trinke nicht«, bat Margarete, die mit ansehen mußte, wie der Bruder eine Flasche nach der anderen leerte, weil er unter seinem Ruhm litt. In goldenen Schlitten kamen bald die Boten der Geschäftigen. Er dürfe nicht so leichtsinnig seine Karriere aufs Spiel setzen. Die Schwester lachte darüber. »Mit nichts fang an, mit nichts hör auf, das ist der beste Lebenslauf«, wollte sie den Bruder erheitern, aber es gelang ihr nicht.

»Ich will dich ja nimmermehr verlassen«, beschwor er sie, »aber auch du mußt etwas verdienen.« Er gab ihr ein goldenes Strumpfband. Ihr reichten schließlich Wurzeln, Beeren und Nüsse, aber sie hatte ja auch vom Baum des Lebens die drei Blätter gegessen.

»Ich kann es nicht mehr aushalten«, jammerte der Bruder, als sie ihm wieder das Grünzeug vorsetzte. Aber sonst verstanden sie sich so gut, daß zumindest Margarete glücklich war.

Eines Morgens war der Bruder weg. Er war einer Horde Jäger gefolgt, die hinter dem Geld her waren. Hinter seinem Geld, wie sich bald herausstellte. Reumütig kam er zurück.

»Mein Schwesterchen, laß mich herein«, rief er, und Margarete strahlte vor Glück. Davon war der Begleiter des Bruders, dessen einziger Freund, wie geblendet. Einen so strahlenden Blick hatte er noch nie gesehen, obwohl er glaubte, alles schon einmal gesehen zu haben, war er doch der Kronprinz einer schwerreichen Industriellenfamilie. Auch Margarete war angetan von dem fröhlichen Mann. Sie folgte ihm auf sein Schloß in die Vogesen, wo auch der Bruder eines der Kavalierhäuser bezog. Rhododendron, Rhododendron und noch einmal Rhododendron – das Schloß war von einem Rhododendrenmeer umschlossen. Darin schaukelte das Schiff ihres gemeinsamen Lebens, und einmal noch meldete sich das Herz.

Da standen nämlich Vater und Mutter vor dem kunstvoll geschmiedeten Tor. Die Mutter war alt und krumm, und der Vater war krumm und alt. Endlich hätten sie reisen können, aber da sei auch über Nacht das Land verschwunden, für das sie sich von ihren Kindern losgesagt und aufgeopfert hatten, einfach untergegangen wie Vineta.

»Sollen wir sie etwa auf glühenden Kohlen tanzen lassen oder in den Backofen schieben?« fragte Gretel den Hänsel, der schon den kleinen Finger durch das Gitter reichte.

Die Eltern nahmen die ganze Hand, schritten durch das Tor, das sich ihnen öffnete, herzten und küßten die beiden, wie sie es noch nie im Leben getan hatten. Gleich darauf schaute die Mutter in alle Ecken. Sie suchte den Nachwuchs.

Margarete hätte gern der Mutter den Wunsch erfüllt, aber sie konnte keine Kinder kriegen.

Das Herz spielte nicht mit. Es war so schwach geworden, daß es unterstützt werden mußte von einer mildtätigen Maschine, die der Prinz hatte vergolden lassen. »Nun hast du ein goldenes Herz!« scherzte er, als er nach dem Eingriff in Margaretes Brust sie, seine Frau, wieder in die Arme schloß. Vater und Mutter waren vor Angst gestorben. Sie bekamen ein schönes Grab.

Und wenn sie nicht glücklich gelebt haben, dann sind sie auch nicht glücklich gestorben.

Annette Schröter: Sieger der Geschichte I, 2005. 250 x 140 cm.

Wolfgang Hegewald

Däumlings Prozeß

Nach fünf Verhandlungstagen sprach das Amtsgericht zu D. den Kaufmann und Filmrechtehändler Ernst Däumling, Sohn des Korbmachers im Ruhestand Horst Däumling und seiner Ehefrau Ilse, geb. Müller, mangels Beweisen von dem Vorwurf frei, er habe seine Eltern aus reiner Rachsucht mit List und Tücke – ein Fall von *Heimtücke!*, hatte der Vorsitzende Richter der Strafkammer mehrmals betont, und während sich das Wort gefallsüchtig auf seiner Zunge räkelte, riß der ironische Überschwang die Augen des Richters zu einem träumerischen Höhenschielen hin – ins Haus des Menschenfressers gelockt. Ein Gästehaus.

Ich habe mich nicht um den Job als Gerichtsreporter gerissen, aber ich erhielt die Weisung, eine schwangere Kollegin zu vertreten, aus einleuchtenden Gründen.

Jemand mußte Ernst Däumling verleumdet haben, begann ich, nicht ohne Stolz, meinen Bericht. Doch gerade dieser erste Satz, auf den ich mir einiges zugute hielt, brachte den Chefredakteur derart in Rage, daß er mir androhte, er werde mich, falls ich nicht schleunigst nachbesserte, sieben Monate lang den Vereinsspiegel redigieren lassen. Nicht raunende Mystifikation, eine moderne Reportage erwarte er von mir.

Wie und warum der Chef ausgerechnet auf sieben Monate kam, über das rätselhafte Strafmaß zerbrach ich mir noch einige Zeit den Kopf.

Ich fügte mich zähneknirschend, denn ich wähnte mich im Recht. Gegen Ernst Däumling – den Zonen-E.D., wie er bald hieß – wurde von Staats wegen ermittelt; wer der Urheber der Anzeige war, habe ich nie erfahren.

Es war einmal ein Junge namens Ernst Däumling, der wuchs in einem Kaff hinter dem finsteren Hegwald auf, wo die Kugeln der Heckenschützen und die Lieder der Singvögel einträchtig pfiffen und erschallten; eine Kindheit voller zauber- und märchenhafter Entbehrungen und Repressionen. Zwar stellte der Chef nicht eben Begeisterung zur Schau, als er diese Eingangspassage überflog, aber er billigte sie immerhin.

Aber keine Sorge, liebe Freunde, Euch werde ich nicht mit solchem Zeitungsschmus behelligen; was Ihr im Folgenden zu lesen bekommt, sind ein paar unfrisierte Notizen und Beobachtungen aus dem Gerichtssaal.

Ernst Däumling, der jüngste von sieben Brüdern, weißhaarig, streng gescheitelt, eine schmale, starkrandige, dunkel gefaßte Brille im Gesicht – die Gläser erinnerten an die Sehschlitze eines Visiers –, leger in beiges Flanell gekleidet, war ein gewitzter, alerter und schlagfertiger Mann von asiatischer Alterslosigkeit, in einer Art nur noch leicht nachdunkelnder Fünfundvierzigjährigkeit präpariert. Seine Körpergröße gab er mit einszweiundfünfzig an.

Keiner seiner Brüder sei größer als einsfünfundfünfzig geworden, erklärte E.D. zum Prozeßauftakt dem Gericht, bei der Befragung zu seiner Person. Es seien Vermutungen im Umlauf, manche denunzierten sie als böswillige Gerüchte, die notorische Kleinwüchsigkeit der Däumlingsöhne habe ihre Ursache in einem genetischen Defekt, einer Berufskrankheit des Vaters Horst, seiner lebenslänglichen Kontamination mit gewissen Chemikalien wegen.

Daß er seit jeher *der kleine Däumling* genannt werde – die Gepflogenheit gehe auf seinen Onkel Ludwig zurück, einem Bibliothekar und Laienornithologen aus Meiningen – spiele also weniger auf seine physische Winzigkeit an, sondern vielmehr auf seine Stellung in der Familie: der jüngste Bruder, ein Nachzügler, dessen Beaufsichtigung und Erziehung die schon ein wenig gebrechlichen Eltern oft überforderte.

Was für eine Berufskrankheit?, wollte der Vorsitzende Richter wissen, die Korbmacherei habe ihm bislang als gesundheitstechnisch unverdächtig gegolten. Eher ein entlegenes Gewerbe für Ökofreaks.

Auf Ernst Däumlings Antwort hin ordnete der Vorsitzende Richter eine Verhandlungspause an. Nun erst, räumte er mit schuldbewußtem Unterton ein, werde es der Strafkammer bewußt, daß dieser Fall nicht zu begreifen sei, ohne den Rat und die Auskunft von Experten heranzuziehen, Zeithistoriker, Idiomspezialisten und Handwerksexperten.

Sein Vater Horst, so E.D., habe den Lebensunterhalt der vielköpfigen Familie als Präsentkorbmacher verdient, eher schlecht als recht, wie er gern behauptet habe. Das Material für sein Kunsthandwerk habe der Vater aus Bitterfeld bezogen; wöchentlich sei ein Paket mit bunten, etwa halbmeterlangen Plastegerten und -ruten bei ihnen zu Hause eingetroffen.

Dem aus jungen geweihten Plastetrieben geflochtenen Präsentkorb, referierte ein erbärmlich hagerer Ethnologe des mitteldeutschen Raumes, Privatdozent in Lüneburg, kam in den naturreligiösen Riten des Alltags, wie es in den Regionen hinter dem Hegwald Brauch war, eine große Bedeutung zu. Ob Brigadefeier oder Planerfüllungsandacht, ob Großes Betriebsvergnügen oder Heilige Messe der Meister von Morgen, ob Heckenschützenfest oder Singvogelolympiade, und auch bei der Beförderung vom Haus- zum Hofgenossen – ohne den zeremoniellen Einsatz des Präsentkorbes, mit heilig-nüchternen Zuwendungen und Prämien der Götter gefüllt, Gaben von symbolischer Ungenießbarkeit und sich selbst feiernden Urkunden, ohne dieses liturgische Kunststück hätte bald matter Trübsinn Besitz von dem schlechthinnig abhängigen mitteldeutschen Menschen ergriffen.

Leider war der Experte mit einem furchtbaren Sigmatismus geschlagen – weit davon entfernt, sich durch die beinah anmutige Bezeichnung des Lispelns kaschieren zu lassen –, und dieser Umstand machte es uns Zuhörern schwer, dem Sinn seiner Rede zu folgen.

Er erinnere sich, so E. D., der dem Ethnologen aufmerksam zugehört hat, ohne ein mimisches Zeichen der Zustimmung oder des Widerspruchs, daß es ein beliebter Zeitvertreib unter den Brüdern gewesen sei, die Kinderstühlchen im Halbkreis aufzustellen, sich zu setzen und schweigend auf Plastesprossen und -spänen zu kauen, Abfall vom Abfall aus Bitterfeld, den man dem Vater aus der Materialkiste stibitzte. Wer zu quatschen anfing, mußte die Runde verlassen, so lautete die Regel.

Wie anderswo die Eingeborenen auf Cocablättern, ergänzte der Ethnologe ungefragt und handelte sich einen strengen Blick des Vorsitzenden Richters ein.

Soweit er zurückdenken könne, fuhr E. D. mit seiner Selbstauskunft fort, habe er das Hadern seines Vaters im Ohr, ob seines schweren Loses. Zwar habe ein Präsentkorbmacher durchaus ein gewisses Ansehen in der Gesellschaft genossen, aber seine Einkünfte seien vergleichsweise schmal geblieben. Ach, wäre ich doch ein Broilerkeuler geworden!, habe der Vater von Zeit zu Zeit geseufzt, wie oft hätte ich mir dann Reisen ans Schwarze Meer leisten können samt meinem lieben Weib und den sieben Söhnen. Ach, hätte ich es nur nicht versäumt, den kurzen Lehrgang zum Phrasentechniker zu belegen! Warum ist es mir nie eingefallen, auf dem weiten Feld der Textilchemie mein Glück zu machen, als Dederonbauer in einer Produktionsgenossenschaft, beispielsweise! Kaum auszudenken, die Wonnen eines Lebens als Propagandakorrespondent in der großen weiten Welt eines Bruderstaates! So oder so ähnlich habe er den Vater häufig klagen hören. Der Unmut im Saal wuchs und kristallisierte sich als Tuscheln und Murren aus. Erst der Auftritt eines Gerichtsdolmetschers, der uns alles Notwendige übersetzte, besänftigte die Gemüter.

In der Gesellschaft hinter dem Hegwald, erklärte der Ethnologe, abermals unaufgefordert – er konnte einfach nicht für sich behalten, was er wußte –, zählte die Zunft der Präsentkorbmacher zum Stand der Hausgenossen, kein ehrenrühriger, aber doch ein eher subalterner, und jeder Hausgenosse, der einen Funken Ehrgeiz im Leibe hatte, wollte eines Tages zum Hofgenossen ernannt werden (wozu Phrasentechniker, Dederonbauern oder auch Saujagdsekretäre und Bärenaufbinder von Amts wegen gehörten).

Ohne von den akademischen Einlassungen des Ethnologen – vom schweren Sigmatismus permanent ins Lächerliche gezogen – groß Notiz zu nehmen, erzählte E. D. weiter.

Und noch ein anderer Lebenstraum seines Vaters sei vereitelt worden – durch die Kleinwüchsigkeit seiner Brut. Vater Horst – es sei ein offenes Familiengeheimnis gewesen – hatte sich beizeiten für die Idee begeistert, seine Söhne möchten eine Karriere bei den Heckenschützen machen. Doch diese Laufbahn blieb Kandidaten unter einssechzig verwehrt.

So leicht gab Horst Däumling aber nicht klein bei. Die Not sollte sich ihm zeigen, die nicht zur Tugend taugte! Vater Däumling sann, während seine Hände wie von selbst Präsentkörbe flochten, lange und methodisch über die Vorzüge der Winzigkeit nach. Dann begann er, in seiner Freizeit seine Söhne im Itzeln zu unterrichten. An seinen älteren Brüdern, so E.D., sei der didaktische Eifer des Vaters mehr oder weniger abgeprallt, sie hätten den Alten, genau genommen, bei seinen Bemühungen nur verarscht; allein er, der Jüngste, sei ein gelehriger Schüler gewesen. Und das Leben habe, wie wir bald hören würden, diesen Eifer belohnt.

Das Itzeln, ließ sich der Ethnologe vernehmen, sei unter den Mitteldeutschen hinter dem Hegwald sehr beliebt gewesen, habe verschiedene Formenkreise wie das Kitzeln, das Spitzeln oder das Witzeln, oder auch das Kritzeln, um nur die Geläufigsten zu erwähnen, ausgebildet und sei zu den Angewandten Künsten gerechnet worden; in der Nähe von Potschappel habe einst sogar eine Itzel-Akademie existiert, mit sehr begehrten Meisterklassen.

Kurzum, so E.D. weiter, wie sich der Vater in seinen Wahn verrannt und zum bettelarmen Präsentkorbmacher stilisiert habe, sei bald unerträglich gewesen. Nur der gutgläubige Onkel Ludwig im fernen Meiningen habe den Alten mit seinen Armutstiraden noch ernst genommen.

Eines Abends, er und seine Brüder lagen schon in ihren Bettchen, habe er die Eltern belauscht, wie sie einen perfiden Plan aushecketen. Er habe, berichtete Horst Däumling seiner Frau, im RIAS – den er manchmal beim Präsentkörbeflechten heimlich hörte, was nicht einmal Onkel Ludwig wußte – aufgeschnappt, daß Kinder das größte Armutsrisiko überhaupt seien. Nun gelte es zu handeln.

Er erinnere sich genau, so E.D., wie er damals im Bettchen sein Kichern nicht unterdrücken konnte. Erst brachte ihm sein eigener Vater weit mehr als nur die Grundlagen des Itzelns bei, und nun versuchte er, ihn konspirativ auszutricksen! Für wie blöde mußte ihn der Alte halten.

Seine Brüder schnarchten ahnungslos.

Als die Mutter – sie war am Frauentag mit einem Präsentkorb geehrt worden (er enthielt unter anderem ein Brevier mit besinnlichen Stalinworten über das schöne Geschlecht und einen Gutschein für drei kubanische Bananen) – fröhlich ankündigte, man werde morgen einen Familienausflug ins wilde Elastedelta hinter Bitterfeld unternehmen, in die Mitteldeutschen Tropen, den fast undurchdringlichen Plastedschungel, tausend Mal exotischer als die Sächsische Schweiz, da habe er gewußt, was zu tun sei. Ohne daß es der Vater bemerkte, habe er, E., sich im Materialschuppen hinterm Haus die Hosentaschen mit weißen Plasteschnipseln gefüllt. Die habe er – durch Onkel Ludwigs Bericht, von dem vielleicht auch das Hohe Gericht Notiz genommen habe, sei es legendär geworden – während der Wanderung beiläufig ausgestreut, um später wieder zurückzufinden.

Kaum hatten sich die Eltern auf ein Zeichen des Vaters hin in die kunterbunten Büsche geschlagen, sei das Zetergeschrei der Brüder ohrenbetäubend gewesen. Er habe sie rasch beruhigt und sei vorangegangen. (*Man sah es den Wegen am Abendlicht an, daß es Heimwege waren,* hatte ich ursprünglich an dieser Stelle meines Berichts geschrieben, doch ich scheiterte mit meiner poetischen Konterbande abermals an der Wachsamkeit des Chefredakteurs.)

Die Eltern hätten übrigens, wie er später rekonstruiert habe, für ihre Flucht vor den Kindern sehr geschickt den Bitterfelder Weg genutzt, die einzige immer aufs Neue von bösen Umtrieben gesäuberte Schneise im unwegsamen Gelände.

Noch keine Woche waren die Eltern – ihrer sieben Söhne ledig – wieder zu Hause angelangt, da wollte es ein unerforschlicher Ratschluß, daß der werte Hausgenosse Horst Däumling mit einer fetten Prämie bedacht wurde.

Was kaufte Mutter Ilse nun alles im Delikatgeschäft, daß sich der Tisch unter den Köstlichkeiten bog!

Die Eltern praßten schweigend, und jeder von beiden hing seinem schlechten Gewissen nach – der Vater, weil er sich, ein heimlicher RIAS-Hörer, der unverdienten Prämie nicht würdig fühlte; die Mutter, in quälende Gedanken über ihre Söhne verstrickt, vermeintlich Verschollene, die, statt sich jetzt zu Hause dicksatt zu futtern, irgendwo in dem von allen Abenteuerreisenden gefürchteten BUNA-Dreieck umherirrten, unfähig, wie zu befürchten war, aus eigenen Stücken auf den Bitterfelder Weg zu kommen.

In diesem Moment habe er, E. D., an der Spitze der Brüderschar die Tür geöffnet, zu den verdutzten Eltern *Mahlzeit, Hausgenossen!* gesagt, und sie seien flink herein getrippelt und hätten im Nu den reich gedeckten Tisch leer gegessen.

Nicht einmal einen Monat reichten die von der Prämie angeschafften Vorräte, dann war alles wieder beim Alten.

Einfallsreichtum sei noch nie eine Stärke seines Alten gewesen, erklärte E.D. vor Gericht, und so habe es ihn nicht überrascht, schon bald erneut eine abendliche Unterredung seiner Eltern zu belauschen, in der Vater Mutter davon überzeugte, die Sache mit dem Ausflug demnächst zu wiederholen. Nur daß der Vater, aus Erfahrung schlau, seine Söhne diesmal zu Hausarrest verurteilte, vierundzwanzig Stunden vor der Familienexkursion; er selbst sprach von einer notwendigen Konzentrationsübung, zur Steigerung der Vorfreude.

So konnte er, E., sich die Taschen diesmal nicht mit weißen Plasteschnipseln vollstopfen.

Bei dieser Gelegenheit, so E.D. ironisch, zögere er nicht, ein Teilgeständnis abzulegen: daß er auf dieser Tour Brotkrümel ausgestreut habe, die dann die Vögel aufgepickt hätten, sei reine Erfindung, eine sentimentale Ausschmückung, wie sie Onkel Ludwig liebe.

Beim zweiten Versuch, sich ihrer Söhne zu entledigen, suchten die Eltern hinter Wolfen das Weite, und für die sieben Brüder, von den Ausdünstungen der synthetischen Tropen halb betäubt, war guter Rat teuer. Die Brüder machten ein Geheul zum Plasteerweichen und Elasteerbarmen; nur er, der Jüngste, behielt einen kühlen Kopf. Nach einer Nacht im Freien, die Feiglinge von Brüdern hätten sich über alle Maßen gefürchtet, habe er, Ernst, von einem Hochsitz aus, dem zur Morgenstunde noch verlassenen Arbeitsplatz eines Heckenschützen, das Dach eines Hauses erspäht und sei den Brüdern tapfer dorthin vorangegangen, durch Dickicht, falsche Dornen und künstliche Disteln.

Er hasse es, so E.D., wenn ein Erzähler mit Sensationen auftrumpfe; deshalb raffe er an dieser Stelle seinen Bericht.

Bekanntlich habe es sich um das Haus des Menschenfressers gehandelt. Der Schock dieser Erkenntnis sei so groß gewesen, daß er, E., sich erst später darüber zu wundern begonnen habe, diese als exotisch geltende Spezies hier anzutreffen, in unserer Nachbarschaft, und nicht etwa in irgendwelchen Tropen.

Die Frau des zur Stunde abwesenden Hausherren – Kommandeur eines großen Betriebskindergartens übrigens, wie uns die Gattin stolz verriet – sei mitleidig gewesen und habe ihnen Asyl gewährt und auch etwas zu essen und zu trinken gegeben, ohne allerdings zu verschweigen, wo sie sich befänden. Mit weinerlicher Stimme habe sie von den tragischen und auch gesundheitsgefährdenden Eßgewohnheiten ihres Mannes gesprochen; ein typischer Fall von Koanthropophagismus.

Bald sei der Menschenfresser heimgekehrt, habe Rotwein zu trinken angefangen – mit *Stierblut* stimmte er sich gerne auf eine ordentliche Mahlzeit ein – und Menschenfleisch gewittert. Mit einer List habe die gutherzige, aber schwache Frau ihn und seine Brüder vor einer Spontanschlachtung bewahrt: indem sie ihren Gatten beschwor, die mageren Findelkinder erst noch ein Weilchen zu mästen.

Der schon ein wenig besoffene Menschenfresser willigte ein, und er und seine Brüder wurden in einer Kammer untergebracht, in der bereits die sieben Töchter des Menschenfressers in einem Bett schliefen, sieben Mädchen, die einander an leninistischer Häßlichkeit überboten.

Ich bin mir nicht sicher, ob E.D. die amüsierten Seitenblicke spürte, die wir Prozeßbeobachter tauschten.

Leninistische Häßlichkeit, sinnierte der Beschuldigte, das sei gewiß nicht der Ausdruck des Jungen von damals gewesen. Aber heute habe er ihn gewählt, weil er ihm präzise vorkomme. Er halte, falls ihm diese Anmerkung vor Gericht erlaubt sei, den Begriff des Authentischen ohnehin für weit überschätzt: diese folkloristische Zwangsjacke für Gefühlsechte.

So sei sie, die Ironie des Schicksals, deklamierte E. D. vor der Strafkammer, was ihm der böse Vater einst beigebracht hatte, sollte ihm und seinen Brüdern nun das Leben retten: seine Fertigkeiten in der Kulturtechnik des Itzelns! Während die Brüder schon schliefen und der Menschfresser nebenan ins Singen geriet, habe er, E., sich ans Werk gemacht. Jede der sieben Töchter des Menschenfressers trug nämlich ein Nachtkrönchen – merkwürdige Gebilde, an Stelle der üblichen Zacken ragten, filigran gekreuzt, Hammer und Sichel auf. Diese Nachtkrönchen habe er den Töchtern behutsam entwendet und seinen Brüdern und sich aufgesetzt.

Wie er es geahnt habe, sei bald darauf der Menschenfresser, ein Messer zwischen den Zähnen, in die Kammer getorkelt und habe nach den Krönchen getastet. Wehe dem, der jetzt ein bloßes Köpfchen hatte!

In einem lallenden Selbstgespräch, das Messer nun schon in der Hand, habe sich der Menschenfresser übrigens wörtlich als *ein betrunkenes Schaf, das fast einen Eselsstreich begangen hätte* tituliert; eine sonderbare Selbstwahrnehmung für einen Mann seines Schlages.

Nein, er habe keine Skrupel gehabt, antwortete E. D. auf eine Frage, die ihm niemand gestellt hatte, es sei ein Fall von purer Notwehr gewesen. Die sokratische Weisheit, es sei besser, Unrecht zu erleiden, als Unrecht zuzufügen, sei ihm damals, hinterm Hegwald, zum Glück noch nicht geläufig gewesen. Und den Töchtern des Menschenfressers sei in ihrer Häßlichkeit vermutlich viel Herzeleid erspart geblieben, indem sie die Pubertät gar nicht erst erreichten.

Nun wolle er sich wieder kurz fassen, erklärte E. D. barsch.

Während der Menschenfresser seinen Rausch ausschlief, glückte ihnen, E. D. samt seinen Brüdern, die Flucht. Die Wut des Menschenfressers beim Anblick des von ihm selbst angerichteten Massakers an seinen Töchtern sei, schlicht gesagt, unbeschreiblich gewesen.

Das bösartige Gerücht, das kolportiere, schon bald habe, angesichts von sieben feinen Happen, der gesunde Appetit des Menschenfressers die Oberhand über dessen Groll gewonnen, und das Onkel Ludwigs Ende der Geschichte ins Reich der Legende verweise, dementiere er, E.D., scharf, wohl wissend, daß gegen ein Gerücht kein Kraut gewachsen sei.

So wahr er hier stehe, streifte E. D. auf einmal das Pathetische, das aus dem Munde eines Zwergs leicht komisch wirkte, der Menschenfresser habe sich flugs seine Siebenmeilenstiefel angezogen und die Verfolgung aufgenommen.

Jetzt schlug die Stunde des vom Gericht bestellten Experten für historisches Hochleistungshandwerk. Vollglatze und Halbbrille, ein aufgeschwemmter Schwadroneur, dessen zwanghaftes Räuspern sich wie rhetorisches Bindegewebe zwischen den Sätzen einnistete; wir Journalisten verpaßten ihm bald den Spitznamen *Nasses Brötchen*.

Bei dem Siebenmeilenstiefel handelt es sich um ein regionales Produkt aus dem mitteldeutschen Raum und um eine erstaunliche Kuriosität in der Geschichte der Fußbekleidungstechnik, referierte der untersetzte Experte.

Hergestellt – oder sollte ich besser sagen: ausgebildet und trainiert – wurde der Siebenmeilenstiefel allein in der Kaderschusterei »Zum ewigen Fortschritt«, einem Eliteinstitut des Schumacherhandwerks. Militärisch abgeschirmt und im finstersten Forst perfekt versteckt, hatte die Kaderschuhschmiede – oder Schuhkaderschmiede, ganz wie Sie wollen – ihren Sitz am Rennsteig. Ein Lederrohling, der sich hier zur Ausbildung bewarb, mußte eine harte Eignungsprüfung bestehen, und das war erst der Anfang einer unsäglichen Quälerei. Sieben Tage in der Woche wurde trainiert, Gehorsam, Ausdauer, Weitsprung, Trittkraft, Wissenschaftliche Weltanschauung und, besonders berüchtigt, orthopädischer Opportunismus. In diesem Pflichtfach lernten die Lederrohlinge, augenblicklich an jeden Fuß zu passen, unabhängig von dessen Größe und Beschaffenheit, wie angemessen und angegossen. Während des täglichen Drills skandierten die Lederrohlinge Losungen zur Stärkung der Laufmoral, etwa *Ziehen wir alle an einem Tau, erreichen wir das Weltnivau.*

Schneller als der Westwind, diese programmatische Formel stand, filigran geprägt, auf dem Schuhband geschrieben, das einem diplomierten Siebenmeilenstiefel bei der Entlassungsfeier überreicht wurde. Unbefugtes Tragen solcher Schnürsenkel wurde übrigens mit Freiheitsentzug bis zu zwei Jahren geahndet, oder mit Zwangsarbeit als Gummistiefel.

Für den gewöhnlichen Hausgenossen war es praktisch unmöglich, in den Besitz von Siebenmeilenstiefeln zu gelangen. Selbst der mittlere Hofgenosse mußte etwa dreiundzwanzig Jahre auf ein Paar Siebenmeilenstiefel warten; deshalb war es in diesen Kreisen üblich, den Neugeborenen Antragsformulare für den Bezug eines Paares Siebenmeilenstiefel in die Wiege zu legen. Erfreulich war, daß sich die Sorge, das begehrte Schuhwerk könnte nicht passen, nach dieser langen Wartefrist, in jedem Fall als ganz unbegründet erwies. Eine letzte Hürde galt es noch zu überwinden: ein endlich Bezugsberechtigter durfte seine Siebenmeilenstiefel nur für Harte Taler erwerben; die Landeswährung, Rote Heller, akzeptierte die Kaderschusterei »Zum ewigen Fortschritt« nicht.

Immerhin werfen die Erläuterungen unseres Sachverständigen doch ein interessantes Licht auf den sozialen Rang eines Menschenfressers, damals, kommentierte eine Beisitzende Richterin.

Märchenhaft, sagte E.D. trocken. Kaum hatte er dem Menschenfresser die Siebenmeilenstiefel entwendet und sich selber angezogen, habe er sich die – wie meist ahnungslos heulenden – Brüder geschnappt und sie en passant vor der Haustür der Eltern abgelegt. Er selbst sei sofort weitergezogen und habe in der Welt sein Glück gemacht.

Jahre später habe er zufällig erneut vom Menschenfresser gehört: daß er, eine Spätfolge des Traumas, einen psychotischen Schub erlitten habe und seither kaum wiederzuerkennen sei. Und dann sei er, E.D., im Internet darauf gestoßen, daß der Menschenfresser, geläutert, dem Alkohol abhold und unter einem Pseudonym, mit seiner Frau und sieben Pflegekindern, heute in der Sächsischen Schweiz eine »Praxis für Gewaltfreie Ernährung« betreibe, sehr erfolgreich dem Anschein nach. Das Gästehaus sei fast immer ausgebucht.

Daß er aber seine Eltern, unter der Vorspiegelung, es handle sich um einen Wellness-Aufenthalt, und in der Hoffnung, der Menschenfresser komme angesichts des alten Präsentkorbmachers und seiner Frau wieder auf den Geschmack, dorthin eingeladen habe, sei eine üble Verleumdung, schloß E. D. mit einer gewissen Schärfe in der Stimme.

Gar keine schlechte Idee, wenn einem die Alten so mitgespielt haben, murmelte einer neben mir anerkennend.

Und wenn sie nicht gestorben sind, so leben sie noch heute.

Auch wenn er ihm nicht gefallen mochte, gegen diesen Satz, mit dem ich meinen Bericht beendete, war der Chef machtlos.

Franziska Sperr

Die kluge Else

In die Kurzwarenabteilung, den Reißverschluß besorgen, zweiundzwanziger Länge. Die kluge Else steht auf der Rolltreppe, sieht auf die Armbanduhr. Was? Schon so spät? Dann aber ohne Umweg hinauf in die dritte Etage, denn der Hans, der wartet zu Haus.

Hinter ihr, unter ihr Frauen mit festen Frisuren in herbstlichem Rot oder Gold und nichtssagende Männer mit Kappen. Eine weißblonde Bürste. Und Feder mit Hut. Sie stehen und fahren, genau wie die Else, am Spiegel entlang, schräg vorwärts nach oben. Bin ich das? Else sieht sich, dreht den Kopf, kneift ein Auge zu, nur so zum Spaß, und um sicher zu gehen: Ja, ich bin es, die dort im senfgelben Mantel, das bin zweifellos ich. Oder? Else, Else, die Zeit rennt dir davon. Jetzt schnell in die dritte Etage. Kurzwaren. Reißverschluß. Grau, zweiundzwanziger Länge. Für Hansens Hose. Mein guter Hans, sagt sich die Else, der wartet auf mich zu Haus.

Erste Etage. Else bleibt stehen, geht nicht mit der Meute zur nächsten Rolltreppe nach oben. Sie läßt sich treiben, sieht hier hin und dort hin. Musik, Lichter und Farben, Schals in Rost, in Petrol, in Schilf und in Sand. Wie weich so ein Schal ist, denkt die Else, Federflaum, Blütenblatt. Prüft alles, was sonst noch hier baumelt und pendelt, geht vor und zurück vor dem Spiegel und um die Vitrine herum, Glitzerndes, Schwingendes zwischen den Fingern, faßt sich gut an, Halskettchen, Ohrringe, Armbänder, Perlen und Gold. Hält ein Armband in der Hand, erst eines, dann das nächste und noch eins, und denkt, so ein Armband wäre auch was für mich, wendet die Hand, beugt den Arm. Ich habe die Handgelenke dafür, die hat nicht jeder. Aber jetzt weiter, weiter, Else, die Zeit läuft dir davon. Dort drüben, am Ständer, hängen Gürtel, die senden Blinkzeichen mit ihren goldenen Beschlägen und Schnallen. Geh nicht zu den Gürteln!, Else, du kennst dich! Gürteltick, sagen die Spezialisten. *Tick*, das klingt klinisch, unheilbar oder heilbar, – na wenn's nur bei Gürteln ist, sind wir zufrieden! Nimmt einen. Probiert überm Pullover, unter der Jacke im offenen Mantel. Zu kurz. Die bleiche Verkäuferin kommt wie gerufen, seh' mal im Lager nach, bin gleich wieder da. Und Else wartet, ist in Eile, doch wartet, berührt noch einmal das schöne Türkis, streicht über die silbrigen Fäden der indischen Stola, wischt über Samt und Brokat, greift in den Haufen voll Cashmere samt Seide, zieht etwas heraus und hält es unters Kinn. Else, die Zeit rennt dir davon, so ein Nachmittag dauert nicht ewig! Das weiße Gesicht kommt zurück aus dem Keller, dem Lager: Hier, der ist länger, Glück für Sie, es ist der letzte. Nein, sagt Else und schüttelt den Kopf, nein, einen Gürtel will ich nicht. Hat längst aus den Augenwinkeln die Bluse erspäht, die von weit her apfelgrün leuchtet. Das grüne Leuchten, Else hält inne, was hat das noch mal für eine Bedeutung? Ein Licht, ein Wetter, Mondlicht am Strand? Eine Bluse paßt zu allem, sagt sich Else, und Blusen kann man nicht genug haben, auch nicht in grün, apfelgrün. In die Kabine, Mantel aus, Strickjacke, Pullover. Die Bluse sitzt wie angegossen (und das ist noch untertrieben) und Else steht schon an der Kasse.

Nun aber schnell. Dritte Etage. Kurzwaren. Grauer Reißverschluß, zweiundzwanziger Länge! Und: bloß nicht verzetteln. Schnurstracks zur Treppe, vorbei an der Puppe mit Nachtwäsche. Weiß flackernde Rüschen im Wind des Propellers. *Ihr Traum aus Seide*, sagt die Stimme aus den Lautsprecherboxen. Aus Seide? Meine Träume sind nicht aus Seide! Meine Träume sind zuckende Muster auf blutschwerem Samt. Und mein Hans, denkt die Else, der wartet zu Haus. Sie hält ihre Hand auf und schöpft den Spitzensaum vom flackernden Nachthemd. Beugt sich herab, wie wunderbar duftet die Seide! Nein, weg hier, Else, schnell weg und weiter, trotz erdbeermilchfarbener Mieder und Schleifen aus Samt. Mit langen Schritten durch die Strumpfabteilung. Halt! Drei Schritte zurück: Strumpfhosen. Eine verstärkte, denkt Else, die Kluge. Verstärkt an der Ferse und verstärkt im Schritt. Verstehen Sie? Haben Sie die?, Farbe Opal, blickdichtes Nylon, nein, bloß keine Wolle, um den Bauch herum flach, und hinten gepolstert. Dabei locker im Bund. Haben Sie die? Die Verkäuferin nickt neutral, sieht Else nicht an, zeigt keine Regung. Ihr Blick geht ins Leere, sie greift in die Schublade. Hier ist sie in schwarz, meine Dame, sagt sie mit fischblütigem Blick. Else beugt sich über den Tresen: Nein, keinesfalls schwarz! Obwohl, schwarz ist elegant und macht schöne Beine. Also schwarz. Oder nicht, nein, warten Sie, Opal, geht das mit grün? Von der Regungslosen nicht das winzigste Zeichen. Else zerrt die Bluse aus der Tüte, kann sich nicht entscheiden, muß sich entscheiden. Also Schwarz. Aber jetzt schnell nach oben, Else, die Zeit rennt, und der Hans, der wartet zu Haus. Wo fährt man nach oben? Bin ich hier im Dritten? Wo ist der Lift? Mit dem Lift sind Sie schneller, sagt die Krötenkopfalte und faltet ihr Doppelkinn auf, Richtung Lift. Danke, sagt Else im Laufschritt, und das Unterhemd klebt ihr am Rumpf. Siebzig Prozent, liest sie, Winterware Schlußverkauf, das will ich sehen. Schon gleitet der Rollkragenpullover durch ihre Finger, falsche Farbe, kratzt. Aber der braune hier, ja, der ist mir lieber. Kann man den mal probieren? Kein Mensch weit und breit. Else mit Händen und Ellbogen wühlt im Geschlängel von Ärmeln und Hälsen. Zu groß. Zu klein. Zu lila. Zu grell. Und der, der hat Rundhals, V wäre ihr lieber. Else, die Zeit rennt dir davon! Es leuchtet die sieben, der Lift ist im siebten, das dauert und frißt ihre Zeit. *Kraft schöpfen im Cafeterialand*, liest sie. Jetzt kommt er: sieben sechs fünf vier drei. Fährt vorbei. Der fährt erst in den Keller, sagt der Glatzkopf neben Else, zuerst in den Keller und fängt dort neu an. Das kann also dauern. Kaffee wäre gut, denkt Else und strafft sich, bin leider in Eile, verschwende keine Zeit. Wichtig ist nur der Reißverschluß, grau, zweiundzwanziger Länge. Und denkt an den Hans, an die Hose, den kaputten Verschluß. Hans wartet, denkt Else, die Zeit rennt, beeil mich und bin bald zu Hause beim Hans.

Steht im Lift zwischen Leuten. Vierte Etage. Was? Vierte? Ich will in die dritte, sagt Else empört. Dann hätten Sie doch gedrückt, erwidert der Glatzkopf. Die dritte, die war nämlich schon. Schicksal, denkt Else, Kaffee muß jetzt sein, sonst falle ich um. Also gleich in die siebte. Ein Tisch am Fenster wird frei, die Bedienung ist bleich. Warum nur, denkt Else, warum sind im Kaufhaus die Frauen so bleich? Sie verrenkt sich nach hinten, stellt all ihre Tüten zwischen Stuhl und Wand in einen Hohlraum. Milchkaffee extra groß und ein Stück Streusel. Der Kaffee kommt, Teller mit Kuchen und einem Berg Sahne. Bloß keine Sahne, denn die macht dick! Nein, nicht zurück, ach, lassen Sie, bin furchtbar in Eile. Und Else trinkt und kaut und schluckt und winkt mit dem Schein. Komme *sofort*, lügt die Bedienung von irgendwo her. *Sofort*, das kann dauern, frißt

Elses kostbare Zeit. Beeilung bitte, nun machen Sie schon! Mein Mann, der Hans, der wartet zu Haus!

Else, wieder am Lift, tritt von einem Fuß auf den andern. Die Zeit, flüstert sie, Else, die rennt dir davon! Vom siebten zum dritten. Sieht sich im Spiegel, die hektischen Wangen, die brennende Stirn, steigt aus im dritten. Sieht an sich herab: Wo sind die Tüten? Die Strümpfe? Die Bluse? Schweißnasser Rücken und Schwindel und Herzschlag. Macht wieder kehrt, wartet am Lift. Minuten so kostbar, als ging's um das Leben. Zurück in den siebten. An ihrem Tisch drüben am Fenster hält sich ein Paar an den Händen. Else rückt an dem Stuhl, dort, zwischen Stuhl und Wand! Im Hohlraum. Haben Sie hier zwei Tüten? Gesehen? Genommen? Die waren gerade noch da! Das Paar, Hand in Hand, weiß nichts und hat nichts gesehen. Doch das Fräulein, das bleiche, ruft Else zu: Die Tüten sind schon an der Sammelkasse. Tut mir Leid, meine Dame, im vierten!

Der Hans war längst zu Hause, aber die Else wollte nicht kommen, da sprach er: »Was hab' ich für eine kluge Else, die ist so fleißig, daß sie nicht einmal nach Haus kommt und ißt.«

Hinauf in den vierten. Else drückt auf den Knopf. An der Sammelkasse ist Betrieb. Zehn Personen stehen vor Else in der Reihe. Haben Sie alle Ihre Tüten vergessen?, ruft Else, die Kluge. Erhält keine Antwort, die Leute bleiben stumm. Komme später wieder!, hab doch meine Zeit nicht gestohlen! Fährt mit dem Lift in die erste Etage, im Vorbeigehen das seidene Nachthemd mit der Spitze am Saum. Ohne Anprobe, nur so, für die Nerven. Kasse, Karte, Geheimzahl schnellschnell. Zu den Kurzwaren im dritten. Diesmal nimmt sie wieder die Rolltreppe. Durchquert die Etage mit weiten Schritten, die Tüte mit Nachthemd fest im Griff. Fühlt sich gejagt und bleibt dennoch stehen. Ein Korkenzieher, der von selbst zieht, der könnte dem Hans gut gefallen. Der Verkäufer ist sofort zur Stelle. Daß nichts über ein gutes Glas Wein geht, sagt er, am Feierabend. Und spricht und spricht. Von liegenden Flaschen und stets feuchten Korken. Korkstückchen im Wein, sagt er und macht ein Gesicht. Wollen Sie das? Mit diesem Screwpull, da gehen Sie sicher. Sicher? Ja, daß der Korken so rauskommt, wie er hineinkam, glatt, unverletzt, wie eine Morchel. Eine Morchel? Der Verkäufer nickt. Wie viel?, fragt Else. Sechzig, sagt der Verkäufer, der Luchs. So teuer? Es ist das Patent, für das Sie bezahlen! Als hätte er selbst es erfunden. Na gut, wenn Sie meinen. Und wenn schon, dann bitte gleich als Geschenk. Für meinen Mann. Else sieht erst auf die Uhr und dann, wie er die Folie schneidet und faltet und knickt. Sich nicht aus der Ruhe bringen läßt, das eisblaue Band wählt und bindet und knotet und mit der Schere zu kindischen Kringeln. Mit kargem Gesicht. Zupft an der Schleife still und konzentriert. Tüte? Tüte. Bin selbst schuld, denkt Else und tritt von einem Fuß auf den andern. Wo bitte sind die Toiletten?

Reißverschluß, zweiundzwanziger Länge. Aber erst in den sechsten. Was sein muß, muß sein. Es wird knapp, Else, die Zeit rennt dir davon, und zu Hause da wartet der Hans. Lift oder Rolltreppe? Das Schild Damen / Herren im Blick quer durch die ganze Etage. Nur einmal drückt sie den Reifen am Fahrrad und den Fußball im Korb. Ganz nebenbei, ohne jedes Interesse. Allerdings: Turnschuhe im Angebot. Im Stehen zieht Else den Rechten an, in achtunddreißig ist der fast zu knapp. Und mit Socken schon gar. Die Hitze am Rücken, mit lodernder Stirn tritt sie vor den Spiegel. Humpelt herum mit einem Schuh an und dem anderen aus. Denkt plötzlich: Was tu' ich, was mach' ich, wie komm ich hierher? Turnschuhe kann ich nicht gebrauchen, ich habe doch genug Turnschuhe zu Haus! Drei bis fünf Paar! Ein hübscher Junge ist der Verkäufer, der guckt und der lächelt mit wissenden Augen und fragt: mit oder ohne Karton? Mit, sagt die Else und lächelt zurück und lächelt und denkt, was für ein süßer Bengel das ist. Und zahlt. Greift nach der Tüte an seinem Finger, da läßt er sie baumeln und lächelt wild wie zehn Berber beim Tee. Reißverschluß, zweiundzwanziger Länge. Und vor dem Klo eine Schlange. Else zählt: sie ist die fünfte.

Bin ich im dritten? Im vierten? Im fünften? Wirft fünfzig Cent auf den Teller der Klofrau. Sammelkasse, Reißverschluß, eines nach dem anderen, der Nachmittag ist schon vorbei. Else, Else, die Zeit rennt dir davon. Stürmt zum Lift, und:

Still! Sie hört etwas schwirren, und lauscht und dreht sich einmal um sich selbst, ein Lichtkegel blendet, der Vogel umkreist sie und zwitschert und schwirrt. Was tut der Vogel im Kaufhaus?, fragt sich die kluge Else und dreht sich. Fährt mit der Treppe hinauf in den dritten, den vierten, holt den Reisverschluß und auch die Tüten, und der Vogel immer mit ihr. Und mit ihr ins Parterre. Fast rennt jetzt die Else, blickt sich um und zum Himmel und flieht auf die Straße. Der Vogel ist hinter ihr, über ihr, vor ihr. Flattert ihr um den Kopf und zwitschert und zetert und zeckt. Scher dich weg!, ruft sie, kaum betritt sie den nachtstillen Kirchplatz. Bleib weg! Flieg weiter! Hast du kein Nest?

Else geht schneller, immer noch schneller, die Tüten knistern am Stoff ihres Mantels, und güldene Funken springen heraus. Bleibt plötzlich stehen, sieht den Vogel nicht mehr. Und hört auch die Flügel nicht schlagen. Es pickt ihr ins Gehirn, grelle Trümmer und Feuer und Hitze und Kälte auf Elses Kopf. Es kratzt und es schneidet und sticht. Auf ihrem Schädel. Es ritzt und es bohrt und es hackt, und der Vogel wetzt Schnabel und Krallen. Hau ab! Laß mich gehen! Elses Schädel in Flammen, Eis quillt aus den Augen, sie ruft nach dem Hans. Ohne Ton. Sie läuft Kurven und Zickzack und sie stolpert und stürzt. Der Vogel krallt sich fest in ihren Nacken, hackt weiter und zetert und kreischt. Läßt nicht ab von der Else. Jetzt läßt sie die Tüten fallen, weint, und der Mond und die Tränen. Wer bin ich?, und: Bin ich's?, und: Bleib ich's? Sieht sich um. Sieht nach oben. Fühlt nichts mehr. Nur das gewisse Gewicht des Vogels auf ihrem Kopf. Hört einen Tropfen Blut fallen. Auf ihren Schuh. Still ist es auf einmal. Nur der Mond. Die kluge Else weiß nicht, ob sie's ist. Fragt mit heiserer Stimme ein letztes Mal: Bin ich's oder bin ich's nicht?

Sie wußte aber nicht, was sie darauf antworten sollte, und stand eine Zeitlang zweifelhaft; endlich dachte sie: »Ich will nach Haus gehen und fragen, ob ich's bin, oder ob ich's nicht bin, die werden's ja wissen.« Sie lief vor ihre Haustür, aber die war verschlossen; da klopfte sie an das Fenster und rief: »Hans, ist die Else drinnen?« »Ja«, antwortete der Hans, »sie ist drinnen.« Da erschrak sie und sprach: »Ach Gott, dann bin ich's nicht«, und sie ging vor eine andere Tür; als aber die Leute das Schwirren und Zwitschern des Vogels hörten, wollten sie nicht aufmachen, und sie konnte nirgend unterkommen. Da lief sie, und niemand hat sie wiedergesehen.

Emine Sevgi Özdamar

Das Mädchen vom halb verbrannten Wald

Es war einmal, es war kein mal, als die Vergangenheit im Heute lebte und das Stroh im Sieb, als die Flöhe als Ausrufer arbeiteten, als ich meinen Vater in der Wiege *tingiir mingiir* hin und her schaukelte, da gab es in einem Land ein Mädchen. Es hatte keine Mutter, keinen Vater, sie waren schon gestorben. Eine alte Frau hatte ihm ein Bett und Essen gegeben, täglich ihm das Haar gekämmt. In diesem Land herrschten böse alte Männer, die wohnten in den Palästen, und wenn ein junger Mensch seinen Mund aufmachte, töteten sie ihn.

Die alte Frau wurde eines Tages sehr krank. Sie sagte zu dem Mädchen: »Töchterchen, du mußt hier weg. Du bist sehr schön, aber du liebst die Menschen zu sehr. Du bist naiv. Du hast keinen Platz hier. Hier gewinnen am Ende immer nur die Bösen. In der Truhe dort findest du ein Paar Schuhe, die zieh an und wohin deine Füße dich tragen, dorthin lauf. Wenn ein Land in die Dunkelheit gerät, suchen sich sogar Steine einen anderen Platz. Geh, schnell, eile dich. Und schau nicht zurück. Die Schuhe werden dich zu einem schönen Land bringen, aber du darfst dich nicht umdrehen, niemals.« Das Mädchen zog die Schuhe an und ging. Es lief und lief und lief; sagen wir vierzig Tage, vierzig Nächte, oder vierhundert Tage, vierhundert Nächte. Am vierhundertersten Tag kam es in einen Wald. Dieser Wald war halb verbrannt. Das Mädchen bekam Angst, schaute auf seine Schuhe, die einfach weiterliefen. Es sprach immer wieder:

Masal masal martladi
Iki fare atladi

Das hatte die verstorbene Mutter immer zu dem Mädchen gesagt, wenn es sich früher vor Sturm und Blitz fürchtete. Es lief weiter und irgendwann traf es eine alte Frau. Das Mädchen fragte die alte Frau, warum dieser Wald verbrannt sei. Aber die alte Frau verstand es nicht. Und das Mädchen verstand nicht die Sprache der alten Frau. Es lief weiter, doch der Weg war sehr schwer, voller Schlammpfützen. Als es versuchte, schnell durch den Schlamm und aus dem Wald zu kommen, blieb einer seiner Schuhe stecken. Die alte Frau hatte ja gesagt: »Du bist naiv.« Statt sich dem Schuh nun rückwärts zu nähern und mit dem Fuß nach ihm zu angeln, drehte sich das Mädchen doch um, suchten seine Augen den schwarzen Schlamm ab. In diesem Moment erschien ein Blitz, so groß wie der Himmel. Das Mädchen sah im Blitzlicht, was in diesem verbrannten Wald geschehen war. An den Bäumen hingen viele Tote. Ihre abgeschnittenen Haare lagen übereinander, bildeten mächtige Haarhügel. Daneben lagen Schuhe übereinander, Hügel von Schuhen der Gehenkten; Männerschuhe, Frauenschuhe, Kinderschuhe. Auf einem schönen Fluß schwammen noch mehr Leichen. In diesem Wald hatten die Bösen eines Tages die Wälder der Nachbarn verbrannt, Menschen wie Brotteige in den Ofen gesteckt, andere an den Ästen der Bäume aufgehängt. Tausend Tage, tausend und eine Nacht hatten die Bösen alles, was ihnen begegnete, getötet, ihren Opfern die Goldzähne gezogen, aus ihnen Seife gemacht, und schließlich den eigenen Wald angezündet, die eigenen Menschen verbrannt. Und am Ende waren sie selber zu Asche geworden. Einsame alte Frauen starben unter den verbrannten Bäumen, ihre Kinder und Männer waren schon lange tot. Das Licht des Blitzes zeigte all dies dem Mädchen, dann verschwand der Blitz so schnell, wie nur ein Blitz es kann, und die Bilder verschwanden mit ihm, und wieder standen nur die verbrannten Bäume ruhig da. Das Mädchen wollte seinen Schuh, der im Schlamm steckte, herausziehen, aber in diesem Moment verschwand der Schuh, und der andere Schuh, den es noch am Fuß hatte, verschwand auch. Es versuchte, barfuß weiterzulaufen, wer will denn in so einem Wald bleiben, doch seine Füße gehorchten ihm nicht. Die Füße trugen es nicht weiter.

Als es Nacht wurde, rief das Mädchen nach seiner toten Mutter, seinem Vater, nach der guten alten Frau, aber nur die toten Bäume hörten seine Stimme. Weinend saß es im Schlamm und zog über sich die Nacht wie eine Decke. Es hatte, außer seinen Armen, die es umarmten, niemanden in dieser Welt.

»Ach, Leben. Eben war ich noch eine Rosenknospe, und schon hast du mich gebleicht. Als ich eine Mutter, einen Vater hatte, setzten die Vögel sich auf meine Röcke. Meine Mutter konnte so viele Lieder. Diese Lieder hatten Flügel. Auf den Flügeln ihres Gesanges trug meine Mutter mich über die Granatäpfel- und Aprikosenbäume. Mutter, wenn du vor dem Spiegel dein Haar kämmtest, wandte ich mich dir zu. Du saßest da und saßest auch im Spiegel. Dein Schatten war an allen Wänden. Mutter, ich hatte ein Zimmer voller Mütter. Ich fürchtete mich nicht vor der Nacht. Ich lief über deine süße, süße Stimme. Du warst meine schwarze Nacht und mein heller Tag. Mutter, Vater, alte Frau, jetzt bin ich in diesem Wald, meine Schuhe sind auch weg. Ich hab' nur meine Füße, nur meine Arme und Hände, sonst niemanden auf dieser Welt.« Es schaute an sich herab, und schaute und schaute, und fing an zu weinen. Das Mädchen weinte und weinte, neunhundert Tage, neunhundert Nächte und eine; die Tränen sammelten sich zu seinen Füßen und wurden zu einem Teich. In diesem Teich von Tränen, im Mondlicht, das jetzt durch die Äste der verbrannten Bäume auf das Mädchen runterschien, sah es seine gestorbene Mutter, seinen Vater und die alte Frau, die ihm das Haar gekämmt hatte. Die alte Frau sprach: »Weine nicht, ich hab dir gesagt, schau nicht zurück, am Ende gewinnen immer die Bösen. Weine nicht, hilf den Menschen. Wenn es dir schlecht geht, mußt du anderen Menschen ein Geschenk machen, dann geht es dir wieder gut. Weine nicht, meine Rose.« Mutter und Vater sagten: »Sprich zu den verletzten Menschen mit deiner süßen Zunge. Was ist ein Mensch? Seine Haut kann man nicht anziehen, sein Fleisch soll man nicht essen, der Mensch hat nichts, außer seiner Zunge. Hab keine Angst, wir sind hier bei dir.« Als Mutter, Vater und die alte Frau nicht weggingen und im Teich seiner Tränen lebten und jeden Tag mit ihm sprachen, sagte sich das Mädchen: »Ich werde diesem Wald helfen.« Es stand auf und guckte sich um: Was geschah in diesem Wald?

Im Wald arbeiteten viele Menschen, um die Bäume, die Erde und ihre eigenen Wunden zu heilen. Ihre Kinder hatten rote Gesichter, weil sie sich dafür schämten, daß ihre Eltern damals nichts gegen die Bösen getan hatten. Sie schlugen sich öfter selbst mit verbrannten Ästen auf die Rücken und sagten: »Wir hassen unseren Vater und unsere Mutter. Gesündigt haben sie, gesündigt. Wir leben hier in Sünde.

Die Sünde ist groß, viel zu groß,
Unsre Geschichte ein bittres Los.
Unser Wald ist verbrannt, nicht zu retten,
Von bösen Vaterfüßen zertreten.
Unsere Köpfe sind leer,
Von tausend Fragen schwer.
Was geschah in unserem Wald?
Nun ist die Sonne so rot und so kalt,
Ein Lappen, der nichts verhüllt,
Uns nur mit Grauen erfüllt.
Unser Gedächtnis gelöscht, zersplittert,
Unsere Kinderherzen verbittert;
Unser Geruch ist der schlimmste auf Erden.
Was soll aus uns allen werden?«

So sprachen die Kinder mit den roten Gesichtern und schlugen sich mit den Ästen, Tage und Tage, Nächte und Nächte. Und die, die noch Eltern hatten, sprachen nicht mit ihnen. Die Kinder bohrten sich Löcher in ihre eigenen Köpfe, um die Erinnerungen auszulöschen.

Das Mädchen schaute sich das alles an, weinte um diese Menschen. Wie sollte es verstehen, daß Kinder ihre Eltern nicht liebten, sondern haßten? Das Mädchen liebte Mutter und Vater sehr. Mehr als es die Waldkinder verstand, fühlte es, was mit ihnen los war, und seufzend sprach es: »Kinder können nicht wissen, aus welchem Bauch sie in die Welt kommen. Schämt euch nicht.« Aber die Kinder mit den roten Gesichtern verstanden seine Sprache nicht, verstanden auch nicht, warum das Mädchen sie anlächelte, denn sie dachten ja, sie hätten einen sehr schlechten Ruf und Geruch auf dieser Erde. Das Mädchen sagte wieder: »Kinder können nicht wissen, aus welchem Bauch sie in die Welt kommen.«

Die Zeit verging. Das Mädchen saß am Teich seiner Tränen, redete jeden Tag mit Mutter, Vater und der guten alten Frau. Indem es tiefer und tiefer, länger und länger in den Teich zu seinen Füßen blickte, sah es sein altes Leben, das rückwärts lief, bis das Mädchen ganz klein war, im Bauch seiner Mutter. Es sah, was es im Bauch machte, es sah eine silberne Schnecke, die Spinne im Haus, die seine Eltern nicht töteten, weil sie früher ein Mensch gewesen war. Die Spinne war des Mädchens gestorbener Bruder, den es nicht kannte. Dann sah es den Bach, an dem es als Kind gespielt hatte. Es sah, wie es seine Finger zählte, die Früchte an den Bäumen zählte. Es sah die strickenden Frauen, hörte die Lieder, die seine Mutter ihm sang. Es sah seinen Vater und dessen Hut, seine Nachbarn, für die es öfter träumen sollte, um ihnen die Zukunft vorauszusagen, und Aprikosenbäume, Granatapfelbäume, unter den Bäumen seine Freundinnen, und seine beste Freundin, mit der es im Elternbett lag, und wie sie darin Kaugummis kauten und diese auch mal tauschten. Es sah arme Soldaten, und den einen armen Soldaten, der bei den Eltern viel Obst aß; alles sah das Mädchen in dem Tränenteich. Sein Leben floß an ihm vorüber, jeden Tag, jede Nacht.

Eines Morgens wurde das Mädchen wach und sah auf dem Baum ein Wesen, das halb Vogel, halb Mensch war. Dieser Halb-Vogel-Halb-Mensch flog vom Baum herunter; da war es eine Frau. Sie hatte eine rosa Bluse und eine blaue Hose an und in der Hand eine Plastiktüte. Ihr Kopf war mit einem Tuch bedeckt und sie lief hinter einem schwarzweiß gekleideten Hund her. »Was bist du? Bist du ein Mensch oder ein Dschinn?« fragte das Mädchen die Frau. »Aber du verstehst meine Sprache auch nicht, oder?« Doch die Frau in der rosa Bluse und der blauen Hose redete zu dem Mädchen in dessen Sprache: »Kücük eve git, geh nach Hause, deine Mutter wird unruhig.« Das Mädchen sagte: »Ich hab keine Mutter mehr. Wer bist du? Du sprichst die gleiche Sprache wie ich. Was machst du hier?« Die Frau antwortete: »Sie haben uns geholt, um diesen Wald zu putzen. Ich folge dem schwarzweiß gekleideten Hund, er heißt Prinz. Meine Arbeit ist leicht. Prinz scheißt im Wald und ich laufe immer hinter im her, sammle die Scheiße in einer Plastiktüte und bringe sie in den Waldwächtersalon. Der Herr Waldwächter sagt: ›Wenn Prinz eines Tages nicht mehr lebt, die Hunde leben nicht so lange wie die Menschen, dann habe ich wenigstens ein Andenken von ihm.‹«

Das Mädchen ging hinter der Frau her, bis die mit ihrem Hundescheißesammeln fertig war. Die Frau stellte die Plastiktüte an einen Baum und plötzlich kletterte sie hoch und legte sich auf einem Ast zum Schlafen hin. Das Mädchen schaute sich das alles an. Was sah es? Viele andere, die halb Vogel, halb Menschen waren, sie sprachen die gleiche Sprache wie es selbst, saßen auf den Ästen der Bäume und redeten miteinander. »Was seid ihr?« rief das Mädchen sie von unten an. »Wir sind Neophyten, Gastvögel in diesem Wald«, antworteten sie alle. »Wieso seid ihr oben auf den Bäumen?« »Wir wollen zurückfliegen, so bald wie möglich«, antworteten die Gastvögel. Das Mädchen blieb die ganze Nacht unter den Bäumen sitzen und dachte, wenn es morgen die Augen aufmachte, wären die Gastvögel fort. Was sah es am Morgen? Alle Neophyten waren noch da; sie sammelten Scheiße oder staubten die Blätter der nicht verbrannten Waldbäume ab oder kehrten den Schlamm aus. Dann, am Abend, kletterten sie wieder hoch in die Bäume und saßen da und sagten: »Morgen. Vielleicht morgen fliegen wir zurück zu unserem Land.«

Das Mädchen kam jeden Abend zu den Bäumen, um zu sehen, ob die Gastvögel am Morgen zurückfliegen würden, aber keiner flog zurück. Sie saßen da, zählten die kleinen Silbergeldstücke, die sie vom Waldwächter bekamen und in Säcken sammelten. Es muß doch schwer sein mit einem vollen Sack auf Bäume zu klettern, aber sie taten es, Abend für Abend, und kein einziger flog zurück; keiner lernte die Sprache des Waldes. So lebten sie weiter in den Bäumen, halb Mensch, halb Vogel. Das Mädchen war sehr traurig darüber, daß diese Gastvögel nur ihre Silbergeldstücke zählten und auf den Wald schimpften, und ging wieder zum Teich seiner Tränen, um seine Mutter, seinen Vater, die alte gute Frau und die Bilder seiner Kindheit zu sehen. Als es ankam, saßen dort zwei Menschen des verbrannten Waldes. Einer war ein sehr schöner Mann und blind, der andere hatte vier Augen. Sie saßen am Teich und schauten hinein. Der Mann mit den vier Augen sagte: »Ach, Mädchen, Mädchen, wir waren tief versunken in deine Träume, wir leben in diesem Wald schon seit wir Kinder sind, Tag und Nacht, aber in all diesen Jahren konnten wir nie Schlaf finden. Zufällig kamen wir gestern hier vorbei, tranken aus diesem Teich, tranken und fielen zum ersten Mal in tiefen Schlaf und träumten von dir, von deinem Vater, deiner Mutter, von deinem Land am Meer, vom Regenbogen, von süßen, süßen Kindern, vom toten Bruder als Spinne, von deiner Mutter, die singend vor dem Spiegel saß und im Spiegel, vom Schweißgeruch der armen Männer, vom Geruch der reichen Gassen, von deinen Buchstaben, die wie im Wind frierende Bäume aussehen. Wir sahen deine Träume und die Träume deines Vaters, deine Freundin, mit der du im Elternbett lagst; wir rochen eure nach Muttermilch duftenden Münder, hörten euch Lachen. Wir selbst haben gelacht im Schlaf, dann ist es Morgen geworden. Ich erzählte meinem blinden Freund, was ich gesehen habe. Mein blinder Freund sagte: ›Ich kann sehen, ich kann sehen. Was du gesehen hast in deinem Schlaf, habe ich auch gesehen in meinem Schlaf.‹ Dein Teich gab meinem blinden Freund das Augenlicht zurück; laß uns hier bei dir bleiben. Uns gefallen deine Träume, laß uns bleiben.« Das Mädchen fragte den Mann mit vier Augen und den schönen blinden Mann: »Ihr seid Menschen von diesem Wald, aber ihr sprecht meine Sprache, wie ist das möglich?« Beide Männer sagten: »Es geschah uns einfach in der Nacht. Als wir aus deinem Kindheitsteich tranken, tranken wir auch deine Sprache, und jetzt kommt sie aus unserem Mund.« »Wie heißt ihr«, fragte das Mädchen. Der schöne blinde Mann antwortete: »Petri.« Der Mann mit vier Augen antwortete: »Hansi.« So blieben Petri und Hansi am Teich der Tränen des Mädchens, tranken jede Nacht daraus, träumten von jenen Menschen, die sie jetzt sehr liebten, und lachten im Schlaf.

Es vergingen Tage und Monate, Monate und Tage; Petri und Hansi brachten dem Mädchen die Sprache des Waldes bei. Eines Morgens, als Petri und Hansi im Schlaf vor sich hinlächelten, kam ein junger Mann mit rotem Gesicht zum Teich und fragte das Mädchen, ob er trinken dürfe. Das Mädchen sagte: »Ja.« Der junge Mann legte sich auf den Bauch und trank und trank, und seine Augen schauten in den Teich. Er fragte das Mädchen: »Was bist du? Ein Mensch oder ein Dschinn? Ich sehe dich neben mir und sehe dich in diesem Teich. Dieses Wunder geschieht mir zum ersten Mal. Was bist du? Bist du ein Gastvogel?« »Nein«, antwortete das Mädchen, »ich war unterwegs, wollte weiterlaufen, raus aus diesem Wald und in ein gutes Land, habe mich aber umgedreht und meine Schuhe verloren, so bin ich hier geblieben. Was du trinkst, sind Tränen, die ich vergoß, weil ich hier bleiben mußte.« Der junge Mann sagte: »Ich heiße Sascha Butilka« und ging lachend weg. Das Mädchen lachte auch, weil sie einem Menschen ein Geschenk gemacht hatte. Die gute alte Frau hatte ihm ja einst gesagt: »Weine nicht, hilf den Menschen, wenn es dir schlecht geht, mußt du anderen Menschen ein Geschenk machen, dann geht es dir wieder gut.«

Am nächsten Morgen, noch bevor die Sonne aufging und Hansi und Petri erwachten, kam der junge Mann, der Butilka hieß, mit vielen leeren Flaschen und fragte das Mädchen, ob er die mit den Tränen ihres Teiches füllen könnte. Wieder sagte das Mädchen: »Ja«. Und Butilka füllte Tausende von Flaschen, dann tunkte er eine Vogelfeder in eine Tintenflasche, schrieb auf jede Tränenflasche: »Neophytentränen« und verkaufte die Flaschen anderen Menschen im Wald. Die tranken das Tränenwasser und träumten von den schönen Menschen und lachten und wollten diesen seltsamen neuen Gastvogel kennenlernen. Das Mädchen sagte öfter, meine Tränen, meine Träume sind nicht Tränen und Träume der Gastvögel, das sind meine Tränen, meine Träume. Manche verstanden, hörten ihr zu. Manche aber sagten: »Ach so, so haben die Gastvögel, die bei uns auf den Bäumen schlafen, früher in ihrem Land gelebt. Alle Gastvögelmädchen wohnten an einem Bach, lauschten den Friedhofsbäumen, alle hatten einen toten Bruder; der als Spinne weiterlebte. Alle Gastvögelmädchen träumten für ihre Nachbarn, um deren Zukunft zu erfahren, weil alle Gastvögelmädchen naiv waren und in ihren Träumen sehen konnten, was morgen passieren würde. Alle Gastvogelfamilien luden arme Soldaten nachhause ein und aßen mit ihnen

Aprikosen und Granatäpfel, alle Gastvögelmädchen zählten als Kinder ihre eigenen Finger, alle Gastvögelmädchen liebten Zigeuner und grübelten über sie nach.« Das Mädchen sprach mit Petri und Hansi über diese Waldmenschen, die so komisch dachten. Die beiden sagten: »Vergiß die, die in ihre Köpfe Löcher gebohrt haben, um ihre eigenen Erinnerungen und Träume auszulöschen. Die können nicht aushalten, daß du dich für deine Geschichten und Träume nicht schämst; sie können nicht aushalten, daß du deine Mutter, deinen Vater und andere Menschen liebst. Diese Leute mit Löchern in den Köpfen stehen zusammen als Chor, ein Kopflochchor, und schreien: ›In diesem Wald haben wir alle eine einzige Geschichte, eine gemeinsame Schuldgeschichte.‹ Und sie können nicht aushalten, daß der Mensch ein Solist ist, mit eigenen Träumen. Deswegen wollen sie dich, wie sich selbst, in einen Chor stecken, einen Gastvogelchor. Denk an jene Menschen, die deine Tränen nur als deine Träume, als dein Leben trinken und nicht glauben, daß sie allen Gastvögeln gehören. Die wissen, wie wir, daß deine Träume nur dir gehören. Die anderen, die mit den selbstgebohrten Löchern in den Köpfen, verstehen nichts; ihre Herzen sind schwarz und voller Scheiße.« Das Mädchen freute sich, setzte sich an seinen Tränenteich und vergoß Freudentränen; und im Teich zeigten sich viele neue schöne Bilder. Der Sascha Butilka kam jeden Tag mit noch mehr leeren Flaschen und sagte: »Mach so weiter, vergieß weiter deine Tränen, mach die Menschen mit deinen Bildern glücklich.« Das Mädchen saß also am Teich und weinte und träumte, und Butilka verkaufte weiter Tränen, und gab dem Mädchen etwas vom Silbergeld ab, und die Menschen, die das Tränenwasser tranken, waren glücklich und lachten und machten dem Mädchen viele Geschenke.

Die Wunden des Waldes waren inzwischen geheilt. Die Leute hatten die Bäume und den Boden wieder ins Leben zurückgerufen, und die Gastvögel hatten in diesen Jahren viele Kinder bekommen. Diese Kinder hatten die Sprache des Waldes gelernt, und die Kinder mit den roten Gesichtern, die sich früher wegen ihrer bösen Väter mit Ästen geschlagen hatten, waren auch groß geworden. Sie sprachen aber immer noch von Sünde und sündigem Wald, und wollten jetzt den Gastvögeln helfen, damit es denen im Wald gefiel. Denn die Rotgesichter wollten sich nicht mehr schuldig fühlen, wollten, daß ihre roten Gesichter endlich wieder weiß würden.

Eines Tages kam ein Gastvogeljunge zu dem Mädchen, sagte: »Ich heiße Sackrati, ich trank von deinen Tränen nicht nur eine Flasche, sondern acht Flaschen.« Sackratis Mund lächelte, aber er sprach mit manchen Gastvögeln gegen die Waldmenschen, mit Waldmenschen gegen die Gastvögel, und wenn er über das Mädchen zu den Waldmenschen sprach, spuckte er ihnen auf Münder und Ohren und sagte: »Ihr blöden Rotgesichter! Ihr findet die Tränen dieses Mädchens schön und feiert sie als Bereicherung eurer Träume. Was seid ihr blöd, so blöd, blöd, blöd.«

Eines Tages, als es im Wald dunkel wurde, sprach der Sackrati leise mit ein paar Gastvögelkindern, die viel Zeit hatten und keine Lust zu gar nichts. Am nächsten Morgen schissen die Gastvögelkinder gemeinsam auf die Köpfe der Waldmenschen und schrieen: »Wacht auf, ihr Waldmenschen, das ist eine Kacki-Attacki gegen euch.« Keiner im Wald hatte sie Kackis genannt, vielleicht ein paar Leute, mehr nicht. Sackrati hatte sich selbst zum Kacki-General ernannt und schiß und schlug in die Gesichter der Waldmenschen; und manche Waldmenschen fanden es gut so. Weil sie endlich jemand schlug, brauchten sie sich nicht mehr selber zu schlagen. Sie ließen sich bescheißen und schluckten diese Scheiße, hoffend, daß ihre Gesichter wieder hell würden und die Löcher in ihren Köpfen nicht mehr voll wären mit Vater-Mutter-Schuld-Scheiße, sondern mit Neophytenkinderscheiße. Ein paar der Gastvögelkinder, die schon lange keine Flügel mehr hatten, und weniger Vogel als Mensch waren, und auch nicht mehr auf Bäumen schliefen, und deren Gesichter denen der Waldmenschen ähnelten, kletterten die Stämme hoch, machten Gastvögel nach und zogen ihre Markenjeans runter und schissen was sie konnten auf die Köpfe der Rotgesichter, die auch solche Jeans anhatten.

So gingen Tage und Monate, Monate und Tage vorbei. Manche Rotgesichter kamen zum Teich des Mädchens und hielten ihre Köpfe bereit, damit auch das Mädchen auf sie scheißen möge. Und als es sich weigerte, riefen sie: »Weil du nicht auf unsere Köpfe scheißt, fühlen wir uns von dir noch mehr angeschissen.« Das Mädchen weinte jetzt um die Beschissenen und Scheißenden und sagte wie die gute alte Frau: »Am Ende gewinnen immer die Bösen.« Zu den Gastvögelkindern sagte sie: »Ihr solltet nicht auf die Köpfe der Waldmenschen scheißen. Denkt daran, von welchem Wind eure Mütter und Väter hierher geweht worden sind. Scheißt erst mal auf eure Finger und seht wie das ist.« Schon bald hielt die Kacki-Attacki-Gruppe nicht mehr zusammen. Die meisten lagen unter Bäumen und hatten zu nichts mehr Lust, nicht einmal zum Scheißen. Nur der Sackrati machte weiter.

Es vergingen Tage und Monate, Monate und Tage. Den Wald plagte neuer Kummer: Viele Waldmenschen, die früher mit Silbergeldstücken um sich geworfen hatten, fanden kaum noch welche und einige sagten: »Es gibt zu viele Gastvögel in unserem Land. Das sind böse Leute. Sie schlagen ihre Frauen und Töchter. Sie schauen uns grimmig an. Diese Leute sind gefährlich; mit denen wollen wir nicht mehr zusammenleben. Sie gehen an uns vorbei, wir gehen an ihnen vorbei, wir haben Angst, ihren Bäumen nahe zu kommen.« Sackrati, selbsternannter Kacki-General, hörte sich das grinsend an und machte einen Plan. Er trug einen großen Schnurrbart, verkleidete und schminkte sich aber so, daß er wie das Mädchen aussah, und schlich eines Nachts heimlich zum Tränenteich und grub in dessen Nähe ein tiefes Loch. Von dort aus zog er mit einem langen Ast eine Rinne bis zu dem Teich des Mädchens und ließ das Tränenwasser in dies Loch fließen. Als Sackrati den Teich komplett in seinem Loch hatte, holte er Sascha Butilka, den Flaschenverkäufer. Vorher aber kippte er noch einen Eimer Tinte über des Mädchens Träume und alles färbte sich dunkel.

Butilka probierte die trübe Brühe; viele Bilder und Gerüche kamen ihm bekannt vor, aber er fragte nicht: »Du bist hier geboren, wie kannst du jene Zeit im Land deiner Eltern so gut kennen? Woher hast du die Bilder und Menschen der Kindheit dort? Du saßest doch auf einem unserer Waldbäume und schautest deinen Eltern beim Silbergeldzählen zu.« Egal, dachte Butilka, die Neophytentränen gehen gerade so gut, da wird sich das hier auch verkaufen. Die Gastvögel sind den Waldmenschen unheimlich geworden, und jetzt beliefert mich ein Gastvogelsohn, verkleidet als Mädchen, und zeigt uns, daß wir Waldmenschen Recht haben mit unserer Angst vor den Gastvögelmännern. Butilka bemerkte sehr wohl Sackratis großen Schnurrbart unter der Mädchenschminke, fragte aber nicht, warum er sich überhaupt als Mädchen verkleidet hatte. Er dachte nur an seinen Flaschenladen. Und er verkaufte, bevor es Morgen wurde, Tausende von diesen Sackrati-Flaschen an die Waldmenschen und verdiente viel Silbergeld. Manche Menschen des Waldes, die vor Gastvögeln Angst hatten, besoffen sich geradezu mit Sackratis Cocktail, applaudierten dem schnurrbärtigen Mädchen und sagten:»Genau so sind die Gastvögel, böse Leute, die sich in unserem Wald vermehren, uns aber kaum mal anschauen und uns Angst machen.« Voller Bewunderung fragten sie Sackrati, wie er als Schnurrbärtiger mit Bildern und Träumen eines Mädchens aus einer Zeit, die nicht seine war, und einem Land, in dem er nie gelebt hatte, ein derart tolles Gesöff machen konnte. »Oooh«, rief Sackrati, »ich habe den Müttern meiner Neophytenfreunde gelauscht, ich habe mich gefragt: Was ist die Geschichte der Mütter meiner Freunde? O, meine Gastvögelbrüder, ihr solltet euren Müttern ihre Hände und Füße küssen, jeden Tag solltet ihr ein Lamm opfern. Ich selber habe Allah für solche Frauen schon viele Lämmer geopfert. Ich küsse die Füße unserer furchtbar fruchtbaren Mütter.« Die Waldmenschen, die auch General Kackis Brüder sein wollten, klopften an die Bäume und ritzten manche seiner Sätze in deren Rinden. Und Sackrati, der die Märchen des Waldes kannte, tanzte in der Nacht und sang:»Ach, wie gut, daß niemand weiß, daß ich Rumpelstilzchen heiß. Ach, wie gut, daß niemand weiß, daß ich Rumpelstilzchen heiß…«

Das Mädchen bemerkte von all dem nichts und wachte am Morgen auf vom Geschrei des schönen Petri und des vieräugigen Hansi. Die beiden wollten sich zum Frühstück an den Tränen laben, der Teich aber war leer. Das Mädchen saß am Teichrand; es konnte sehen, es konnte hören, doch sprechen konnte es nicht mehr. In diesem Wald hatte es seine Schuhe verloren, jetzt auch noch seine Zunge. Traurig sagte Hansi:»Die Gastvögelkinder sind schon mehr Waldmenschen als die Waldmenschen selber. Ihr Gedächtnis ist auch längst ausgelöscht. Zuerst haben die Waldmenschen behauptet, alle Neophyten hätten die gleiche Geschichte, und jetzt sagen's die Gastvögel selber: Ja, wir haben alle die gleiche Geschichte. Sie glauben, nur die Geschichte haben zu können, von der die Rotgesichter glauben, sie sei die Geschichte der Gastvögelkinder, sie haben ihr Gedächtnis ausgelöscht.«

Die Waldmenschen kamen zu dem Mädchen, fragten, aber es konnte ihnen nicht antworten. Es lief zu dem Schlammloch, suchte nach Mutter und Vater, nach den armen Soldaten, den verrückten Mädchen. Doch wie es damals nicht seine Schuhe aus dem Schlamm des halb verbrannten Waldes ziehen konnte, so konnte es auch Mutter und Vater nicht aus dem Loch holen. Sie schwammen dort in der schwarzen Suppe, das Mädchen streckte die Hände aus, wollte eine der Kindheitsfreundinnen heraufziehen, dabei fiel es selber in diese Jauche. Es konnte nicht mehr schreien, nicht mehr sprechen, wollte der Höllengrube entkommen, glitt aber immer wieder ab und in sie zurück. Als es in der Grube so auf und nieder tauchte, kam wieder ein großer Blitz, und der Blitz erleuchtete den ganzen Wald, und das Mädchen sah den vieräugigen Hansi und den schönen Petri, wie sie mit ihren Freunden nach ihm suchten. Sie liefen zusammen und riefen:»Wo bist du? Wir lieben deine Träume. Keine Angst! Deine Menschen, die Geschichten aus dem Teich deiner Tränen leben hier in unseren Herzen.« Und sie legten ihre Kleider ab und zeigten ihre Herzen. In diesem Moment erhellte noch ein Blitz den Himmel und in seinem Licht tauchten alle Menschen des Mädchens wieder auf und klommen nacheinander aus dem Loch, seine süße Mutter, sein guter Vater, die Freundinnen, der Soldat und alle, alle anderen Menschen ihrer Kindheit. Die Menschen, über die es neunhundert Tage, neunhundert und eine Nacht Tränen vergossen hatte, waren wieder da. Das Mädchen sah es, hatte aber keine Stimme, sich bemerkbar zu machen. Die Mutter rief nach ihm, der Vater, die Freunde; sie riefen und riefen, doch das Mädchen in der Grube sank und sank und sank. Jetzt bin ich hier gestorben, bin tot, wenn ich damals nur nicht nach hinten geschaut hätte, dachte es und schloß die Augen.

Da aber schlug jemand leicht auf des Mädchens Wange. Es blinzelte, schaute und traute seinen Augen nicht: Es lag in seinem Bett, neben der guten alten Frau, die ihm Essen gegeben, täglich das Haar gekämmt hatte. Die alte Frau schlug nochmals leicht an seine Wange und sprach: »Wach auf, du hast geschrieen in deinem Traum. Wach auf, wach doch auf.« Die alte Frau gab dem Mädchen ein Glas Wasser und fragte: »Was hast du denn geträumt?!« Das Mädchen antwortete nur: »Von einem Wald« und sagte nichts weiter. »Schlaf wieder ein«, beruhigte es die Alte. »Laß uns schlafen. Vergiß deinen Traum, der dich so geängstigt hat.« Als die alte Frau schlief, stand das Mädchen auf, ging leise zu der Truhe, die im Zimmer stand, schaute hinein und erblickte ein Paar Schuhe. Es waren genau jene Schuhe, die es im Traum getragen hatte. Das Mädchen schnitt die Schuhe entzwei, brachte sie zum Garten, warf sie in die Mülltonne und legte sich noch mal hin. Am Morgen hörte es, wie der Müllmann die Tonne wegtrug, und da erst schloß es seine Augen richtig, umarmte die alte gute Frau und fiel in einen süßen Schlaf. Ich werde nie wieder von so einem schrecklichen Wald träumen. Niemals. – Das war das Letzte, was das Mädchen an diesem Morgen dachte.

Franz Hodjak

Antrittsrede

Obwohl mich alle kennen, möchte ich mich trotzdem kurz vorstellen. Ich bin das Aschenputtel, die alte Vettel, und das grandiose Projekt, das ich angeschoben habe, hat, wie Sie sehen werden, nur bedingt in herkömmlichem Sinn etwas mit Linsen zu tun. Man kann, verehrte Anwesende, nicht immer und ewig auf denselben großen Themen herumreiten, und wenn es hochkommt, sie bloß abwandeln. Man sollte sich schon mutiger und etwas konsequenter an die Realität heranwagen und versuchen, sich dem Zeitgeist zu stellen. Ja, weshalb stehe ich da, und was will ich nur? Ach so, ich bin mit zweihundertsiebenunddreißig Jahren sicher die Älteste in der Runde. Vermutlich, ich weiß nicht, oder gerade deshalb wurde ich zur Vorsitzenden gewählt, weil ja jeder Wahlberechtigte annahm, ich hätte am meisten mit Linsen zu tun gehabt. Nur damit ich, verehrte Anwesende, nicht vergesse, es ist frustrierend genug, immer und ewig von sich hören zu müssen, die guten ins Töpfchen, die schlechten ins Kröpfchen. Damit ist jetzt ein für allemal Schluß. Nun, ich gebe zu, es gibt einen Jägerverein, die Behinderten demonstrieren, die Biertrinker haben ihren Stammtisch, die Nationalsozialisten eine Zeitung, es gibt Friedensbewegungen, die Nostalgiker machen alte Eisenbahnen wieder flott, die Religionen mobilisieren ihre Anhänger, die Chauffeure haben ihre Gewerkschaft, die Hundebesitzer treffen sich im Englischen Garten, selbst die Karnevalisten machen das ganze Jahr über nichts anderes, als den nächsten Karneval vorzubereiten, und weshalb sollten gerade die Linsenliebhaber sich nicht organisieren? Da ich nun eine Vorsitzende bin, bitte ich alle Männer, den Saal zu verlassen, sie mögen ihre Linsenpartei bilden. Desgleichen bitte ich alle Damen hinaus, die Linsen essen. Auch die, welche Linsen kauen. In unserem Verein hat nur Platz, wer Linsen lutscht. Meine Damen, die ihr geblieben seid, und ihr, meine Herren, die ihr nun den Saal verlaßt, seit ich auf die Welt kam, habe ich bis zu meinem zweihundertsiebenunddreißigsten Lebensjahr stets den Daumen meiner rechten Hand gelutscht, wie, sagen wir, Autoren ihre Manuskripte. Bitte, unterbrechen Sie meine Rede nicht dauernd durch langanhaltende Ovationen und stürmischen Beifall. Danke. Und sollten die polnischen Erntehelfer nicht mehr herüber gelassen werden, so daß die Linsen verderben müssen, ich sage Ihnen, ausländische Linsen werden strengstens verboten! Man kann, meine Damen, und ihr, meine Herren, die ihr den Saal verlassen habt, auch gut von der Vorstellung von Linsen leben, wenn man Erbsen lutscht. In diesem Punkt sind wir konsequent. Und es sei, meine Herren, die ihr den Saal verlassen habt, noch gesagt, daß all diejenigen Herren zurückkehren können, die versprechen, sich zu bessern und nicht mehr nur an Grillpartys und Saufen zu denken, wenn von Linsen die Rede ist. Vor allem aber müssen wir die Spenden von Linsen an die alten Indianer und in andere Welten unterstützen, mit der Bedingung allerdings, daß diese gelutscht werden. Und wer den Verein in Liebhaber von roten Linsen und in Liebhaber von schwarzen oder anderen Linsen aufzuspalten versucht, wird ebenfalls ausgeschlossen. Ich weiß, das klingt hart, und womöglich bleibe ich auch ohne die Anhängerschaft der Linsenliebhaber, aber ich bleibe ihre gewählte Vorsitzende. Ja, damit ich's nicht vergesse, nun heiße ich nicht mehr Aschenputtel. Ich weiß, es war geradezu unverschämt, daß ich so lange Aschenputtel hieß. Diese Asche im Namen assoziiert heute jeder gleich mit erloschener Liebe oder gar mit gegrillter Putenbrust. Nun heiße ich Linsendürre Dirn, und daß ich meinen Namen geändert habe, ist ein weiterer Beweis dafür, wie treu ergeben ich unserer Sache bin. Und wir werden es auch durchsetzen, daß in Zukunft alle ihre Namen ändern, die zu sehr an Fremdkörper anklingen und sich zu weit vom Urbegriff der Linse entfernen. Es kann nämlich nicht angehen, daß zum Beispiel jemand Fleischhuber heißt. Korrekt muß es heißen, Linsenhuber. Das ist dann eine klare Aussage. Verehrte Anwesende, ich sagte schon, applaudieren Sie, bitte, nur am Ende. Vielen Dank. Nun, da unsere Gründungssitzung schon über eine halbe Stunde andauert, können wir mit Stolz behaupten, daß unser Linsenverein auf eine lange Tradition zurückblicken kann. Tradition, meine verehrten Damen, die ihr geblieben seid, und ihr, meine Herren, die ihr den Saal verlassen habt, wird bei uns groß geschrieben, deshalb habe ich beim Saaleingang auch eine Liste ausgelegt, in die jeder Linsenliebhaber sich einzutragen hatte. Die ersten Hundert auf der Liste erhalten anschließend eine Ehrenplakette als die ältesten Mitglieder unseres Linsenvereins. Ich bin doch nicht blind, Frau Tudanek, ich sehe ja, daß wir heute bloß zu zwölf im

Saal sind, aber das wird sich bald ändern, und wir bleiben dabei, Tradition wird bei uns groß geschrieben. Wir werden selbstverständlich auch eine umfangreiche, attraktive Linsenzeitung herausgeben, in deren erster Nummer meine historische Rede abgedruckt wird. Auch im Internet werden wir alle Nummern der Linsenzeitschrift veröffentlichen, ferner Linsenbroschüren, Linsenfaltblätter, Linsenprogramme, unsere Linsenhotline, unser Linsenlogo, Linsenkalender, Linsenwerbespots, Linsenkonferenzprotokolle, Linsenplakate und dergleichen mehr, damit die Linsenliebhaber nicht mehr orientierungslos dastehen, wenn sie bei den nächsten Kommunalwahlen ihre Stimme abgeben sollen. Natürlich werden wir uns auch landesweit organisieren, das scheint mir zur Zeit das Dringlichste. Der Zeitgeist, meine Damen, die ihr geblieben seid, und ihr, meine Herren, die ihr den Saal verlassen habt und bald zurückkehrt, zum Teil ja auch schon zurückgekehrt seid, lebt im Mythos Linsenlutschen, und wir sind nicht nur die ersten, die das erkannt haben, sondern auch die ersten, die das gebührend zu würdigen und zu zelebrieren wissen, und wenn wir das konsequent genug tun, wird bald die ganze Welt dieses große Thema aufgreifen und wir stehen im Mittelpunkt wie, zum Beispiel, einst die Götter des antiken Griechenlands. Das wird sich schnell auch unter den Kindern herumsprechen, und sie werden keine anderen Geschichten mehr hören wollen als bloß Geschichten über uns, die in Zukunft zuhauf geschrieben werden. Es ist wie immer, einer wird schnell das Thema für sich entdecken, dann greifen es alle auf, ziehen nach, und jeder versucht, alle anderen zu übertreffen, und wie in jedem ordentlichen Buch werden wir viel Prominenz unter uns haben, gutgelaunte Magier, enttäuschte Wissenschaftler, geniale Mörder, verliebte Philosophen, ja, selbst königliche Herrschaften, und natürlich auch etwas Fußvolk, so als Kulisse, die ja nicht fehlen darf, und das Gute wird immer siegen, wenn mitunter auch nur nach dem Tod, aber es wird siegen. Ich sage nur, Glückauf, am Linsenlutschen wird die Welt nach oben flutschen. Ja, nun bin ich am Ende auch so frei und gebe zu, daß ich nur nachts denken kann. Ich habe diese meine Rede siebenmal umgeschrieben habe, und ich bin besonders stolz auf all die langen Nächte, in denen ich keine Mühe gescheut habe, unsere Sache so ins Licht zu rücken, damit sie auf Anhieb jeden ermutigt, begeistert und überzeugt. Jetzt, da das Wichtigste gesagt ist, Sie sehen, ich habe mich kurz gefaßt, unendliches Drumherumreden um Linsen sei nicht die Sache des Vereins der Linsenliebhaber, können wir zu Punkt zwei übergehen, zum Feiern unseres Gründungsfestes, das der erste aus einer Reihe von Wettbewerben ist, die fortan einen Großteil unseres Alltags bestimmen werden und aus denen stets derjenige als Sieger hervorgeht, der es versteht, am längsten eine Linse zu lutschen, ohne sie kaputtzulutschen. Die oder der wird dann selbstverständlich zur Linsenkönigin oder zum Linsenkönig gekrönt, so daß auch die sehnlichst herbeigewünschte märchenhafte Stimmung nicht lange ausbleiben wird.

Hiermit, liebe Anwesende, erkläre ich nun den Eintritt in die neue Realität als eröffnet.

Ulla Hahn

Liebe Luzifera,

draußen wäscht sich mein Kater in der Sonne. Ich sitze still am Tisch und rühre Milch in Kaffee. In der Ecke verschnauft der Besen – wir alle sind froh, wieder zu Hause zu sein. Aber es hat sich gelohnt. Der Kongreß war ein Triumph. Endlich der Wahrheit ans Licht geholfen. Endlich Genugtuung! Und noch einiges mehr.

Aber der Reihe nach.

Du erinnerst Dich an die Einladung, die ich Dir zuschickte: »Die Wahrheit ist konkret! Kongreß zur Wiederherstellung der Faktizität. Oder: Wer hat Angst vor den weisen Frauen?« Du weißt, erst wollte ich nicht hin, die ganze weite Reise und warum ausgerechnet Straßburg? Doch dann leuchtete mir ein, daß man diese Stadt gewählt hatte, weil dort der Europäische Gerichtshof für Menschenrechte sitzt, dem man eindeutige Fälle sofort zuleiten würde.

Mein Fall war zweifellos einer der spektakulärsten.

Natürlich gab es auch Trittbrettfahrer. Allen voran diese alte eitle Pute, die ihr dubioses Renommee nur ihrer Stieftochter verdankt. Sie arbeitet jetzt übrigens beim »Spiegel« in der Wissenschaftsredaktion. Fängt die an zu lamentieren, welches Unrecht ihr geschehen sei. Wo sie doch nur ihre theoretischen Forschungsergebnisse habe in der Praxis überprüfen wollen: Experimente mit Schnürriemen, einem Kamm und einem Apfel an einer unbefangenen Versuchsperson. So ein Unfug! Nicht mit uns! »Spieglein, Spieglein an der Wand«, höhnte der Saal wie aus einem Munde »setz dich hin und halt den Rand«. Weiber! Wissenschaft, auch wenn sie noch so ausgekocht daherkommt, ist schließlich keine Hexerei!

Aber zurück zu meinem Fall.

Du weißt, daß mir nach Heinrichs Tod Gesellschaft kaum mehr behagte. Auch war der Name Faust seit seiner Himmelfahrt in unseren Kreisen in Verruf geraten. Schließlich wurde er »gerettet«, na, ist klar, was das heißt! Aus Grab und Hölle hätte man ihn ja – ich hab da so meine Beziehungen – wieder rauskriegen können; aber aus dem Himmel? Kannst du vergessen.

Also raffte ich ein paar Kleinodien zusammen und ließ mich in einem Walde nieder. Meine Küche hast du immer geschätzt – ich verstehe; aus nichts ein wenig, aus wenig ein Üppiges zu machen und so fehlte es mir an nichts. Sogar ein Häuschen hatte ich mir wieder zusammengebaut, hättest es sehen müssen, ganz süß. Zum Anbeißen.

Bis diese vermaledeiten Kinder auftauchten.

Eher Halbwüchsige, würde ich sagen. Verwahrlost und ausgehungert fraßen sie mir buchstäblich das Dach überm Kopf weg. Stellten sich als Hans und Grete vor. Grete! Da schrillten bei mir die Alarmanlagen. War das Kind dieser Schlampe, dieses Gretchens, am Ende gar nicht tot? Steckte womöglich diese Kupplerin, diese Marthe dahinter, die mir schon einmal so übel mitgespielt hatte? Hatte die am Ende das »Kind der Liebe« (Daß ich nicht lache!) aus dem Wasser gefischt, sich davongemacht und schließlich, das kleine Gretelein als das ihre auf dem Arm, den Witwer mit seinem kleinen Hans zur Ehe verführt? Wie mannstoll das Weibsbild war, wußte ja sogar schon dieser Goethe. Ob er's genossen hat? Und jetzt hatte dieses Luder womöglich das Kind von meinem Heinrich und dieser Betschwester hierhergeschickt, um bei mir rumzuschnüffeln?

Wie auch immer: Die beiden schienen hocherfreut, bei mir unterkriechen zu können. Erzählten etwas von einer Mutter, die den Vater überredet hätte, sie in den Wald zu schicken, weil nicht genug zum Beißen da wäre für eine Bedarfsgemeinschaft aus zwei erwachsenen Erwerbslosen und zwei Minderjährigen. Na, man hört derlei Geschichten nicht eben selten in diesen Zeiten.

Aber Du kennst mich ja, mich und mein gutes Herz. Ich ließ es an nichts fehlen. Das Mädchen ging mir im Haushalt zur Hand. Es lernte dabei auch einiges und gedieh prächtig, während der Junge, angeblich der Bruder, bei aller guten Kost mager blieb wie ein Stock. Wer weiß, was die beiden hinter meinem Rücken trieben.

Das ging so eine ganze Weile, bis meine Eule eines Nachts mit der Botschaft zurückkam, die Mutter der beiden sei gestorben. (Wenn es Marthe war: G-verdammich! Fahr gen Himmel!) Von ihr war also nichts mehr zu befürchten. Um die Wahrheit zu sagen: das feine Pärchen hatte wenig Lust, meine Oase zu verlassen. Aber ich blieb hart und schickte die beiden mit einer Handvoll Edelsteinen nach Hause.

Und was lese ich dann zwei Tage später im Web? (Bin heilfroh, daß es diese Einrichtung gibt; eine tägliche Zeitungslieferung in diese Einöde zu verlangen, wäre einfach ungehörig.)

»Verhext im Wald! Entführtes Geschwisterpaar wieder aufgetaucht!« Von unfaßbaren Martern wie Wasser holen, Holz hacken, Hühner rupfen, Spargel stechen, Erdbeeren pflücken war da die Rede; daß ich den Jungen eingesperrt hätte, um ihn zu mästen und – horribile dictu! – ihn zu essen! Igittigitt! Wer denkt sich bloß sowas aus! Du weißt, wie heikel ich bin, wenn es um Frischfleisch geht, in diesen Zeiten, wo Gammelfleisch in aller Munde ist. Sogar das Rezept stand da schwarz auf weiß: »a la Perrault« hätte ich den Knaben (Bäh, diesen Lümmel!) verspeisen wollen, also gekocht mit »sauce Robert, in Essigsoße mit Zwiebeln!« Unterzeichnet war der Artikel mit einem feig anonymisierten gg. Na klar! Diese sich als Gourmets gerierenden Schreiberlinge hatten nicht nur das Rezept, sondern, wie mir jetzt klar ist, die ganze Story von diesem französischen Journalisten, diesem Perrault geklaut.

Kaum hatte ich mich mit einem scharfen Ritt über die Tannen hinauf zum Brocken leidlich beruhigt, da lese ich schon die nächste Meldung (das Web ist da ja schnell): »Horror im Hexenhaus! Kinder kämpften um ihr Leben!« Hatten diese Gören doch schlichtweg behauptet, mich in den Ofen gestoßen und verbrannt zu haben, um mir zu entkommen!

Nun, auf dem Kongreß hoffte ich, nicht nur einiges gerade rücken zu können, sondern auch herauszukriegen, was die beiden zu diesen ungeheuerlichen Bosheiten veranlaßt hatte.

Schon mein Erscheinen strafte die Meldungen Lügen. Nicht nur, daß es mich gab, sozusagen von den Toten auferstanden. Als verhutzeltes, garstiges altes Weib hatte die Presse mich beschrieben. Kannst Du Dir vorstellen, daß mein Heinrich sich mit so etwas eingelassen hätte? Was hätte ihn, der die Schönheit in jedem Baum und jeder Quelle anbetete, je an einer alten Vettel interessieren sollen?

Ach, mein Heinrich! Ich kann ihn einfach nicht vergessen! Weißt Du noch, wie er damals auf jenem Berge in jener Nacht, der Nacht vor dem ersten Mai, meinem Geburtstag, die Augen nicht mehr von mir lassen konnte. War ja auch eine tolle Nacht, diese Walpurgisnacht, nicht nur wegen der Wahnsinnsidee, zwei Meerkatzen als DJs zu verpflichten, erinnerst Du Dich? Na klar, sowas vergißt man sein Lebtag nicht.

Für Heinrich und mich folgten dieser Nacht noch viele, alle nicht minder – ja, wie soll ich sie nennen: stürmisch, leidenschaftlich, romantisch? Ja, romantisch war mein Heinrich. Ich hab' jetzt noch einen dicken Packen mit Gedichten von ihm an mich, auch wenn ich schon einige Hundert diesem Goethe hab' zukommen lassen, weil er hat so anständig über meinen Heinrich geschrieben. (Oje, falsche Grammatik, muß natürlich heißen: weil er so anständig über meinen Heinrich geschrieben hat; da bin ich pingelig, so schön wie mein Heinrich gesprochen hat. Allein seine Monologe!) Naja, ich dachte, dann schreibt der Goethe auch mal was Nettes über mich. Denkste. Stattdessen veröffentlichte er Heinrichs Gedichte unter seinem Namen. Mit ziemlichem Erfolg, ist ja bekannt. Sei's drum. Ohne ihn wäre mein Heinrich nie eine solche Berühmtheit geworden; und die hat ihm doch sehr geholfen, später, in der Kaiserlichen Pfalz, in Sparta, Arkadien, in den Bergschluchten und schließlich leider! in den Himmel.

Ja, das hätte ewig so weitergehen können mit Heinrich und mir; oder doch die nächsten paar hundert Jahre. Auf jeden Fall war mein Heinrich der ideale Lebensabschnittsgefährte. Wenn dieser Mephisto nicht gewesen wäre! Ok, ich hatte mal was mit ihm, aber das war lange vor Heinrich – und dieser Schwefelgestank aus der Nähe war unerträglich. Und dann immer diese Pudelnummer!

Natürlich hingen Heinrich und ich unser Verhältnis nicht an die große Glocke. Aber dieser Pferdefuß kam sofort dahinter. Erst versuchte er, uns gegeneinander auszuspielen, versprach mir sogar einen Dr. däm. (Doktor in Dämonologie), lockte Heinrich mit todsicheren Börsentips. Nichts zog.

Dann wechselte er die Taktik und machte einen auf Hausfreund. Mein gutgläubiger Heinrich, sichtlich erleichtert, fiel gleich drauf rein; später auch ich. So dachte ich an nichts Böses, als er mich, eine ziemliche Auszeichnung, zur Inspektion auf den Brocken schickte. Ich flog abends los, konnte also am nächsten Morgen wieder da sein. Kaum aus dem Haus, wird dieser Teufel meinen Zaubertrank Heinrich heimlich in die heiße Schokolade gemischt haben, die er jeden Abend vor dem Zubettgehen trinkt. Und wen sieht mein Liebster am nächsten Tag als Erste? Wie jeden Morgen geht er Brötchenholen und zack! läuft ihm dieses Gretchen übern Weg (Sogar ihr Gebetbuch hat nichts genützt; tja, mein Trank hat eben Qualität!) Und mein Heinrich? Mit diesem Trank im Leibe, sah er Helena in jedem Weibe.

Ich hatte mich selbst ausgetrickst. Dabei hab ich selbst dieses Zeugs nie nötig gehabt. Obwohl, im Vertrauen, so ganz ohne T I A* käme auch ich nicht seit 760 Jahren (verrat mein Alter aber keinem!) über die Runden. Ach, Luzifera! Du siehst, verschmerzen kann ich meinen Heinrich noch immer nicht.

So wirst Du meine Schadenfreude nachfühlen können, die ich empfand, als ich neulich eine Werbung für ziemlich latschige Schuhe entdeckte, die den Namen dieses Teufels tragen. Wenigstens symbolisch wird dieser Satan nun weltweit Tag für Tag mit Füßen getreten.

Aber zurück zu unserem Kongreß.

* *Tinctura Iuventa Aeterna*

So stand ich denn da: Minirock, T-shirt, nabelfrei, dezent gepierct, die Haare, nun ja, sie sind nun mal rot und lang und lockig, aber das sind die von der Jungfrau Maria manchmal auch. Jedenfalls sah ich nicht aus, als hätte ich es nötig, junge Männer mit Essigsoße und Zwiebeln zu mir zu nehmen. Du hättest das Raunen hören sollen, als ich das Podium bestieg, high heels und Stiefel bis über die Knie, um den Hals als warmen Kragen meinen schwarzen Kater.

Kaum hatte ich meine Sache vorgetragen, als in dem beträchtlichen Applaus die ersten Rufe nach Richtigstellung laut wurden. Und weißt du, welcher Name immer wieder fiel? Natürlich weißt Du es: Nach den Grimms wurde geschrieen!

Beide Brüder, Wilhelm und Jacob waren als Referenten eingeladen worden und auch beide gekommen, wie sie es ja meistens tun, damit sich der eine hinter dem andern verstecken kann.

So auch jetzt. Schon bei meinem Anblick, schließlich war ich aus dem Feuerofen auferstanden, zeigten sie keinerlei Bestürzung. Kunststück: Totgesagt war ich ja nur von ihnen und nur auf ihrem Papier. Dreist traten sie vors Saalmikrophon, strichen sich durch die wie immer recht affig gestylten Locken und machten aus ihren faustdicken Lügen nicht den geringsten Hehl, eher dicke taten sie sich noch damit, diese eitlen Burschen. Von wegen Wissenschaftler! Eine nette junge Frau, so Wilhelm, die Hartz IV geschädigten Kindern unter die Arme greife, so Jacob, locke keinen hinterm Ofen hervor. Erst wenn einer (viel besser aber eine) darin verschmore, sei das eine Meldung wert. Leser heutzutage, so die beiden, seien einiges gewöhnt. Man denke nur an den Kinderschänder aus Belgien oder den Kannibalen von Rotenburg, so die Grimms. Und acht Jahre hätten es die Kinder ja nicht bei mir ausgehalten. Nur gut, daß diese Schmierfinken damals von der Affaire meines Heinrich mit dieser Kindsmörderin nichts mitgekriegt haben (Oder eben doch nicht Kindsmörderin?). Dieser Goethe hat die Angelegenheit ja noch einigermaßen diskret behandelt. Trotzdem: meinen Heinrich hat die Sache schließlich in den Himmel gebracht. Selber schuld, meinst Du? Ja, vielleicht; aber laß uns davon nicht wieder anfangen.

Die Grimms also drehten und wanden sich. Zuerst versuchten sie, ganz abgebrüht, die Sache aus der Perspektive von Zeitungsmachern darzustellen. Bad news is good news; die Leser erwarten das, und was dergleichen Ausflüchte mehr sind.

Als ihre Phrasen dann in unseren Protesten untergingen, machten sie eine Kehrtwendung um 180 Grad, und Wilhelm, der weitaus Gerissenere und Abgebrühtere der beiden, kam uns mit der Moral. Damit das Gute überhaupt erkennbar sei, behauptete er, brauche man das Böse. Je grausiger das Böse, desto strahlender das Gute.

Da aber hielt es Alice nicht mehr auf dem Stuhl. Warum das Böse in der Regel Frauen angehängt würde? empörte sie sich. Und diese Frauen immer alt und häßlich, möglichst noch seh- und gehbehindert und mit Parkinson und Bechterev-Buckel ausgestattet seien? Nun, sie könne es ihnen sagen: Nackte Angst spreche aus diesem Frauenbild, mit dem sie Millionen von Lesern hinters Licht führten (»Leserinnen und Leser« sagte sie; Du weißt, daß ich dieses »-innen-Schwänzchen« für verzichtbar halte, aber: geschenkt). Jedermann wisse, daß Frauen nun mal eine höhere Lebenserwartung hätten als Männer, folglich auch mehr Zeit, Weisheit und Lebenserfahrung anzusammeln. Frauen hätten nun mal die besseren Gene und das sei keine Hexerei, sondern sowohl gottgegeben als auch wissenschaftlich erwiesen. Sie, die Gebrüder, sollten sich doch mal fragen, ob nicht ihre Angst und ihr Neid dieses Frauenbild geschaffen habe. Angst vor dem Alter vor allem, das als das schlechthin Böse angesehen, ja, in ihrem Bild der alten Frau fast synonym verwandt würde. Neid diktiere dem sauberen Brüderpaar die Überlegenheit der Frauen als Bosheit, die Überlegenen selbst als Monster darzustellen. Immer wieder unterbrach unser Beifall Alice' Rede, während sich die Brüder vom Saalmikrophon auf ihre Plätze verdrückt hatten, wo sie miteinander tuschelten. Und richtig: Kaum hatte Alice geendet, meldete sich Wilhelm wieder zu Wort. Und was denkst du, was jetzt kommt? Du wirst es nicht glauben: Diese Brüder versuchten nun, alles einer sogenannten Märchenfrau in die Schuhe zu schieben. Von der hätten sie die Geschichte über mich und auch die der anderen Beschwerdeführerinnen. Sie zählten dann auch einige Namen auf, wobei sie wie immer zwischen unsereinem und allem möglichen Gesocks von bösen Stiefmüttern, faulen Töchtern und dämlichen Prinzessinnen keinen Unterschied machten.

Alles, was sie getan hätten, wär' nur, das Mündliche schriftlich festzuhalten und ein bißchen zu glätten. Sogar den Namen der Frau hatten sie parat: Dorothea Viehmann. Hier machten sie eine Pause und fügten dann hinzu: Leider tot. Welch ein Hohnlachen bei dieser Nachbemerkung durch den Saal ging, kannst du Dir denken. Von Perrault natürlich kein Wort. Plagiateure!

Eine Dame, etwa in den Vierzigern, lila Kostüm, Bluse, Handtasche, Schuhe in abgestuften Fliedertönen, sprang nun, alle Dezenz vergessend, ans Mikrophon und bat um Ruhe. Auch sie, begann sie mit unsicherer, dann immer fester werdender Stimme, fühle sich nun ermutigt, ihre Geschichte zu erzählen. Ob wir uns an den Fall »Fundevogel« erinnerten, fragte sie. Natürlich taten wir das; und ich sah, wie die Grimms erneut den Kopf einzogen.

»Also«, so die Frau, »»die alte Köchin‹, angeblich tot, genau wie meine Vorrednerin, das bin ich. Und genau wie sie, soll auch ich diesen Fundevogel gekocht und verspeist haben. Mir wird übel, wenn ich nur daran denke. Die Wahrheit ist: die Gören, denn auch Fundevogel hatte eine Schwester, wenn auch nur Ziehschwester, die Bälger also hatten genug von dem ewigen Eintopf, den ich ihnen Tag für Tag vorsetzen mußte. Zu mehr war einfach kein Geld da in diesem Haushalt. Als Alleinverdiener mit zwei Kindern hätte sich der Herr Förster mich, die Haushaltshilfe, sonst nicht leisten können. Ich tat jedenfalls mein Bestes, die Familie zusammenzuhalten. Dann aber erwischte ich die beiden in der Scheune. Geschwisterliebe war das jedenfalls nicht. Da kriegten sie es mit der Angst, ich würde alles ihrem Vater hintertragen. Ich entdeckte ihre Flucht zu spät, rannte aber aus Verantwortungsgefühl und Pflichtbewußtsein gegenüber dem alleinerziehenden Vater den beiden dennoch hinterher. Vergeblich. Seitdem haben weder der Vater noch ich etwas von den beiden gehört. Tja, und was machten die Grimms daraus? Eine hahnebüchene Story! ›Drei Knechte‹ – als ob wir uns Knechte hätten leisten können! – soll ich ihnen hinterhergeschickt haben. Und das saubere Pärchen? Hat sich angeblich dem Zugriff entzogen, indem es sich in einen Rosenstrauch mit Rose, dann in eine Kirche mit Krone verwandelte! Einfach so! Nicht mal ›Bild‹ bringt solche Ammenmärchen. Die Grimms schon. Schließlich, so diese Spinntisierer, hätten sie, die Flüchtlinge, sich sogar noch in einen Teich verhext (sic!) und die Ente darauf hätte mich mit dem Schnabel ins Wasser gezerrt und dortselbst ertränkt. Dabei sehe ich noch heute ihr freches Grinsen. Damit aber nicht genug, geht es bei den Grimms nach der Mordtat, die sie natürlich wiederum als Notwehr darstellen, weiter wie folgt. Hier«, die Frau nestelte ein Papier aus der Handtasche und klopfte empört auf die Seiten, »schwarz auf weiß: ›Da gingen die Kinder zusammen nach Hause und waren herzlich froh.‹ – Unerhört! Ich war die einzige, die nach Hause ging. Und wurde entlassen.«

Du kannst Dir vorstellen, wie der Saal getobt hat, als die Dame wieder Platz nahm.

Die Grimms aber – halt Dich fest – hatten sich aus dem Staub gemacht. Verdrückt. Weg. Von der Bildfläche verschwunden. In Luft aufgelöst.

Dachten wir.

Und das denken die anderen auch immer noch.

Doch auf meinem Weg ins Hotel erhielt ich eine SMS. Die beiden wollten sich mit mir treffen. Ok, simste ich zurück, in der Lobby. Nein, kam es zurück, bei den drei Tannen im Park. Ich mußte grinsen; sie können einfach nicht ablassen von ihrem romantischen Getue. Das Angebot allerdings, das sie mir machten, war handfest. Und die Summe auch. Da sei doch mehr drin, hätten sie bei meinem Bericht sofort gedacht. Exklusiv wollen sie meine Story haben. Tenor: »Die Schöne und der Knabe. Was im Koben wirklich geschah!« Ein paar Ideen hatten sie auch schon.

Nun stehe ich vor der Frage: Menschenrechtskommission oder Exklusivvertrag. Unsereins hat ja schließlich auch ein Gewissen. Aber ich hab da in der Zürcher Bahnhofstraße einen Zobel gesehen! Traumhaft! Hätte meinem Heinrich auch gefallen. Immer nur schwarze Katzen… – muß doch mal ein Ende haben.

Mein Besen wird unruhig; er war heute noch nicht draußen.

Laß von Dir hören!

Deine

Angelika

P.S. Ach, ja, einen Zobel. Der bringt mir meinen Heinrich auch nicht wieder. Ob ich's mal mit *parship*, dieser Partnerbörse im Internet versuche? Hab da gerade ein paar interessante Typen entdeckt. Wilhelm Tell ist ja leider im Himmel. Aber Hamlet? Oder Tristan? Aus dem Fegefeuer krieg' ich die raus!

P.S.2. Vielleicht willst Du wissen, was aus den Kindern geworden ist. Meine Eule hat sie angeblich am Hamburger Bahnhof gesichtet, verdreckt, auf Drogen, immer auf der Suche nach 'nem Freier. Doch kürzlich kam sie von einem Überseeflug zurück und meinte, sie in Neuseeland entdeckt zu haben: gutbürgerlich verheiratet, drei Kinder und Besitzer eines Mittelklasse-Restaurants. Halt ich für wahrscheinlicher. Schließlich waren sie nicht mittellos mit meinen Edelsteinen. Und die Grimms werden sich ihr Schweigen auch etwas haben kosten lassen.

Siegfried Stadler

Marx' Märchen

Karl Marx war ein Märchenerzähler. Das hat seine Tochter Eleanor hinterlassen. »Mohr«, wie ihr Vater im Familienkreis genannt wurde, habe »unzählige wunderbare Geschichten« erfunden. Drei Mädchen und einen Sohn, der früh verstarb, hatten die Eheleute Jenny und Karl Marx. Trotz der Zuwendungen des Freundes Friedrich Engels (genannt: »der General«) lebten die Marx' im Londoner Exil häufig vermittels des Pfandhauses. Es erging ihnen wie der Märchenfigur, die der Vater für seine Kinder erfand. Auch der Spielzeugmacher Hans Röckle hatte ewig Schulden. Deshalb mußte er sein schönes Spielzeug Stück für Stück an den Teufel verkaufen. Nach vielen Abenteuern, die Marx »Monate und Monate« weiterspann, wie Tochter Eleanor sich erinnerte, kamen die Spielwaren aber »immer wieder in Hans Röckles Laden zurück«.

Dies ist der eine Beleg für den Märchenfreund. Der andere findet sich in einem Brief an Engels, in dem Marx sich lobend über die Schriften von Wilhelm Weitling (1808-1871) äußerte. Selbiger hatte eine programmatische Schrift des Titels »Garantien der Harmonie und Freiheit« verfaßt. »Vergleicht man die Mittelmäßigkeit der deutschen politischen Literatur mit diesem maßlosen und brillanten literarischen Debüt«, schrieb Marx, »vergleicht man diese riesenhaften Kinderschuhe des Proletariats mit der Zwerghaftigkeit der ausgetretenen politischen Schuhe der deutschen Bourgeoisie, so muß man dem deutschen Aschenbrödel eine Athletengestalt prophezeien.« Das war 1845, und »Aschenbrödel« hatte in den Schuhen der Brüder Grimm als »Aschenputtel« seinen Siegeszug um die Welt angetreten.

Die von Jakob Grimm (1785-1863) und seinem Bruder Wilhelm (1786-1859) gesammelten Märchen gehören zu den meistübersetzten und meistillustrierten Texten überhaupt und sind UNESCO-Weltdokumentenerbe, wie etwa auch die Luther-Bibel. In einer frühen Vorrede von 1819 hatten die Brüder Grimm geschrieben: »Wir übergeben dies Buch wohlwollenden Händen.« Es sei höchste Zeit gewesen, »diese Märchen festzuhalten, da diejenigen, die sie bewahren, immer seltener werden«. Gilt das auch für die Märchen von Karl Marx, mit denen Generationen von Schülern und Studenten der DDR traktiert wurden, während ihre Altersgenossen in Westdeutschland in den 68er Jahren des vergangenen Jahrhunderts freiwillig zugriffen? Wir übergeben beides zusammen, die Märchen von Marx und die Märchen der Brüder Grimm, wohlwollenden Händen.

Die Partei der sieben Schwaben

Die Brüder Grimm beschreiben eine »Partei« als die *Gesamtheit gleichgesinnter Personen und die von ihnen vertretene Richtung im Gegensatze zu anders Gesinnten und im Kampfe mit denselben.* So steht es im »Deutschen Wörterbuch« (1899), fünfzig Jahre früher hatten sie schon einmal über die Partei geschrieben und namentlich folgende Parteimitglieder benannt: *Der erste war der Herr Schulz, der zweite der Jackli, der dritte der Marli, der vierte der Jergli, der fünfte der Michal, der sechste der Hans, der siebente der Veitli.*

Diese »Sieben Schwaben« bildeten, wie es im Märchen heißt, den »Schwabenbund«. Er hatte sich vorgenommen, *die Welt zu durchziehen, Abenteuer zu suchen und große Taten zu vollbringen.* Ganz wie im richtigen Leben. *»Die Schwaben! Die Schwaben! Das wird mir ein schönes Gebräu werden!«*, hatte Karl Marx 1843 über die Parteigänger der ersten Stunde geschrieben. Es waren Handwerker, die im Ländle keinen goldenen Boden fanden. Als vaterlandslose Gesellen geisterten sie durch halb Europa und verbreiteten wirre Ideen: *Ein Gespenst geht um in Europa. Es ist das Gespenst des Kommunismus.*

Um es auf den Boden der Realität zu stellen, verfaßten Karl Marx und Friedrich Engels 1848 das »Kommunistische Manifest« für den »Bund der Kommunisten«. Dessen Mitglieder waren eben jene Parteigänger der ersten Stunde, vorwiegend deutsche Handwerkergesellen. Sie sollten Vorreiter sein für eine Zunft, der die Zukunft gehörte:
Proletarier aller Länder vereinigt euch!

Die »Sieben Schwaben« waren ohne eine solche »historische Mission« losgezogen. Allerdings durchaus als Kampfbund:
Damit sie mit bewaffneter Hand und sicher gingen, sahen sie's für gut an, daß sie sich zwar nur einen einzigen, aber recht starken und langen Spieß machen ließen. Diesen faßten sie alle sieben zusammen an, vorn ging der kühnste und männlichste, das mußte der Herr Schulz sein, und dann folgten die anderen nach der Reihe.

Diese Organisationsform nannte der Herr Lenin später eine *Vorhut.* Er schrieb ihr märchenhafte Kräfte zu: *Die Kraft dieser Vorhut übersteigt ihre Zahl um das Zehn-, das Hundertfache und mehr.*

Gleichzeitig aber wächst den Führungskräften damit eine märchenhafte Macht zu, für die sie charakterlich geeignet sein müssen. Der Herr Stalin, hinterließ Lenin testamentarisch, sei eine Fehlbesetzung. Auch der Herr Schulz war eine:
»O wei, o wei, nimm mich gefangen, ich ergeb' mich, ich ergeb' mich!« schrie er, als ihm ein Heurechen ins Gesicht knallte. Führte diese Offenbarung offensichtlicher Führungsschwäche zu einer gründlichen Fehlerdiskussion? Nein, im Gegenteil: *Damit die Geschichte nicht unter die Leute käme, verschwuren sie sich untereinander, so lange davon still zu schweigen, bis einer unverhofft das Maul auftäte.*

Parteidisziplin, Fraktionszwang. Um, wie man heute sagt, seine »Richtlinienkompetenz« zu behaupten, orientierte der Herr Schulz die Spießgesellen nach vorn, auf ständig neue Herausforderungen: *»Horcht, horcht«, rief er, »Gott, ich höre eine Trommel!«* als in der Dämmerung *ein großer Roßkäfer oder eine Hornisse nicht weit von ihnen hinter einer Staude vorbeiflog und feindlich brummelte.*

Angesichts eines Hasen beschließt die Parteiversammlung der Sieben Schwaben: *Wir müssen einen großen und gefährlichen Kampf bestehen.* Zum äußersten entschlossen zeigt sich Veitli vom radikalen Rand:
»Stoß zu in aller Schwabe Name, / sonst wünsch i, daß ihr möcht erlahme.«
Die Führung wird in die bewährten Hände gelegt:
»Der Schulz, der muß der erschte sei; / denn ihm gebührt die Ehr' allei.«
Das ist das Ende. Der „Schwabenbund" durchquert die Mosel, gewisser

maßen den Strom der Zeit. Um sich zu versichern, daß der Weg der richtige sei, wird ein Mann vom jenseitigen Ufer angerufen, ein Klassiker.

Der verstand wegen der Weite und ihrer Sprache nicht, was sie wollten, und fragte auf trierisch: »Wat? Wat?«

Ein Mann aus Trier also, der Stadt, in der Karl Marx geboren wurde, verstand sie nicht mehr. Und umgekehrt verstanden sie ihn nicht mehr. Sein »Wat? Wat?« wurde als Direktive aufgefaßt:

Wate, wate durchs Wasser.

So ging der »Schwabenbund« unter. Kollektive Weisheit kann in kollektive Dummheit umschlagen, wenn die Falschen den Spieß in den Händen halten. Die »historische Mission« ist das eine, der menschliche Faktor das andere.

Ich habe das Mißverständnis zu beseitigen, als ob ich unter ›Partei‹ einen seit 8 Jahren verstorbenen ›Bund‹ verstehe, schrieb Karl Marx, als der »Bund der Kommunisten« wieder untergegangen war, *unter Partei verstand ich die Partei im großen historischen Sinn.*

Oder, wie es im »Deutschen Wörterbuch« der Brüder Grimm ebenfalls schon heißt: *Im allgemeinen eine Abtheilung von zusammengehörenden Personen.*

Hans im Lohn

In den alten Zeiten, als das Wünschen noch geholfen hat, gab es noch Arbeitnehmer wie Hans im Glück. Hinter ihm stand keine Gewerkschaft, die stets mit neuen Lohnforderungen anrückt: mal sieben, mal fünf Prozent, und das Ganze von vorne nach nur 13 Monaten Laufzeit. Hans dagegen *hatte sieben Jahre bei seinem Herrn gedient* und erst da sprach er zu ihm: *»Herr, meine Zeit ist herum, gebt mir meinen Lohn.«*

Ohne Ausrufezeichen wird diese Lohnforderung vorgetragen im Märchen der Brüder Grimm. Dementsprechend freundlich reagiert der Herr Arbeitgeber: *»Wie der Dienst war, so soll der Lohn sein«, und gab ihm ein Stück Gold, so groß als Hansens Kopf war. Hans zog sein Tüchlein aus der Tasche und wickelte den Klumpen hinein.*

Der Lohn für sieben Jahre Arbeit paßte also in ein Taschentuch. Möglicherweise war er dennoch *so groß als Hansens Kopf war.* Denn sein Verstand war eher klein, wie der Fortgang des Märchens bezeugt. Es erfüllt sich, was im »Kommunistischen Manifest« so geschrieben steht: *Ist die Ausbeutung des Arbeiters so weit beendigt, daß er seinen Arbeitslohn ausbezahlt erhält, so fallen die anderen Teile der Bourgeoisie über ihn her, der Hausbesitzer, der Krämer, der Pfandleiher…* Unterstützt von der Werbung, die aus Angeboten Nachfrage macht – *Was ist das Reiten ein schönes Ding! Da sitzt einer wie auf einem Stuhl, stößt sich an keinem Stein, spart Schuh und kommt fort, er weiß nicht wie.*

Sein ganzer Lohn für 1 PS, doch dann ist die Kuh attraktiver – als Öko-Produkt: *Da kann einer mit Gemächlichkeit hinterher gehen und hat obendrein seine Milch, Butter und Käse jeden Tag gewiß.*

Von der Kuh kommt er aufs Schwein, vom Schwein auf die Gans. Er hat keine Ahnung, was das alles wert ist. Wie soll man aber auch ein Pferd mit einer Gans vergleichen. Oder, wie Marx fragte, w*ie Dreiecke mit Rechtecken.* Indem wir den Flächeninhalt berechnen, können wir Dreiecke mit Rechtecken vergleichen. Und genauso machen wir es mit den unterschiedlichen Waren, meinte

Marx: *Wir müssen imstande sein, sie auf einen allen gemeinsamen Ausdruck zu reduzieren. Was ist die gemeinsame Substanz aller Waren? Es ist die Arbeit.*
Die Arbeit, die in ein Pferd eingeht durch Futter und Pflege, und die Arbeit, die es zu leisten vermag. Desgleichen die Arbeit, die Hans dem Arbeitgeber machte durch Kost und Logis, und die Arbeit, die er sieben Jahre lang für ihn leistete. Die eine ist notwendig zur Werterhaltung, die andere bringt Gewinn und macht also den *Mehrwert* aus. Doch der Lohn verschleiert, wo das eine aufhört und das andere anfängt. *Er ist nicht das, was er zu sein scheint, nämlich der Wert beziehungsweise Preis der Arbeit, sondern nur eine maskierte Form für den Wert respektive Preis der Arbeitskraft.* Denn die ist nach Marx auch eine Ware und muß ihre Haut zu Markte tragen zu einem Preis, der freilich verhandelbar ist, was Hans nicht wußte. Er war zufrieden mit dem Batzen Gold, den er bekam. Es hätten aber auch zwei oder drei Prozent mehr sein dürfen, wer weiß das schon so genau.

Anders wird es, wenn man sein eigener Herr ist, über eigene Produktionsmittel verfügt – zum Beispiel einen Schleifstein, mit dem sich Hans zuletzt selbständig machen wollte. Leider fiel die Existenzgründung in den Brunnen. Hans bedauerte es nicht. Im Gegenteil: *Mit leichtem Herzen und frei von aller Last sprang er nun fort, bis er daheim bei seiner Mutter war.* Mutter – so heißt im Märchen Vater Staat.

Die Bremer Revolutionsmusikanten

Gleich im ersten Satz fallen die entscheidenden Begriffe: *Kräfte* und *Arbeit* Ein Mann, heißt es, hatte einen Esel, *dessen Kräfte* zu Ende gingen, *so daß er zur Arbeit immer untauglicher ward.* Es geht dem Esel wie dem Menschen, und dem Menschen wie den Maschinen. *Der Mensch unterliegt wie die Maschine der Abnutzung,* formulierte Marx, *und muß durch einen andern Menschen ersetzt werden.* Beziehungsweise durch einen anderen Esel.

Die Sache ist eine Kostenfrage: *Der Preis einer Ware, also auch der Arbeit, ist gleich ihren Produktionskosten.* Nach dieser Formel, die wir im »Kommunistischen Manifest« finden, rechnet sich die Arbeitskraft Esel nicht mehr. Er ist zu einem Kostenfaktor geworden, der keinen Gewinn mehr abwirft. Ihn *aus dem Futter zu schaffen*, ist die logische Konsequenz. Das gedenkt *der Herr* auch zu tun. Tatsächlich: *der Herr.* Schon im zweiten Satz tritt hinter dem abstrakten *Mann*, mit dem das Märchen beginnt, der *Herr* hervor. Der Herr Arbeitgeber gewissermaßen, der sich eines Arbeitnehmers entledigt, nachdem dessen Arbeitskraft erschöpft ist.

Nach dem gleichen Muster werden auch der Jagdhund, *der sich müde gelaufen hat*, und die Katze abgebaut, *deren Zähne stumpf geworden sind.* Das Erreichen der Rente, hier ausgedrückt in dem Wunsch, *hinter dem Ofen zu sitzen und lieber zu spinnen als Mäuse zu jagen*, ist den Arbeitstieren nicht vergönnt. Der Hahn soll sogar nicht nur *aus dem Futter geschafft* werden, sondern final noch als solches verwertet werden. Für den Profit geht das Kapital über Leichen, beziehungsweise wie es bei Marx wörtlich heißt: *für 100 Prozent stampft es alle menschlichen Gesetze unter seinen Fuß.*

Ausrangiert aus dem Arbeitsmarkt sind die Tiere zu Schicksalsgefährten der Generation 50 plus geworden. Andererseits fühlen sie sich keineswegs schon reif für den Lebensabend. Die Arbeitskraft Esel drückt das so aus: *»Etwas Besseres als den Tod findest du überall.«* Er, der Esel ist es, der die Idee von der Selbständigkeit ins Spiel bringt: *»Ich gehe nach Bremen und werde dort Stadtmusikant, geht mit!«*

Die Existenzgründer-Idee ist risikobehaftet: *Sie konnten aber die Stadt Bremen in einem Tag nicht erreichen,* ihre erste Nacht müssen sie gar als Obdachlose *im Wald* verbringen. Hier nun geht ihnen ein Licht auf. *Ehe der Hahn einschlief, sah er sich noch einmal nach allen vier Winden um; da deuchte ihn, er sähe in der Ferne ein Fünkchen brennen. Искра,* der Funke, lenkt ihre Schritte zu einem hell erleuchteten Haus.

»Was siehst du, Grauschimmel?« wird der Esel als führender Kopf gefragt. Nach kurzer Analyse lautet sein Befund: *»Einen gedeckten Tisch mit schönem Essen und Trinken, und Räuber sitzen daran und lassen's sich wohl sein.«* Ohne sich länger mit der Leninschen Frage *»Was tun?«* aufzuhalten, folgt die Tat. Sie ist von *Spontaneität*, nicht von *Bewußtheit* geprägt und führt lediglich zu einer Veränderung der Besitzverhältnisse, nicht der Eigentumsverhältnisse. Befangen im kleinbürgerlichen Denken handeln die Tiere nicht anders als die Räuber.

Interessant ist in diesem Zusammenhang der Hinweis der Brüder Grimm, daß es zu den beiden Erzählungen aus dem Paderbörnschen, auf die ihr Märchen zurückgeht, noch eine dritte gab: aus Zwehrn (Nordhessen). In ihr verjagen die Tiere die Räuber nicht, sondern treten musizierend ein ins Haus und werden freundlich empfangen. Wie Klassenbrüder.

Die »Bremer Stadtmusikanten«, wie sie uns überliefert sind, errichten im Räuberhaus nichts anderes als ein »Ikarien«. So nannte Etienne Cabet (1788-1856), ein frühsozialistischer Träumer, sein Utopia und später auch die kommunistische Kolonie, die er 1848 in Amerika gründete. Sie ging sang- und klanglos unter wie auch die größeren Kolonien, die dann das XX. Jahrhundert errichtete.

Daran erinnert die Verheißung der »Bremer Stadtmusikanten«, denen es in ihrem neuen Reich so *wohl* erging, *daß sie nicht wieder herauswollten. Und wer das zuletzt erzählt hat, dem ist der Mund noch warm.*

Von Utopien.

(Wie es im besetzten Räuberhaus weiterging mit dem Esel Benjamin, dem Hund Zwickzwack, der Katze und dem Hahn, hat dann George Orwell erzählt im Märchen von der »Farm der Tiere«, in dem die Schweine alles versauten.)

Kollege Rumpelstilzchen

Von Töchtern, die zu Hause rumhängen, weil sie keinen Ausbildungsplatz bekommen, erzählt das Leben. Grimms Märchen erzählt von einem armen Müller, der seine Tochter in Arbeit bringen will. Deshalb versteigt er sich zur der Behauptung *»Die kann Stroh zu Gold spinnen«.* Warum tut er das? Weil, wie Marx beschrieb, ein Zustand erreicht war, in dem der *Kapitalist länger ohne den Arbeiter leben kann als dieser ohne jenen.*

Notwendig, heißt es in den »Ökonomisch-philosophischen Manuskripten«, nimmt die Zahl der Arbeitgeber ab: *Die großen ruinieren die kleinen.*

Da die Zahl der Arbeitnehmer aber nicht abnimmt, tobt der Konkurrenzkampf *unter ihnen*. Er wird *größer, unnatürlicher und gewaltsamer*.

Mit der großsprecherischen Behauptung einer unnatürlichen Begabung preist der Müller seine Tochter an. Doch selbst das gereicht ihr nur zu einer Einstellung auf Probezeit. *»Wenn deine Tochter so geschickt ist, wie du sagst, so will ich sie auf die Probe stellen«*, läßt sich der Arbeitgeber vernehmen, der im Märchen als *König* auftritt. *Da saß sie nun, und wußte um ihr Leben keinen Rat.* Niemand aus der Nachtschicht hat Mitleid mit ihr. Nur der Kollege Rumpelstilzchen sieht in ihr nicht die Konkurrentin, sondern entbietet seine Hilfe. Jedoch nicht uneigennützig: *»Was gibst du mir?«* Halsband, Fingerring, dann geht es ums Ganze, im Märchen ausgedrückt durch das Begehren: *»So versprich mir dein erstes Kind.«* Selbst dazu, sich hochzuschlafen, besteht die Bereitschaft.

»Schnurr, schnurr, schnurr, dreimal gezogen, war die Spule voll.«

Daraufhin erfolgt die Festeinstellung. Mehr noch: die Neue mit den goldenen Händen schafft den Aufstieg bis nach ganz oben. Sie wird zur Arbeitgeberin, zur *Königin*. Als sich der Kollege Rumpelstilzchen wieder in Erinnerung bringt, kann sie sich nicht einmal mehr an seinen Namen erinnern. Eine perfekte Verdrängungsleistung! Er aber gibt ihr, trotz dieser Demütigung, noch eine Chance: *»Drei Tage will ich dir Zeit lassen, wenn du bis dahin meinen Namen weißt.«*

Was nun folgt, kennt man aus den beliebtesten Märchen des Fernsehens. Der Showdown wird bis zur letzten Sendeminute hingezogen.

»Heißest du Kunz?«

»Nein.«

»Heißest du Heinz?«

»Nein.«

»Heißt du etwa Rumpelstilzchen?«

Auf dieses Stichwort würde (in den beliebtesten Märchen des Fernsehens) das Sondereinsatzkommando hereinstürmen. Doch der Täter entzieht sich seiner Bestrafung und legt Hand an sich. *Mitten entzwei,* reißt sich der Erpresser, *mit beiden Händen.*

Mit den gleichen Händen, mit denen er vorher seine Erfahrung im Stroh-zu-Gold-Spinnen weitergegeben hatte, nicht, um sich einen beruflichen, sondern einen persönlichen Vorteil zu verschaffen. War vielleicht sogar Liebe mit im Spiel, als er gesagt hatte:

»Alles Lebende ist mir lieber als alle Schätze dieser Welt.«

Dieser Satz jedenfalls klingt nach beim gewaltsamen Ausgang des Märchens aus der gnadenlosen Arbeitswelt.

Muß sie so gnadenlos sein?

Die Konkurrenz der Arbeiter unter sich ist nur eine andere Form der Konkurrenz der Kapitalien (Karl Marx, »Grundrisse der Kritik der politischen Ökonomie«).

Klaus Stadtmüller

Haarig

Rapunzel, Ritter

Rapunzel (sinnierend im Turmzimmer): Ach, wünscht so sehr, es käme Einer, mich zu befrein aus dem Gemäuer. Hier harr ich nun tagein tagaus und harr, wie's scheint, vergebens. Ach, wünscht so sehr… Doch horch, mir war, als hört ich…
> *Eilt zum Fenster und öffnet es.*

Ritter (drunten zur Laute): Mir ward von weit so teure Kunde,
> ein Mägdelein in aller Munde…

> *Steht offenen Munds, als er ihrer am Fenster hoch droben ansichtig wird.*

Rapunzel: Kommt Ihr, edler Ritter, mich aus dem Verlies hier zu befrein?
> *(beiseite)* Ein fescher Bursch, fürwahr.

Ritter: Gewiß, oh Holde, zu dem Behufe bin ich hier. Doch sag, wie geh ich's an am besten?

Rapunzel: Keine Stiege führt zu meinem Söller, edler Herr. Auch mangelt es an einem Hebewerk. Doch wüßt ich Rat…

Ritter: Ich wünscht, er würde mir zuteil.

Rapunzel: Seit Jahr und Tag wächst mir mein goldnes Haar. Es mag wohl reichen bis hinab…

Ritter: So laßt, Rapunzel, es hinab, das Haar, auf daß ich dran zu Euch emporgelang.

Rapunzel wuchtet und wuchtet und wuchtet durchs schmale Fensterchen ihre Haarpracht bis deren Ende vor des Ritters Füßen den Boden erreicht. Flink hebt der Ritter an, draus eine Strickleiter zu knüpfen – hält jedoch alsbald inne.

Ritter (beiseite): Schuppen und verfilzt und ungewaschen, igitt.

> *(zu Rapunzel droben):* Mein Fräulein, ich begehr Euch wohl mit Haut – und Haar. Indes befürchte ich, Eure Kopfhaut käm zu Schaden. Drum, bitt ich, gebt mir nur ein Weilchen, eine Leiter zu besorgen.

> *Sprach's und eilt sogleich vondannen – auf Nimmerwiedersehn.*

Gar mancher find' bei seiner Puppe
verfilzte Haare in der Suppe.
Drum: will man in den Pfühlen wühlen
sind die Haare fein zu spülen.

Ein Abschluß

Gänseliesel, Außendienstmitarbeiter und ein dicker Prügel

Gänseliesel hütet am Wegesrain die Gänse. Da rauscht der Außendienstmitarbeiter vorbei, bremst scharf und setzt zurück.
Außendienstmitarbeiter: Na Frollein, so ganz allein in der Natur?
Gänseliesel: Sie sehen doch die Gänse, oder?
Außendienstmitarbeiter: Schon, aber die blöden Viecher taugen nur für den Backofen. Sie dagegen…
Gänseliesel: …erst recht nicht für den Backofen.
Außendienstmitarbeiter: Sag ich ja. Für Sie wüßt ich schon was anderes.
Streichelt die Flanke seines Wagens.
Gänseliesel: Mann, zischen Sie ab, aber dalli!
Außendienstmitarbeiter: Sie könnten doch mitzischen.
Gänseliesel: Noch ein Wort und…
Außendienstmitarbeiter: Seien Sie doch nicht so widerspenstig. Haben Sie ein Einsehen mit einem Mann, der heute noch keinen Abschluß getätigt hat. Ich will Ihnen schließlich nur Gutes…
Gänseliesel schlägt zu.
Außendienstmitarbeiter (wimmernd): Oder wenigstens eine Versicherung?
Gänseliesel: Gegen solche Vertreter wie Sie?

Gänseliesel macht Gänseklein aus dem Außendienstmitarbeiter und hütet weiter unangefochten ihre Gänse.

Begegnest du im Außendienst
einer holden Maid und grienst,
macht sie leicht im Schleierkraut
dir als Freier Gänsehaut.

Fast allein im Wald

Rotkäppchen, Wolf und Jäger

Rotkäppchen geht mit Kuchen und Schnaps durch den Wald zur Großmutter, die es mit Rainer Wolf hat, der seinerseits – wie übrigens der Jäger auch – ein Auge auf Rotkäppchen geworfen hat, das sich dieser verzwickten Gefühlsregungen nicht unbewußt ist. Das Mädchen hat das Herz auf dem rechten Fleck unter der durchsichtigen Bluse und frisches Rot aufgelegt. Mitten im finstern Wald kommt der Wolf daher.

Wolf (*einschmeichelnd*): Hab dich zum Fressen gern, mein Kind.

Rotkäppchen (*keck*): Ich denk, du hast es mit der Großmutter.

Wolf (*knurrend*): Die hab ich schon vernascht. Mein Appetit ist rieieieiesengroß.

Rotkäppchen (*nicht verlegen*): Hier, nimm vom Kuchen. Die Großmutter braucht ihn wohl nicht mehr. Und dann teilen wir den Schnaps.

Gierig verschlingt der Wolf den Kuchen. Darauf teilen sie den Schnaps und das Lager.

Wolf (*ungestüm*): Uah!

Rotkäppchen (*bewegt*): Du böser, böser Wolf du.

Dabei überrascht sie der Jäger.

Jäger (*fuchsteufelswild mit der Flinte im Anschlag*): Ha, hab ich euch, ihr beiden.

Rotkäppchen (*nicht faul, indem es sich frei macht vom Wolf*): Mich noch nicht, lieber Jäger. Aber das kann noch kommen, wenn du mir diesen frechen Wolf vom Hals schaffst. Angefallen hat er mich im Schutz der Fichten.

Der Jäger ist nicht sehr helle, aber fesch. Piff, paff erschießt er den Wolf, wie der sich eben den Pelz zuknöpft.

Jäger (*treuherzig zu Rotkäppchen*): Und jetzt?

Rotkäppchen stürzt in seine Arme. Das mit dem steinbeschwerten Wolf im Brunnen kommt erst sehr viel später.

> Manches Kindelein verholf
> sich zu einem schlimmen Wolf,
> wenn's bei herzensguter Tat
> abseits in die Fichten trat.

Heiko Postma

Grimms Märchen als Lückenbüßer

Wilhelm Hauff und seine Märchenalmanache

Die Lage ist fatal: Der Kalif von Bagdad und sein Großwesir sind auf den magischen Psycho-Trick eines Scharlatans hereingefallen. Nach dem Konsumieren eines ihnen zugespielten Zauberpulvers haben sie sich in Störche verwandelt, nun aber (das war der Clou des Tricks!) die Rückführformel –»Mutabor« – vergessen. So droht ihnen eine lebenslängliche Storchen-Existenz. Nicht minder schlimm sind die politischen Konsequenzen: Schon hat ein Rivale des Kalifen in Bagdad die Macht ergriffen und den Palast okkupiert.

Da treffen die zwei Neu-Vögel auf eine Nachteule, die sich ihnen als – gleichfalls metamorphisierte – Prinzessin von Indien offenbart und die einen Weg weiß, den Storchen-Zauber zu lösen. Rettung in höchster Not! Freilich stellt sie eine Bedingung: Sie will, verständlicherweise, ihrerseits erlöst werden; was indes, den magischen Regeln zufolge, nur geschehen kann, wenn einer der beiden Störche verspricht, sie zu heiraten.

Das aber macht die zwei Herren Adebare »etwas betroffen«. Und so sehr die Zeit auch drängt, so bedrohlich die Situation auch ist (und so märchenüblich die Bedingung): Sie ziehen sich erstmal zu einer längeren Beratung zurück, in deren Verlauf sie wortreich versuchen, sich vor der drohenden Ehe zu drücken und dem jeweils anderen die Sache in die Schuhe (beziehungsweise die orientalischen Pantoffeln) zu schieben.

Eine buchenswerte Konferenz: Der Großwesir hat schon eine Frau (und beträchtliche Angst vor ihr), und so schlimm, argumentiert er, könne es doch für den – ledigen – Kalifen nicht sein, eine junge schöne Prinzessin zu heiraten. Genau damit stößt er jedoch auf Widerstand: Wer garantiere ihm, entgegnet sein Chef, daß die Dame wirklich jung und schön sei, sie könne ja auch alt und häßlich sein. Einer Nachteule, auch einer verzauberten, ein Eheversprechen zu geben, heiße, so sein bezwingendes Diktum, »die Katze im Sack kaufen«.

Nun gut, die Angelegenheit endet zufriedenstellend: Da der Großwesir aus Furcht vor seiner Gattin lieber ewig Stelzvogel bleiben will, muß der Kalif schließlich nachgeben, und siehe da – die allseitige Rückwandlung gelingt; die Prinzessin ist wirklich so jung wie schön; die Ehe wird glücklich; und nur der triumphal besiegte politische Rivale muß seine Tage als verwandelter Storch in der Voliere beschließen. Aber allein die vogelige Ehe-Beratungs-Episode in diesem »Kalif Storch« zeigt, wie der – damals knapp 23jährige – Autor Wilhelm Hauff in seinem Phantastik-Orient das Märchenerzählen anging: Spielerisch, witzig und voller verrückter Einfälle; nicht allzu bekümmert um öde Gattungsfragen; ohne Respekt vor Üblichkeiten. Kurzweilig sollte es sein, anregend, aufkratzend:»Wahrhaftig, der Nachmittag ist uns vergangen, ohne daß wir merk-

Wilhelm Hauff. Zeichnung (Ausschnitt) von J. Behringer, 1826.

ten wie!« sagt hinterher – in der Rahmenhandlung des Ganzen – einer der Zuhörer des Storchenmärchens, und das ist es.

Auf die Rahmenhandlung wiederum, das Ausmalen der konkreten Erzählsituation (somit: das Imaginieren der Mündlichkeit des Erzählens im miterlebenden, ja, förmlich mitschaffenden Hörerkreis) legte Hauff höchsten Wert. Genauso waren die Texte schließlich entstanden, die er in seinem ersten »Märchen-Almanach für Söhne und Töchter gebildeter Stände auf das Jahr 1826«, betitelt »Die Karawane«, in die Welt setzte: Der Hauslehrer Wilhelm Hauff, examinierter Theologe, promovierter Philosoph und angehender Romancier, hatte sich die Märchen – etwa »Der kleine Muck« oder »Das Gespensterschiff« – für seine Zöglinge ausgedacht, sie gemeinsam mit ihnen munter fortgesponnen und schließlich, auf dringendes Anraten seiner begeisterten Dienstherrin, niedergeschrieben und in Druck befördert.

Doch merkwürdig: Nachdem er mit der Publikation der Märchen erstmal sein Zeichen gesetzt (auch seine Hauslehrerstelle aufgegeben) hatte, schien der junge Herr Doktor, stets auf Neues bedacht – neue Sujets, neue Genres, neue Trends –, nicht mehr so das rechte Entzücken an dieser spezifischen kleinen Form zu spüren. In seinem zweiten, zu Weihnachten des nächsten Jahres erschienenen, Almanach »Der Scheik von Alessandria und seine Sklaven« findet sich zwar das Märchen vom »Zwerg Nase« (eines seiner schönsten und phantasievollsten); doch schon bei der kurzen Geschichte vom detektivischen Deduktions-Virtuosen Abner, dem »Juden, der nichts gesehen hat«, einem orientalischen Prä-Sherlock Holmes, fühlte sich Hauff zu dem Hinweis genötigt, daß schließlich auch in »Tausendundeiner Nacht« nicht nur Wunderbares, sondern auch recht Irdisches erzählt würde. Und sein »Junger Engländer«, der »Affe als Mensch«, ist eine (brillante!) Kleinstadt-Satire aus der deutsch-biedermeierlichen Gegenwart, doch beim besten Willen kein Märchen.

Überhaupt waren ihm für diesen Almanach nurmehr vier Geschichten eingefallen; doch aufgeben wollte er die Sache auch wieder nicht: Zum einen, weil der erste Band so beifällig aufgenommen worden war, zum zweiten aber, »weil er mir doch immer eine sichere Einnahme von einigen hundert Gulden trägt.« (Das hätte auch der »Holländer-Michel« aus seinem dritten Almanach nicht überzeugender darlegen können ...) Einstweilen entschied sich Hauff darum, luftig-lässig, wie's seine Art war, die – unübersehbaren – Lücken im zweiten Märchen-Band mit Märchen anderer Autoren aufzufüllen. Die Redaktionsarbeit am zweiten Almanach hatte er ohnehin weitgehend seinem großen Bruder Hermann angehängt, während er selber in jenem Jahr 1826 sieben Monate lang auf Reisen ging – auf seine große Tour, die ihn nach Paris führte, nach Brüssel, später in den phantasieanregenden Bremer Ratskeller, doch kurz zuvor noch, ganz gezielt, nach Kassel.

Denn in Kassel residierte kein Geringerer als Wilhelm Grimm, der deutsche Märchenpapst. Und tatsächlich schaffte es Hauff mit seinem Charme, dem Sammler zwei Märchen zu entlocken, die in den bis dahin erschienenen Auflagen der »Kinder- und Hausmärchen« noch nicht vertreten waren: »Das Fest der Unterirdischen« und »Schneeweißchen und Rosenrot«. Beide kamen dann in Hauffs zweitem, dem »Scheik von Alessandria«-Almanach, gemeinsam mit dem »Armen Stephan« von G. A. Schöll und dem »Gebackenen Kopf« von J. Morier, zum ersten Mal an die Öffentlichkeit, um die besagten Leerstellen zu besetzen, die der Herr Märchendichter gelassen hatte.

Für das »Fest der Unterirdischen« blieb es dann übrigens auch dabei; »Schneeweißchen und Rosenrot« hingegen (Sie erinnern sich: das Märchen, in dem sich ein Zwerg seinen Bart in einer Baum-Spalte eingeklemmt hat, bevor ihn eine der beiden Titelheldinnen vermittels eines »Scherleins« befreit, mit dem sie seine Manneszier abkappt, aber statt Dank nur einen zwergischen Wutausbruch erntet) machte später unbedingt Karriere.

Wilhelm Grimm liebte das Märchen sehr, nahm es 1837 in die große Ausgabe der »Kinder- und Hausmärchen« auf, und dreizehn Jahre später sogar in den – weitaus populäreren – auf fünfzig Märchen begrenzten Auswahlband (wofür dann »Die drei Brüder« weichen mußten).

Der böse Hauff dagegen: Er mochte »Schneeweißchen und Rosenrot« überhaupt nicht, so wenig wie das »Fest der Unterirdischen«. Grimm habe leider »etwas minder gutes geschikt«, schrieb er seinem »lieben Bruder« aus Bremen (mit, immerhin, »herzlichem Dank für Deine Mühe, die Du auf m. Mährchen-Almanach verwendest–. Ich kann mir wohl denken, daß Du auf manche Schwürigkeit stößt!«).

Sein Trost wiederum (typisch Hauff!): »Gibt es doch auch in anderen Almanachen minder gutes Zeug, das die Lücken füllen muß.« Und gemein: Während sonst in der Rahmenhandlung von Hauffs Almanachen das grad vorgetragene Märchen ausgiebig gewürdigt wird, heißt es hier nur knapp »noch waren die jungen Männer im Gespräch über diese Märchen, da kam plötzlich…« Angekündigt worden war der Erzähler dabei mit den netten Worten: »Der, der jetzt kommt, ist tief hinten in Frankistan gebürtig, wollen sehen, was er weiß.«

Brieflich hatte sich Hauff über den Märchenonkel aus dem tief hinteren Frankistan noch weit herber ausgelassen, über »Grimms Ammenmärchen« nämlich, »die nicht einmal von ihm selbst sind.« Ho! Ammenmärchen – das stand für altbacken, tutig, kinderschreckend; und dann noch nicht mal selbsterdacht, nur gelehrig irgendwo eingesammelt! Wie phantasielos! Allein: »Die Hauptsache ist, daß wir seinen Namen haben, der nun einmal viel gilt.« Er konnte ganz schön jugendlich arrogant sein, der Hauff, aber er konnte schließlich auch den »Kalif Storch« vorweisen, den »Kleinen Muck« oder den »Zwerg Nase«. Märchen der neuen Art – und eindeutig »von ihm selbst«.

Er hat dann tatsächlich noch einen dritten »Märchenalmanach« herausgebracht diesmal eigenhändig redigiert und ausschließlich mit selbstverfaßten Texten bestückt: »Das Wirtshaus im Spessart«. Die darin enthaltenen Erzählungen gehören zum unverlierbaren Bestand der deutschen Literatur. Nur – ob's just Märchen sind? Den Rahmen bildet eine solide Räuberpistole á la Rinaldo Rinaldini (mit neapolitanischem Schlußakzent!); dazwischen gibt's Sagenhaftes von Schwaben bis Schottland, Anekdotisches über Napoleon Bonaparte, und die Meisternovelle »Das kalte Herz«, die dann aber, neben Sagen-Elementen, auch einige echte märchenhafte Züge aufweist…

Hauff sah die Gattungsfragen halt nicht so eng. Und nicht zuletzt darin liegt der phantastische Reiz seiner Prosa. Traurig allein: »Das Wirtshaus im Spessart« war der Märchenalmanach »auf das Jahr 1828« – ein Jahr, das Wilhelm Hauff gar nicht mehr erlebte. Er starb am 18. November 1827 an einer fiebrigen Erkrankung, wohl einer verschleppten Lungenentzündung, elf Tage vor seinem 25. Geburtstag.

Wie sein späterer Adept Arno Schmidt zu Recht beklagte: »unverantwortlich früh«.

Dieter P. Meier-Lenz

abgesang

und was mach ich mit dem rest
den mir das zeitgemetzel läßt?

rumpelstilzchen wird gefoltert
bis es seinen namen sagt
mit dem säbel wird gepoltert
die königin wird totgesagt

ein schwarzes käppchen riecht politisch
ein rotes küßt den bösen wolf
so wird die jungfraumasse kritisch
der jäger spielt jetzt golf

herr drosselbart wird astronaut
er spielt den weltraumkapitän
und was er unterwegs verdaut
wird sich ein forscherteam besehn

des zwerges nase wird getestet
und zeitästhetisch deformiert
frau holle mir die luft verpestet
ihr unterleib ist amputiert

der eisenhans wird stahlverschrottet
sein ruf sein schrei ist rostig-rot
schneeweißchen ist mit ruß vermottet
und stirbt im smog den schwarzen tod

prinzeß rutscht auf der erbse aus
und tanzt den aschenputteltanz
in herrn allwissends partyhaus
entkleidet sich die goldne gans

die sieben jungen geißlein werden
mit frischem lorbeerblatt garniert
und unter dreisten schmausgebärden
mit hänselhaut und -haar serviert

rapunzel zu salat verhäkselt
ein knuspriger schneewittchenarm
jorindes brust zum hut gedrechselt
dornröschens füße frißt man warm

der fischer jan mit seiner frau
wohnt jetzt im hochhaus 12. stock
ist er am wochenende blau
kriecht er ihr untern wünschelrock

der arme und der reiche
sind sich nur gleich als leiche

das hasen- und das igelfell
schenk ich der fetischbraut
und wer das fürchten lernen will
der kriech in meine haut

Aber von seinem zweiten und dritten Jahre an erinnert er sich auch der höllischen Qualen, die ihm die Märchen seiner Mutter und seiner Base im Wachen und im Schlafe machten.

Karl Philipp Moritz: Anton Reiser

Die Autoren & Künstler

Samuel Bak, geb. 1933 in Wilna / Polen, lebt und arbeitet seit 1993 bei Boston / USA. 1941 – nach der Okkupation durch deutsche Truppen – Einweisung ins Ghetto; 1945-48 mit der Mutter im DP-Lager Landsberg am Lech; 1948 Einwanderung nach Israel; 1952 Aufnahme in die Bezalel Art School, Jerusalem. 1957-59 Studium an der Academie des Beaux Arts, Paris; Bühnenmalerei in Paris und London; von 1959-66 Aufenthalt in Italien, von 1984-93 in der Schweiz. Ausstellungen u.a. in Rom, Pittsburgh, Tel Aviv, Jerusalem, Basel, Brüssel, Toronto, London, Chicago, Montreal, Boston, New York, München, Nürnberg, Braunschweig, Heidelberg, Hamburg, Frankfurt / Main und Düsseldorf, zuletzt u.a. 2006 im Felix-Nussbaum-Haus in Osnabrück (»Samuel Bak – Leben danach«, Katalog im Verlag des Museums- und Kunstvereins Osnabrück e.V.). – Samuel Bak in »Über meine Kunst und mich«: »Was ich versuchte, mit meiner Malerei zu erreichen, waren Unmittelbarkeit und Befremden ... Meine gemalten Metaphern hatten scharf zu sein und klar, unmittelbar und unausweichlich präsent für den Betrachter. Doch im Kontext der modernen Kunst bewirkte diese Technik auch das Befremden, das ich erreichen wollte, ein Mittel, den Betrachter zu zwingen, die Leiden frisch zu sehen, die betäubt worden waren durch die Gewohnheit des Verdrängens.«

S.   4: Der Leser. Öl/Lw., 116 x 87 cm, 1980/90. Sammlung des Künstlers.
S. 37: Flucht. Mischtechnik / Papier, 76 x 57 cm, 1983.
S. 38: Die Erklärung, Öl/Lw., 130 x 130 cm, 1977-93. Pucker Gallery, Boston.
S. 39: Der Klang der Stille. Öl/Lw., 160 x 200 cm, 1992-96 (oben); Vogelgruppe mit Baum. Öl, 110 x 110 cm, 1979 (unten).
S. 40: Die Abreise. Öl/Lw., 98 x 130 cm, 1971-92. Pucker Gallery, Boston (oben); Elemente der Zeit. Öl/Lw., 65 x 81 cm, 1986. Pucker Gallery, Boston (unten).
S. 41: Engel der Reisenden. Öl/Lw., 100 x 81 cm, 1985.
S. 42/43: Die ewige Rückkehr. 1997.
S. 44: Lang ersehnte Reise. Mischtechnik / Papier, 74 x 58 cm, 1977.
S. 45: Flug von Berlin. Öl/Lw., 130 x 162 cm,1990-91. Pucker Gallery, Boston (oben); Reise mit Daedalus. Öl/Lw., 81 x 100 cm, 1984. Sammlung des Künstlers (unten).
S. 46: Das Paßwort. Öl/Lw., 102 x 76 cm, 1974/75. Sammlung des Künstlers.

Wilhelm Bartsch, geb. 1950 in Eberswalde, lebt in Halle / Saale. Philosophiestudium in Leipzig, 1987-89 am Literaturinstitut, seit 1986 freier Autor. Lyrik, Prosa, Essay, Dramatik. Veröffentlichungen der letzten Jahre u.a.: *Heldenlärm*, Erzählung (1998); *Gnadenorte Eiszeitwerften*, Gedichte (2000, 2003); *Schwankende Gründe*, Erzählungen (2004); *Gohei und der Dämon Tsunami*, Erzählung (Neufassung 2005); *Geisterbahn*, Gedichte (2005); *Des Mannes Feld*, Film, Buch und Regie (2006); *Spanschachtel, 158 Haikus* (2007).
S. 112: Märchen in Ultramarin.

Marcel Beyer, geb. 1965 in Tailfingen, lebt in Dresden; Studium der Germanistik, Anglistik und der Allgemeinen Literaturwissenschaft in Siegen. Werke u.a.: *Das Menschenfleisch*, Roman (1991); *Flughunde*, Roman (1995); *Falsches Futter*, Gedichte (1997); *Spione*, Roman (2000); *Erdkunde*, Gedichte (2002); *Nonfiction* (2003); *Vergeßt mich*, Erzählung (2006). Herausgeber der Reihe *Vergessene Autoren der Moderne* und des Werkes von Friederike Mayröcker. Zahlr. Preise und Auszeichnungen, u.a.: Uwe-Johnson-Preis (1997); Heinrich-Böll-Preis (2001); Hölderlin-Preis (2003), Spycher Literaturpreis Leuk (2004), Erich-Fried-Preis (2006). Siehe auch *die horen* Band 205/ 2002, 216/2004, 219/2005, 224/2006.
S. 47: Scooter.

Thomas Böhme, geb. 1955 in Leipzig, lebt dort. Lehrerstudium, Fernstudium am Literaturinstitut »Johannes R. Be-

Die Autoren & Künstler

cher« in Leipzig; seit 1985 freier Schriftsteller; zahlr. Buchveröffentlichungen, zuletzt u.a.: *Vom Fleisch verwilderte Flecken – Ein latenter Roman* (1995); *Heimkehr der Schwimmer*, Gedichte (1996); *Die Zöglinge des Herrn Glasenapp*, Erzählungen (1997); *Die Cola-Trinker*, Gedichte von 1980-1999 (2000); *Dämmerung mit Dingen*, Erzählung (2001), zuletzt *Balthus und die Füchse*, Novellen (2004), *Nachklang des Feuers*, Gedichte (2005). Ehrengabe der Schiller-Stiftung Weimar (1994), Literaturförderpreis Sachsen (2006). – Siehe auch *die horen*, Band 161/1991, 173/1994, 189/1998. S. 76: Als Kind kam ich zu jedem Treffpunkt / Mit neun Jahren.

Volker Braun, geb. 1939 in Dresden, lebt in Berlin. Arbeit in einer Dresdner Druckerei und im Kombinat »Schwarze Pumpe«, Maschinist für Tagebaugroßgeräte im Tagebau Burghammer. 1960-1964 Studium der Philosophie in Leipzig, ab 1965/66 Dramaturg am Berliner Ensemble (1977-90 Mitarbeiter), 1972-77 Mitarbeiter des Deutschen Theaters Berlin. – Volker Braun schreibt Prosa, Lyrik, Dramen, Essays, 1989-93 erschien eine zehnbändige *Textausgabe*, zuletzt u.a.: *Der Wendehals* (1995); *Lustgarten Preußen* (1996); *Wir befinden uns soweit wohl. Wir sind erst einmal am Ende*, Essays (1998); *Tumulus*, Gedichte (1999); *Wie es gekommen ist*, Ausgewählte Prosa (2002); *Das unbesetzte Gebiet*, Erzählung (2004); *Der berüchtigte Christian Sporn. Ein anderer Woyzeck*, Erzählungen (2004); *Auf die schönen Possen*, Gedichte (2005); *Das Mittagsmahl* (2007). Zahlreiche Mitgliedschaften – u.a. Akademie der Künste (seit 2006 Direktor der Sektion Literatur), Sächsische Akademie der Künste, Freie Akademie der Künste zu Leipzig, Akademie für Sprache und Dichtung Darmstadt. Deutscher Kritikerpreis (1996), Hans-Erich-Nossack-Preis des Kulturkreises der deutschen Wirtschaft im BDI (1998), Erwin-Strittmatter-Preis des Landes Brandenburg (1998), Georg-Büchner-Preis (2000). S. 79: Bernsteinsee.

Róža Domašcyna, geb. 1951 in Zerna (Sernjany) bei Kamenz; freie Autorin, lebt in Bautzen. 1979-84 Studium der Ingenieurökonomie des Bergbaus in Senftenberg, Arbeit als Ingenieurin, 1985-89 Studium am Institut für Literatur »Johannes R. Becher« in Leipzig. Sie schreibt Lyrik, Dramatik, Essays und Rezensionen in deutscher und sorbisch-wendischer Sprache; Herausgeberin (u.a. Literaturalmanach *Wuhladko*) und Nachdichterin. Zuletzt erschienen: *Serbska poezija 46*, Lyrik (2001); *W paradizu wsyknych swetow*, Theaterstück (UA Bautzen 2004); *My na AGRA*, Anagramme (2004); *Stimmfaden*, Gedichte (2006). Mörike-Förder-Preis (1994) Förderpreis zum Cisinski-Preis der Stiftung für das sorbische Volk (1995). Anna-Seghers-Preis (1998). Exil-P.E.N.-Literaturpreis (2001). – Siehe auch *die horen*, Band 218, 219, 220/2005. S. 13: Bär aufgebunden.

Ulrike Draesner, geb. 1962 in München, lebt in Berlin. Studium der Germanistik, Anglistik und Philosophie in München und Oxford; seit 1994 freie Schriftstellerin. Veröffentlichungen u.a.: *gedächtnisschleifen*, Gedichte (1995); *anis-o-trop*, Sonette (1997); *Lichtpause*, Roman (1998); *Reisen unter den Augenlidern*, Erzählung (1999); *to change the subject*, Sonette von Shakespeare, Radikalübersetzungen (2000); *Ich doch nicht*, Gedichte (2001); *für die nacht geheuerte zellen*, Gedichte (2001); *Mitgift*, Roman (2002); *Hot Dogs*, Erzählungen (2004); *Kugelblitz*, Gedichte (2005); *Spiele*, Roman (2005); *Schöne Frauen lesen*, Essays (2007). Zahlreiche Literaturpreise, u.a.: Bayerischer Staatsförderpreis für Literatur (1997), Hölderlin-Förderpreis (2001), Preis der Literaturhäuser (2002), Drostepreis der Stadt Meersburg (2006). – Siehe auch *die horen*, Band 205/2002, 211/2003, 219/2005. S. 48: Rand.

Kurt Drawert, geb. 1956 in Hennigsdorf / Brandenburg, seit 1986 freier Autor, lebt seit 1996 in Darmstadt. Zahlreiche Veröffentlichungen von Prosa, Lyrik, Dra-

Die Autoren & Künstler

matik und Essays sowie mehrere Herausgaben, u.a.: *Privateigentum*, Gedichte (1990); *Spiegelland. Ein deutscher Monolog*, Roman (1992); *Haus ohne Menschen. Zeitmitschriften* (1993); *Fraktur.* Lyrik, Prosa, Essays (1994); *Alles ist einfach. Stück in sieben Szenen* (1995); *Wo es war*, Gedichte (1996); *Steinzeit* (1999); *Rückseiten der Herrlichkeit.* Texte und Kontexte (2001), *Nacht. Fabriken. Hauser-Material und andere Prosa* (2001); *Frühjahrskollektion*, Gedichte (2002); *Emma. Ein Weg - Flaubert-Essay* (2005). Zahlreiche Auszeichnungen, u.a. Leonce-und-Lena-Preis (1989), Förderpreis der Jürgen-Ponto-Stiftung (1991), Lyrikpreis Meran (1993), Ingeborg-Bachmann-Preis (1993), Uwe-Johnson-Preis (1994), Rom-Stipendium der Villa Massimo (1995), Nikolaus-Lenau-Preis und Ehrengabe der Deutschen Schillerstiftung (2001).
S. 167: Ich hielt meinen Schatten für einen andern.

Günter Eich, geb. am 1. Februar 1907 in Lebus, gest. am 20. Dezember 1972 in Salzburg; Lyriker und Hörspielautor. Studierte Jura und Sinologie; seit 1932 als freier Schriftsteller tätig, im Zweiten Weltkrieg Soldat. Seit 1953 verheiratet mit Ilse Aichinger. Buchveröffentlichungen u.a.: *Abgelegene Gehöfte*, Gedichte 1948; *Botschaften des Regens* (1955); *Zu den Akten* (1964); *Anlässe und Steingärten* (1966); *Maulwürfe* (1968); *Ein Tibeter in meinem Büro* (1970); *Nach Seumes Papieren* (1972) – Hörspiele u.a.: *Träume* (1951; Hörspielpreis der Kriegsblinden 1952); *Der Tiger Jussuf* (1952); *Die Mädchen aus Viterbo* (1953); *Die Brandung vor Setúbal* (1957); *Festeanus, Märtyrer* (1958) & Hörspiele in Sammelbänden u.a.: *Träume*, 4 Hörspiele, 1953; *Stimmen*, 7 Hörspiele, 1958. – Georg Büchner – Preis 1959.
S. 7: Brüder Grimm. Zit. n. Günter Eich, *Sämtliche Gedichte in einem Band*, hrsg. von Jörg Drews. © Suhrkamp Verlag, Frankfurt am Main 2006. – Mit freundlicher Genehmigung.

Michael Ende, geb. am 12. November 1929 in Garmisch-Partenkirchen, gest. am 28. August 1995 in Stuttgart. 1948-50 Schauspielschule München, danach Landesbühne Schleswig. Schrieb für verschiedene politische Kabaretts Sketche und Chansons, 1952-1954 Filmkritiker für den Bayerischen Rundfunk. 1958 entstand das Kinderbuch *Jim Knopf und Lukas der Lokomotivführer* (1960), weitere Kinderbücher folgten. 1970/71 Übersiedelung nach Italien, ab 1985 wieder in München. Weltruhm erlangte der Autor durch *Momo* (1972) und *Die Unendliche Geschichte* (1979; 1984/1990 verfilmt). Weitere Werke u.a.: *Die Schattennähmaschine*, Gedichte (1982), *Der satanarchäolügenialkohöllische Wunschpunsch* (1989) und *Der Spiegel im Spiegel. Ein Labyrinth* (1984), *Der Zettelkasten. Skizzen und Notizen* (1989). Die hier abgedruckten Briefe sind bisher unveröffentlicht, wir danken der AVAinternational für die Bereitstellung. Im Oktober 2007 wird im Deutschen Theatermuseum München eine Michael-Ende-Ausstellung zu sehen sein, der Katalog zur Ausstellung wird von Roman Hocke und Uwe Neumahr gestaltet.
S. 129: »... daß der Umweg über Phantasien unerlässlich ist ...« / Briefe aus dem Nachlaß.

Elke Erb, geb. 1938 in Scherbach/Eifel, lebt in Berlin; seit 1966 freischaffende Autorin und Übersetzerin; zahlr. Buchveröffentlichungen, zuletzt u.a.: *Winkelzüge oder Nicht vermutete, aufschlußreiche Verhältnisse* (1991); *Unschuld, du Licht meiner Augen*, Gedichte (1994); *Der wilde Forst, der tiefe Wald –* Prosa (1995); *Mensch sein, nicht*, Gedichte und Tagebuchnotizen (1998); *Sachverstand* (2000); *die crux* (2003); *Gänsesommer* (2005). Übersetzungen / Nachdichtungen, vor allem russischer Poesie (Puschkin, Gogol, Block, Pasternak, Jessenin, Zwetajawa u.a.m.). Zahlreiche Preise und Auszeichnungen, u.a.: Peter-Huchel-Preis (1988), Heinrich-Mann-Preis (1990), Erich-Fried-Preis (1995), F.-C.-Weiskopf-Preis (1999). – Siehe auch

»Ihre Lyrik geht immer darüber hinaus.« *Herta Müller*

Zum ersten Mal versammelt der Band in deutscher Sprache eine von der Autorin zusammengestellte Auswahl aus ihrem lyrischen Lebenswerk.

Nora Iugas Lyrik ist von einer zeitlosen Frische, weil sie sich immer ganz dicht an den Menschen heftet: an seine Körperlichkeit, seine Begierden. Wie kaum eine Autorin stellt sie sich in ihren Texten auch dem eigenen Altern und ihren erotischen Sehnsüchten.

In ihrem umfangreichen Lebenswerk finden sich staccatohaft, fast auf einen Sinnspruch zusammengeschnurrte Kurzgedichte ebenso wie ausgreifende Prosadichtungen. Treu geblieben ist sie sich vom ersten Gedichtband »Ist nicht meine Schuld« von 1968 in der Unmittelbarkeit ihrer Sprache und der Eindrücklichkeit ihrer Bilder. In aller Klarheit feiert sie das Krumme, das Unangepasste; eine »grande dame« der europäischen Poesie und gleichzeitig eine verschmitzte Rebellin, in einem Wort: eine Entdeckung, nicht nur für Lyrikleser.

Nora Iuga:
Gefährliche Launen
Ausgewählte Gedichte

Aus dem Rumänischen von Ernest Wichner, mit einem Nachwort von Mircea Cartarescu
136 Seiten, gebunden mit Schutzumschlag
€ 19,– (D) / sFr 34,–
ISBN 978-3-608-93765-7

Klett-Cotta
www.klett-cotta.de

Die Autoren & Künstler

Franz Fühmann (Franz Antonia Josef Rudolf Maria Fühmann), geb. am 15. Januar 1922 in Rokytnice nad jizerov (Rochlitz an der Iser, Tschechien), gest. am 8. Juli 1984 (Berlin). Reichsarbeitsdienst, Wehrmacht, sowjetische Kriegsgefangenschaft (Kaukasus) und Besuch einer »Antifa-Schule« bei Moskau. 1949 in die DDR entlassen, Funktionär der National-Demokratischen Partei Deutschlands, 1958-1984 freier Schriftsteller in Berlin und Märkisch-Buchholz. Lyriker, Nachdichter, Prosaautor, Essayist, Librettist, Hörspiel- und Kinderbuchautor, erste Gedichtveröffentlichungen 1942, ab 1950 Publizistik, Prosadebüt 1955 (*Kameraden*). 1977-1988 erschien eine neunbändige Werkausgabe in Einzelausgaben (Neuausgabe als achtbändige Kassette 1993): *Erzählungen 1955 – 1975; Gedichte und Nachdichtungen; Das Judenauto. Kabelkran und Blauer Peter. Zweiundzwanzig Tage oder Die Hälfte des Lebens; Irrfahrt und Heimkehr des Odysseus. Prometheus. Der Geliebte der Morgenröte; Reineke Fuchs. Märchen nach Shakespeare. Das Nibelungenlied. Märchen auf Bestellung; Essays, Gespräche, Aufsätze 1964 –1981; Vor Feuerschlünden. Erfahrung mit Georg Trakls Gedicht. Unter den Paranyas. Traum-Erzählungen und –notate; Simplicius Simplicissimus. Der Nibelunge Not und Arbeiten für den Film.* Weitere Textausgaben (Auswahl): *Das Ohr des Dionysios. Nachgelassene Erzählungen* (1985), *Im Berg. Texte und Dokumente aus dem Nachlaß* (1991), *Marsyas. Mythos und Traum* (1993); *Briefe 1950-1984. Eine Auswahl* (1994); *Christa Wolf, Franz Fühmann: Monsieur – wir finden uns wieder. Briefe 1968-1984* (1995); *Franz Fühmann. Eine Biographie in Bildern, Dokumenten und Briefen* (1998); *Margarete Hannsmann: Protokolle aus der Dämmerung: 1977 – 1984. Begegnungen und Briefwechsel zwischen Franz Fühmann, Margarete Hannsmann und HAP Grieshaber* (2000), *Das Ruppiner Tagebuch. Auf den Spuren Theodor Fontanes* (2005). – Siehe auch *die horen*, Band 128/1982 sowie u.a. in Band 180/1995 (Jürgen Krätzer über F.F.), 186/1997 (Wolfgang Hegewald über F.F.) und 216/2004 (Marcel Beyer über Franz Fühmann »Im Berg«). Die hier abgedruckten Texte sind bisher unveröffentlicht; wir danken dem Archiv der Akademie der Künste zu Berlin und dem Hinstorff Verlag für die Abdruckrechte.

Ulla Hahn, geb. 1946 in Brachthausen, aufgewachsen in einem Dorf nahe Köln, lebt in Hamburg. Studium der Germanistik, Geschichte und Soziologie; die promovierte Germanistin war Lehrbeauftragte an den Universitäten Hamburg, Bremen und Oldenburg, anschließend bis 1989 Literaturredakteurin bei Radio Bremen; Mitglied der Freien Akademie der Künste in Hamburg, Gastdozentin für Poetik der Universität Heidelberg (1994). Letzte Veröffentlichungen (Auswahl): *Liebesgedichte* (1993); *Epikurs Garten*, Gedichte (1995); *Galileo und zwei Frauen*, Gedichte (1997); *Gedichte fürs Gedächtnis*, Anthologie (1999); *Das verborgene Wort*, Roman (2001); *Süßapfel rot*, Gedichte (2003); *Unscharfe Bilder*, Roman (2003); *So offen die Welt*, Gedichte (2004); *Liebesarten*, Erzählungen (2006), *Dichter in der Welt. Mein Schreiben und Lesen* (2006). Leonce-und-Lena-Preis (1981), Hölderlin-Preis (1985), Deutscher Bücherpreis für Belletristik (2002). – Siehe auch *die horen* 213/2004, 219/2005, 224/2006.

Die Autoren & Künstler

Peter Härtling, geb. 1933 in Chemnitz, lebt in Mörfelden-Walldorf. Schulabbruch, 1952 Besuch der von HAP Grieshaber gegründeten »Bernstein-Schule«. Ab 1952 Arbeit in verschiedenen Zeitungsredaktionen, Redakteur und Mitherausgeber von *Der Monat*, ab 1967 Cheflektor und ab 1968 Sprecher der Geschäftsleitung des S. Fischer Verlags, seit 1974 freier Schriftsteller und Herausgeber. Präsident der Hölderlin-Gesellschaft, Mitglied der Akademie der Wissenschaften und der Literatur, Mainz; der Akademie der Künste von Berlin und Brandenburg; der Deutschen Akademie für Sprache und Dichtung, Darmstadt. Lyrikdebüt mit *poeme und songs* (1953), der erste Prosaband *Im Schein des Kometen* erschien 1959, seit 1970 auch Kinderbuchautor. Zahlreiche Publikationen, 1993-2000 erschien eine neunbändige Werkausgabe, zuletzt u.a.: *Schumanns Schatten,* Roman (1996); *Horizonttheater,* Gedichte (1997); *Melchinger Winterreise. Stationen für die Erinnerung,* Drama (1998, UA 1997 Melchingen); *Große, kleine Schwester* Roman (1998); *Ein Balkon aus Papier*, Gedichte (2000); *Hoffmann oder Die vielfältige Liebe*, Roman (2001); *kommen – gehen – bleiben*, Gedichte (2003); *Leben lernen. Erinnerungen* (2003); *Schattenwürfe*; Gedichte (2005); *Die Lebenslinie. Eine Erfahrung* (2005). Zahlreiche Preise und Ehrungen, zuletzt u.a.: Großes Bundesverdienstkreuz (1995), Wilhelm-Leuschner-Medaille des Landes Hessen (1996), Karl-Preusker-Medaille der Deutschen Literaturkonferenz (1996), Eichendorff-Preis (2000), Sonderpreis des Jugendbuchpreises für das kinderliterarische Gesamtwerk (2001), Deutscher Bücherpreis (2003). – Siehe auch *die horen*, Band 201/2001.
S. 56: Knöllchen.

Wolfgang Hegewald, geb. 1952 in Dresden, lebt in Barum / Lüneburger Heide und in Hamburg. Studium der Informatik und der evangelischen Theologie in Dresden und Leipzig, Arbeit in der Industrie und als Friedhofsgärtner. 1983 Übersiedlung in die BRD, 1987/88 Stipendiat an der Deutschen Akademie Villa Massimo in Rom, bis 1996 Mitglied im PEN. Roman- und Hörspielautor, Essayist und Herausgeber, seit 1996 Professor für Poetik/Rhetorik am Fachbereich Gestaltung der Hochschule für angewandte Wissenschaften in Hamburg; Mitglied der freien Akademie der Künste zu Leipzig und Sprecher des Kuratoriums für den Italo Svevo Preis (erstmalig verliehen 2001). Publikationen zuletzt u.a.: *Der Saalkandidat*, Roman (1995); *Ein obskures Nest*, Roman (1997); *Was uns ähnlich sieht*, Erzählung (2003), *Gegen die Zeit. Die Klassiker als Zeitgenossen, die horen*, Band 220/ 2005 (Hrsg., zus. mit Johann P. Tammen). – Siehe auch *die horen*, Band 180/1995, 186/1997, 201/2001, 219 + 220/2005, 222/2006 sowie die Schriftreihe *Crázzola* (5 Bde.) zum Italo Svevo-Preis.
S. 183: Däumlings Prozeß.

Werner Heiduczek, geb. 1926 in Hindenburg / Oberschlesien), lebt in Leipzig. Flakhelfer, Wehrmacht, sowjetische Kriegsgefangenschaft. 1946 »Neulehrer-Kurs«, ab 1953 Pädagogikstudium in Potsdam, bis 1964 im Schuldienst, 1961-64 in Burgas (Bulgarien), ab 1965 freier Schriftsteller: Erzählungen, Stücke und Hörspiele (auch für Kinder und Jugendliche). Mitglied des PEN und der Freien Akademie der Künste zu Leipzig. Zuletzt erschienen *Deutschland – kein Wintermärchen oder Draußen vor der Tür* (1993); *King Lear* (2000); *Der singende Fisch* (2000); *Die Schatten meiner Toten* (2005). Er erhielt verschiedene Auszeichnungen, zuletzt den Eichendorff-Literaturpreis (1995) und das Bundesverdienstkreuz (1999).
S. 69: Die traurige Geschichte von Schneewittchen.

Kerstin Hensel, geb. 1961 in Karl-Marx-Stadt (Chemnitz), lebt in Berlin. Krankenschwester, Studium am Institut für Literatur Leipzig, Theaterarbeit, seit 1987 freie Schriftstellerin und Dozentin an der Hochschule für Schauspielkunst

Anne Dorn

Ich gratuliere Ihnen zu dem gelungenen Versuch, eine deutsche Verlustbewältigung zu schildern, die offensichtlich nur mit polnischer Hilfe möglich war, eine menschliche Erfahrung also, die Nähe und Zuneigung möglich macht, ohne die Erfahrung der Fremdheit und der kulturellen Differenz zuvor überwinden oder leugnen zu müssen. ANDREAS LAWATY

Sieh*dich*um

»Sehnsucht, Verlust, Traum. Einsamkeit.

Eine alte Frau, allein auf der Suche: Es gelingt Anne Dorn mit ihrer ›einfachen‹ Sprache eine dichte Atmosphäre von Vergangenheit wie Gegenwart zu schaffen.

So hält sie die Neugier wach.«

HANNELORE HOGER

Anne Dorn, Siehdichum, Roman
ISBN 3-937717-24-2
312 Seiten, gebunden, 22,80, sFr. 41,40
Erscheinungstermin: März 2007

www.dittrich-verlag.de T 030·7852733, F 030·78899906, info@dittrich-verlag.de

Die Autoren & Künstler

›Ernst Busch‹ Berlin, Lehraufträge an der Filmhochschule Potsdam (1995-1998) und am Deutschen Literaturinstitut Leipzig (2000-2001). Gedichtbände, Erzählungen, Romane, Spielfilmszenarien, Libretti, Hörspiele und Theaterstücke; Regiearbeiten. Publikationen zuletzt u.a.: *Gipshut*, Roman (1999); *Bahnhof verstehen*, Gedichte (2001); *Im Spinnhaus*, Roman (2003); *Falscher Hase*, Roman (2005). Auszeichnungen (Auswahl): Leonce-und-Lena-Preis (1991), Förderpreis des Brandenburgischen Literaturpreises 1995, Förderpreis zum Lessing-Preis des Freistaates Sachsen 1997, Gerrit-Engelke-Preis (1999), Ida-Dehmel-Literaturpreis (2004); seit 2005 Mitglied der Sächsischen Akademie der Künste. – Siehe auch *die horen*, Band 197/2000, 219/2005.
S. 20: Seifenmärchen.

Franz Hodjak, geb. 1944 in Hermannstadt (Sibiu / Rumänien), lebt in Usingen, Studium der Germanistik und Romanistik, von 1970 bis 1992 Lektor, 1992 Übersiedlung nach Deutschland. Lyrik und Prosa, zuletzt: *Grenzsteine*, Roman (1995); *Ankunft Konjunktiv*, Gedichte (1997); *Der Sängerstreit*, Roman (2000), *Ein Koffer voll Sand*, Roman (2003) *Was wäre schon ein Unglück ohne Worte. Aphorismen und Notate* (2006). Preise und Auszeichnungen (Auswahl): Stadtschreiber-Stipendium in Minden (1995) Nikolaus-Lenau-Preis (1996), Dresdner Stadtschreiber (2002), Kester-Haeusler-Ehrengabe der Deutschen Schillerstiftung (2005). – Siehe auch *die horen*, Band 180/1995.
S. 202: Antrittsrede.

Andreas Jungwirth, geb. 1967 in Linz / Österreich, Hörspiel- und Theaterautor. Germanistik- und Schauspielstudium 1984-1989 in Wien, bis 1998 Tätigkeit als Schauspieler u.a. in Lübeck, Dessau, intensive Zusammenarbeit und Bühnenauftritte mit dem Komponisten Wolfgang Heisig. Lebt seit 1996 in Berlin. Die Bühnenrechte liegen beim Verlag der Autoren.
S. 21: Schonzeit.

Tilo Köhler, geb. 1955 in Babelsberg, arbeitete als Hochseefischer, Mitropa-Kellner und Literaturwissenschaftler. Er lebt heute als freier Journalist (WDR, FAZ) und Autor in Berlin. Publikationen (Auswahl): *Unser die Straße – unser der Sieg: die Stalinallee* (1993); *Kohle zu Eisen – Eisen zu Brot: die Stalinstadt* (1994); *Comedian Harmonists* (1997); *Sie werden plaziert! – die Geschichte der Mitropa* (2002); *Das abgefahrene Tablett* (2006).
S. 34: Von dem Fischer un syner Fru.

Uwe Kolbe, geb. 1957 in Berlin, schreibt Lyrik, Essays und Prosa, lebt in Berlin. Der Titel seines Debüt-Bandes *Hineingeboren* (1980) wurde zum Signet einer ganzen DDR-Generation. 1980 bis 1981 absolvierte er einen Sonderkurs am Leipziger Literaturinstitut, gab selbstverlegte Zeitschriften heraus (*Mikado oder Der Kaiser ist nackt*, 1988). 1987 siedelte er mit einem »Arbeitsvisum« nach Hamburg. Gastdozenturen in Austin/Texas, in Wien, am Deutschen Literaturinstitut Leipzig, 1997-2003 Leiter des »Studios Literatur und Theater« an der Universität Tübingen. Mitglied der Freien Akademie der Künste zu Leipzig. Letzte Publikationen (Auswahl): *Vineta*, Gedichte (1998); *Renegatentermine*, Essays (1998); *Die Farben des Wassers*, Gedichte (2001), *Ortvoll*, Gedichte (2005), *Andruck. Eine Betriebsbesichtigung, die horen*, Band 219/2005 (Hrsg., zus. mit Jürgen Krätzer).*Thrakische Spiele*, Kriminalroman (2005); *Rübezahl in der Garage, Franz Fühmann in Märkisch-Buchholz und Fürstenwalde 1958 – 1984* (2006). Literaturpreise (Auswahl): Förderpreis zum Friedrich-Hölderlin-Preis Tübingen (1987), Übersetzerpreis des Henschel Verlags (Federico Garcia Lorca, 1988), Nicolas-Born-Preis (1988), Friedrich-Hölderlin-Preis (1993), Stadtschreiber in Rheinsberg (2005), Preis der Literaturhäuser (2006). – Siehe auch *die horen*, Band 180/1995, 201/2001, 213/2004, 219/2005.
S. 59: Märchens Anfang (storiella) / Zu Figuren, Objekten und Installationen von Hans Scheib.

Von den Himmelblauen und fliegenden Kalmücken

Gospodin Gepin und seine Frau Freyja leben glücklich im Zeitalter des Regenbogens. Doch als Gepin beschließt, seine Lebenserinnerungen schriftlich festzuhalten, gerät die Idylle aus den Fugen. Seine persönliche Rückschau kollidiert mit der offiziellen Geschichtsschreibung. Und selbst von Gottes Homepage, die Vergangenheit, Gegenwart und Zukunft umfasst, verschwinden Informationen.

Dariusz Muszers bizarr-komischer Roman über Liebe, Wahrheit, Lüge und Manipulation im Informationszeitalter ist ein modernes Märchen.

Dariusz Muszer

Gottes Homepage

Roman

A1 Verlag

224 Seiten, gebunden, ISBN 978-3-927743-94-6

A1 Verlag   www.a1-verlag.de

Die Autoren & Künstler

Katharina Krasemann, geb. 1985 in Henstedt-Ulzburg, aufgewachsen in Lauenburg / Elbe, lebt seit 2001 in Hamburg; seit 2004 Studium der Theologie. Veröffentlichung von Gedichten im *Ziegel 9 – Hamburger Jahrbuch für Literatur* 2004, Hamburger Förderpreise für Literatur und literarische Übersetzungen (2004).
S. 35: Rotkäppchen ist tot.

Jürgen Krätzer, geb. 1959 in Leipzig, lebt in Taucha bei Leipzig. Studium der Germanistik und Geschichte an der Leipziger Universität, Promotion zu Franz Fühmann, tätig an verschiedenen Kultur-, Hochschul- und Bildungsinstitutionen, Gastdozentur am Deutschen Literaturinstitut Leipzig (2003), seit 2005 an der Universität Halle. Mitglied der Freien Akademie der Künste zu Leipzig, Redaktionsmitglied der *horen*; Aufsätze, Rezensionen, Essays, Autorengespräche u.a. in neue deutsche literatur, Text+Kritik, Deutsche Zeitschrift für Philologie, Sinn und Form, Berliner Debatte Initial, Arbitrium, Deutschunterricht, Leipziger Volkszeitung, Mitteldeutsche Zeitung. Publikationen: *Franz Fühmann: Marsyas. Mythos und Traum* (Hrsg., 1993). *Erfahrung Deutschland – SchreibArten & LebensGeschichten, die horen*, Band 201/2001 (Hrsg.); *Aufbruch, Abbruch, Umbruch. Das Bild von der DDR in der Nachwendeliteratur* (2002), *Hamlet und kein Ende, die horen*, Band 213/2004 (Hrsg.); *Andruck. Eine Betriebsbesichtigung, die horen*, Band 219/2005 (Hrsg., zus. mit Uwe Kolbe). – Siehe auch *die horen*, Band 166, 168, 180, 183, 186, 189, 192, 203, 213, 219, 221/2006.
S. 5: Zu diesem Band (zus. mit Katja Lange-Müller).
S. 133: Franz Fühmann – Die Richtung der Märchen.

Judith Kuckart, geb. 1959 in Schwelm; studierte Literatur- und Theaterwissenschaften in Köln und Berlin, Nach Studium und Tanzausbildung, 1986-98 Leiterin des Tanztheaters Skoronel, seit 1998 freie Regisseurin. Lebt heute als Schriftstellerin und Theaterregisseurin in Berlin und Baden-Baden, schreibt Essays, Romane, Erzählungen, Dramen. Zuletzt: *Last Minute, Fräulein Dagny*, Theaterstück (1996); *Melancholie 1 oder die zwei Schwestern*, Theaterstück (UA Berliner Ensemble 1998); *Lenas Liebe*, Roman (2002); *Autorenwitwe*, Erzählungen (2003); *Der Bibliothekar*, Roman (2004); *Dorfschönheit*, Novelle (2003/06); *Kaiserstraße*, Roman (2006). Preise und Auszeichnungen, u.a. Rauriser Literaturpreis (1991), Stadtschreiberin Rheinsberg (1997); Stipendiatin in der Villa Massimo in Rom (1997/98), Deutscher Kritikerpreis (2004), Kranichsteiner Literaturpreis, New York Stipendium (2004), Stiftung Preußische Seehandlung, Arbeitsstipendium (2005), Margarete-Schrader-Preis für Literatur der Universität Paderborn (2006). www.judithkuckart.de – Siehe auch *die horen*, Band 219/2005.
S. 49: Blaubart und Nadine Kowalke.

Günter Kunert, geb. 1929 in Berlin, lebt in Kaisborstel / Schleswig-Holstein. Nach 1945 Grafikstudium in Berlin (abgebrochen), 1947 erste Gedichte, erster Gedichtband 1950 (*Wegschilder und Mauerinschriften*), Mitarbeit an verschiedenen Zeitschriften; Beiträge für Film, Fernsehen und Rundfunk, 1979 Übersiedlung in die BRD. Mitglied der Deutschen Akademie für Sprache und Dichtung, Darmstadt, Ehrenmitglied des Rates für deutsche Rechtschreibung e.V., seit 2005 Vorstandspräsident des P.E.N.-Zentrum deutschsprachiger Autoren im Ausland. Autor in allen Genres, zuletzt erschien u.a. *Die Botschaft des Hotelzimmers an den Gast. Aufzeichnungen, Erinnerungen, Aphorismen, Reflexionen* (2004); *Neandertaler Monologe,* Gedichte und Zeichnungen (2004); *Die Brüste der Pandora. Weisheiten aus dem Alltagsleben,* Kurzprosa, Lyrik, Zeichnungen (2004); *Ohne Botschaft*, Gedichte (2005); *Im letzten Garten. Besuch bei toten Dichtern,* Essay (2005); *Wohnen. Die Stadt als Museum. Das Stadion*, Essays (2005) *Irrtum ausgeschlossen. Geschichten zwischen gestern und morgen.* Erzählungen (2006). *Der alte Mann spricht mit seiner*

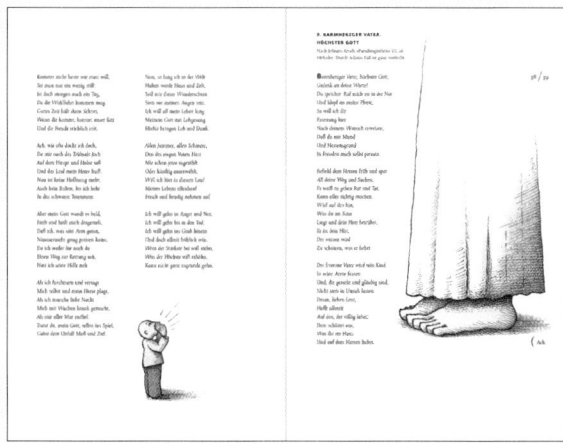

Die Autoren & Künstler

Seele, Gedichte und Zeichnungen (2006). Vielfach ausgezeichnet, zuletzt u.a.: Hans-Sahl-Preis (1996); Georg-Trakl-Preis (1997); Prix Aristeion der EU (1999), Dr.h.c. Juniata College Huntingdon, Pennsylvania, USA und Università degli Studi di Torino, Italien (beide 2005). – Siehe auch *die horen*, Band 204/2001, 216/2004, 217/2005, 224/2006.
S. 78: Rübezahl.

Katja Lange-Müller, geb. 1951 in Berlin, lebt dort, schreibt Prosa, Lyrik und Essays. Schulrelegation, Schriftsetzerin und Psychiatrieschwester, 1979-82 Studium am Leipziger Literaturinstitut, Aufenthalt in der Mongolei, Arbeit als Lektorin. 1984 verließ sie die DDR. Mitglied der Akademie der Künste zu Berlin, der Akademie für Sprache und Dichtung Darmstadt. Verschiedene Gastdozenturen, u.a. in den USA und am Deutschen Literaturinstitut Leipzig. Publikationen (Auswahl): *Verfrühte Tierliebe* (1995), *Die Letzten. Aufzeichnungen aus Udo Posbichs Druckerei* (2000), *Vom Fisch bespuckt*, Erzählungen (Hrsg., 2002) *Die Enten, die Frauen und die Wahrheit,* Erzählungen (2003). Für ihr literarisches Werk erhielt sie u.a. den Ingeborg-Bachmann-Preis (1986), den Alfred-Döblin-Preis (1995), den Berliner Literaturpreis (1996), den Preis der SWR-Bestenliste (2001) und den Roswitha Preis der Stadt Bad Gandersheim (2002; im gleichen Jahr Stadtschreiberin in Mainz). – Siehe auch *die horen*, Band 180/1995, 201/2001, 213/2004, 219/2005, 222/2006.
S.   5: Zu diesem Band (zus. mit Jürgen Krätzer).
S.   9: Entzaubert.

Dieter P. Meier-Lenz, geb. 1930 in Magdeburg, Lehrerausbildung, Übersiedlung und 1955-58 zweites Lehrerstudium in Hannover, 1969-74 Studium der Germanistik, Politologie, Soziologie, danach Studienrat und Schulleiter. 1984 Umzug nach Serralongue (Ostpyrenäen), freier Autor. Mitglied der *horen*-Redaktion von 1968 bis 2005, seitdem im *horen*-Beirat. Zahlr. Buchveröffentlichungen, zuletzt

u.a.: *Frau Luna liebt den Mann im Mond,* Gedichte und Kurzprosa (1998); *Der Sonntagsmörder,* Gedichte und Prosa (2000); *Die Zeitlupe des Salamanders,* Gedichte (2004). Hrsg. u.a.: *Von der Menschenjagd und der Emanzipation des Bösen, die horen* 204/2001 und *Das andere Arkadien. Unterwegs im Universum Fantasticum, die horen* 217/2005 (zus. mit Heiko Postma). Arbeitsstipendien und Auszeichnungen, zuletzt erster Preis im Wettbewerb *Das politische Gedicht* (2004). – Siehe auch *die horen*, Band 203, 207, 208, 220, 221/2006.
S. 224: abgesang.

Beate Mitzscherlich, geb. 1964 in Cottbus, Psychologiestudium in Leipzig und Leningrad, Arbeit im Kinderheim, in einer Möbelfabrik und (meistens) an der Hochschule, seit 2002 Studium am Deutschen Literaturinstitut Leipzig, seit 1999 Professorin für Pflegeforschung an der Westsächsischen Hochschule Zwickau, lebt in Leipzig.
S.   8: Weggeschafft.
S. 26: Brief aus dem Nachlaß des Schweinehirten.

Emine Sevgi Özdamar, geb. 1946 in Malatya (Türkei), erster Deutschlandbesuch 1965, Gastarbeiterin in einer Berliner Fabrik. 1967-70 Besuch einer Schauspielschule in Istanbul, 1976 Regieassistenz an der Volksbühne (Berlin), Zusammenarbeit mit Benno Besson und Matthias Langhoff. Engagements in Bochum und Frankfurt, verschiedene Filmrollen, seit 1982 freie Autorin. Letzte Publikationen: *Die Brücke vom Goldenen Horn,* Roman (1998); *Der Hof im Spiegel,* Erzählungen (2001); *Seltsame Sterne starren zur Erde*, Roman (2003). Auszeichnungen: u. a. Ingeborg-Bachmann-Preis (1991), Walter-Hasenclever-Preis der Stadt Aachen (1993), Adalbert von Chamisso-Preis (1999), Preis der LiteraTour Nord (1999), Künstlerinnenpreis des Landes NRW (2001), Stadtschreiberin Bergen-Enkheim (2003), Kleist-Preis (2004).
S. 194: Das Mädchen vom halb verbrannten Wald.

Fesselnd und kompakt

…als Einstieg für junge Leser gedacht, entwickelte sich diese Reihe gleichsam zum Liebling des erfahrenen Lesepublikums. Jeder Band bietet ein kompaktes Porträt des jeweiligen Autors, skizziert Anlässe, Anliegen, Ziele und erläutert soziale sowie historische Zusammenhänge. Im Vordergrund stehen dabei die literarischen Texte. **Entdecken auch Sie altbekannte Autoren neu!**

»Die Bertuch-Reihe könnte sich zu einem Pendant der rororo-Monographien und dtv-Porträts entwickeln.«

DEUTSCHUNTERRICHT

Die Autoren & Künstler

Heiko Postma, geb. 1946 in Bremerhaven, lebt in Hannover; Studium der Germanistik, Philosophie und Politik, 1975 Promotion mit einer Arbeit über Arno Schmidt; längere Zeit im nieders. Schuldienst, daneben publizistische Tätigkeit (Zeitung, Rundfunk); seit 1985 *horen*-Redakteur; Moderator der Hörfunkreihe Das literarische Rätsel beim NDR/ORB; veröffentlichte Essays zur europäischen Literatur, Glossen, Buch- und Theaterkritiken, Beiträge zu Aufsatzsammlungen, Zeitungskolumnen (Boulevard der Detektive, Universum der Phantasten), Werkbiographien zu Jules Verne, Heinrich Albert Oppermann; Übersetzungen u.a. von Komödien von Shakespeare, Goldoni, Ludvig Holberg (Deutscher Theaterverlag); Buchveröffentlichungen zuletzt u.a.: *Galerie der Detektive* (1997); *Wer irrt hier durch den Bücherwald?* (2000); *»Mit Whisky trotzen wir dem Satan«* – *Leben und Lieder des schottischen Barden Robert Burns* (2003), Herausgeber u.a.: *Vom armen Chatterton. Revisionen, Entdeckungen & Erinnerungen. Dreizehn Rückrufe ins Leseland, die horen* 212/2003 (zus. mit Johann P. Tammen) und *Das andere Arkadien. Unterwegs im Universum Fantasticum, die horen* 217/2005 (zus. mit Dieter P. Meier-Lenz). – Siehe auch *die horen*, Band 191, 193, 197, 203/2001.
S. 220: Grimms Märchen als Lückenbüßer – Wilhelm Hauff und seine Märchenalmanache.

Monika Rinck, geb. 1969 in Zweibrücken, Studium der Religionswissenschaft, Geschichte und Vergleichenden Literaturwissenschaft in Bochum, Berlin und Yale, lebt in Berlin; schreibt Essays, Lyrik, Prosa, ihre Texte erschienen u.a. in Edit, A.N.Y.P., Form-Zeitschrift für Gestaltung, tipp Berlin und tageszeitung (taz). Veröffentlichungen (Auswahl): *Neues von der Phraserfront* (1998), *Begriffsstudio 1996-2001* (2001), *Verzückte Distanzen*, Gedichte (2004). Georg-Glaser-Förder-Preis (2004). – Siehe auch *die horen*, Band 219/2005.
S. 92: Daß ihr mich versteht – das verbiete ich.

Hans Scheib, geb. 1949 in Potsdam, aufgewachsen in Berlin, Studium an der Hochschule für bildende Künste Dresden. Freier Bildhauer seit 1976 in Berlin-Prenzlauer Berg, seit 1985 in Berlin-Charlottenburg. Arbeiten in öffentlichen und privaten Sammlungen. Publikationen bei Edition Rothes Haus Schwetzingen.
S. 59: Figuren, Objekte & Installationen zu Uwe Kolbe: Märchens Anfang (storiella).

Kathrin Schmidt, geb. 1958, Psychologiestudium 1976-81, nach Berufspraxis Arbeit in Sozialforschung und Literaturvermittlung, Wechsel in die freiberufliche schriftstellerische Existenz 1994. Publikationen: *Poesiealbum 179*, Gedichte (1982); *Ein Engel fliegt durch die Tapetenfabrik*, Gedichte (1988); *Flußbild mit Engel*, Gedichte (1985); *Die Gunnar-Lennefsen-Expedition*, Roman (1998); *Go-In der Belladonnen*, Gedichte (2000), *Koenigs Kinder*, Roman (2002), *Seebachs schwarze Katzen*, Roman (2005). – Siehe auch *die horen*, Band 218/2005.
S. 30: Der Fretschenquetscher.
S. 52: Die Nelke.

Sebastian Schobbert, geb. 1968, lebt und arbeitet in Berlin. 1986-89 Ausbildung zum Handwerksbuchbinder in Dresden und Ulm, 1994-97 Ausbildung zum Fotodesigner am Berliner »Lette-Verein«, Begründer der Ausstellungsreihe »Junge Fotografie«. Ausstellungen / Beteiligungen: »Galerie Rose« (Hamburg), Galerie Eva Poll – »Listros – A Dream in a Box«, Gruppenausstellung »Cocktailbuch« (Berlin), Gruppenausstellung »Opendoors–Openeyes« (Bordeaux), Galerie Art und Photography u.a.m. – www.schob-*bert.de
S. 61-67: Fotos zu Uwe Kolbe / Hans Scheib: Märchens Anfang (storiella). Dto. Cover-Motiv.

Annette Schröter, 1956 in Meißen geboren. 1977-1998 Studium der Malerei an der Hochschule für Grafik und Buchkunst Leipzig, Fachklasse Prof. B. Heisig; 1985

Die Autoren & Künstler

Übersiedlung nach Hamburg mit dem Fotografen Erasmus Schröter. 1992 Gastprofessur für Malerei an der Sommerakademie *Pentiment* in Hamburg, 1997 Umzug nach Leipzig, 1999 – 2001 Gastprofessur an der Hochschule für Kunst und Design Halle, Burg Giebichenstein. Ab 2001 erste Papierschnitte. 2001 Kunstpreis der 8. Leipziger Jahresausstellung, 2003 Gastprofessur Sommerakademie *Pentiment* in Hamburg, 2004-2005 Dozentur für das Grundlagenstudium Malerei an der Hochschule für Bildende Künste Dresden, 2006 als *artist in residence* in Bern (CH). Seit 2006 Professorin für Malerei an der Hochschule für Grafik und Buchkunst in Leipzig.
S. 100: Papierschnitte 2002-2006.
S. 111: Mit dem Messer gezeichnet.

Franziska Sperr, geb. 1949 in München, Studium der Politikwissenschaft, zweijähriger Aufenthalt in Paris, von 1982-87 Redakteurin der politisch-literarischen Zeitschrift L'80, 1998-2001 Pressesprecherin des Kulturreferenten der Stadt München, lebt heute als Journalistin und Schriftstellerin in Berg am Starnberger See und in Berlin. Freie Mitarbeiterin im Feuilleton der Süddeutschen Zeitung und im SZ-Magazin, Veröffentlichungen in Anthologien, Literaturzeitschriften, Übersetzungen aus dem Englischen und Französischen. Veröffentlichungen: *Ich will allen gehören oder keinem*, Hörspiel (Deutschlandradio), *Die kleinste Fessel drückt mich unerträglich. Das Leben der Franziska zu Reventlow* (1997), *Stumm vor Glück*, Erzählungen (2005). – Siehe auch *die horen*, Band 211/2003.
S. 190: Die kluge Else.

Siegfried Stadler, geb. 1953 in Lauterbach / Thüringen, lebt in Leipzig; Journalist: 1980-1991 Sächsisches Tageblatt, 1994-2003 Feuilletonkorrespondent der Frankfurter Allgemeinen Zeitung, freier Mitarbeiter bei MDR Figaro (u.a. *Die Geschichte der Westantenne*, 2004; *Marx' Märchen*, 2006).
S. 211: Marx' Märchen.

Klaus Stadtmüller, geb. 1941 in Honnef/Rh., war nach dem norwegischen Abitur, dem Jurastudium und der Referendarzeit Assistent am Göttinger Völkerrechtsinstitut, ehe er 1972 nach Hannover zu einer forschungsfördernden Stiftung wechselte. Anfang 2002 hat er seinen Wohnsitz vorübergehend nach Kapstadt verlegt. Neben Buchobjekten und vielerlei journalistischen und literarischen Einzelbeiträgen für Zeitungen, Zeitschriften, Anthologien und Rundfunk sind von ihm seit 1975 zwei Mappenwerke und zwei kleine Bände mit Lyrik sowie vier Bände Kurzprosa erschienen. Außerdem hat er für Kinder bzw. mit ihnen drei Bücher publiziert, ferner eines mit Stempelbildern und -texten, eines über den Maler Hans Karl und in Irland eine Textcollage zu Kurt Schwitters. Mit Letzterem hat er sich ausführlich als Mitherausgeber des Kurt Schwitters Almanachs von 1987-91 und der internationalen Anthologien von 2000 »A-N-N-A« und »Anna Blume und zurück« sowie als Herausgeber von »Schwitters in Norwegen« (1997) befaßt. Er ist der Autor von Radio-Features und literarischen Aufführungen und ist seit 1995 Redaktionsmitglied der *horen*; *Alte Wunden – Neue Zeiten / Stimmen aus Südafrika – 10 Jahre nach der Apartheid. die horen* 215/2004 (Hrsg.). – Siehe auch *die horen*, Band 202/2001, 224/2006.
S. 217: Haarig – Drei Szenen.

Brigitte Struzyk, geb. 1946 in Steinbach-Hallenberg / Thüringen, lebt in Berlin. Studium der Theaterwissenschaft in Leipzig, Dramaturgin und Regieassistentin in Görlitz und Zittau, Lektorin im Aufbau-Verlag, ab 1982 freie Autorin, Herausgeberin und Nachdichterin. Publikationen zuletzt u.a.: *Leben auf der Kippe*, Gedichte (1985); *Caroline unterm Freiheitsbaum. Ansichtssachen*, Prosa (1988); *In vollen Zügen. Rücksichten* (1994); *Rittersporn*, Gedichte (1995). Lion-Feuchtwanger-Preis (1991), Ehrengabe der Deutschen Schillerstiftung (1992), Stipendium des Internationalen Künstlerhauses Villa Concordia Bamberg

Die Autoren & Künstler

(2001), Stipendium des Künstlerhauses Edenkoben (2003), Stadtschreiber Rheinsberg (2004). – Siehe auch *die horen*, Band 180/1995, 219+220/2005.
S. 34: Märchen vom Paradies.
S. 177: Bruder und Schwester.

Hans Thill, geb. 1954 in Baden-Baden, aufgewachsen in Bühl/Baden, lebt in Heidelberg; Studium der Fächer Spanisch, Portugiesisch, Jura, Germanistik und Geschichte; gründete 1978 – gemeinsam mit Angelika Andruchowicz, Manfred Metzner und Ulla Tripp – den Verlag »Das Wunderhorn«; Lyriker und Übersetzer. Im Zusammenwirken mit dem Künstlerhaus Edenkoben ist er tätig als Herausgeber der Reihe »Deutsche Reise nach Plovdiv« und Leiter des von Gregor Laschen begründeten internationalen Lyrik-Projekts »Poesie der Nachbarn – Dichter übersetzen Dichter«; Mitglied der Akademie der Freien Künste Mannheim und des PEN. Zahlr. Veröffentlichungen – neben Übersetzungen (Guillaume Apollinaire, Philippe Soupault, Raymond Queneau, Fawzi Mellah, Assia Djebar, Abdelwahab Meddeb u.a.) – zuletzt u.a.: *Gelächter Sirenen*, Gedichte (1985); *Zivile Ziele*, Gedichte (1995); *Kopfsteinperspektive*, Prosa (2000); *Kühle Religionen*, Gedichte (2003) sowie Herausgaben (zus. mit Michael Braun): *Punktzeit. Deutschsprachige Lyrik der achtziger Jahre* (1987); *Das verlorene Alphabet. Deutschsprachige Lyrik der neunziger Jahre* (1998). Seit 2004 Hrsg. der Reihe »Poesie der Nachbarn – Dichter übersetzen Dichter« im Heidelberger Wunderhorn Verlag. – Siehe auch *die horen*, Band 202/2001, 214/2004, 218/2005, 219/ 2005, 224/2006.
S. 88: Dem ist der Mund noch warm.

Hans-Ulrich Treichel, geb. 1952 in Versmold / Westfalen, lebt in Berlin und Leipzig. Germanistikstudium an der Freien Universität Berlin, Promotion über Wolfgang Koeppen (1984), Lektor für deutsche Sprache an der Universität Salerno und an der Scuola Normale Superiore Pisa, Habilitation (1993), Berufung zum Professor am Deutschen Literaturinstitut Leipzig (1995); Poetik-Dozentur Frankfurt am Main (2000); Mitglied der Freien Akademie der Künste zu Leipzig. Zahlreiche Herausgaben, u.a. der Werkausgabe von Wolfgang Koeppen, Lyrik, Prosa, Libretto, Essay und Literaturkritik. Letzte Buchveröffentlichungen u.a.: *Der Verlorene*, Roman (1998); *Tristanakkord*, Roman (2000); *Über die Schrift hinaus, Essays zur Literatur* (2000); *Gespräch unter Bäumen, Gesammelte Gedichte* (2002); *Der irdische Amor*, Roman (2002); *Der Felsen, an dem ich hänge, Essays und andere Texte* (2005); *Menschenflug*, Roman (2005); *Südraum Leipzig*, Gedichte (2007). Zahlreiche Auszeichnungen, zuletzt u.a.: Margarete-Schrader-Preis für Literatur (2003), Annette-von-Droste-Hülshoff-Preis (2003), Hermann-Hesse-Preis (2005), Kritikerpreis (2006), Eichendorff-Literaturpreis (2006). – Siehe auch *die horen*, Band 206/2002, 219/2005.
S. 83: Einfach märchenhaft.

Julia Veihelmann, geb. 1984 in Stuttgart, seit 2003 Studium am Deutschen Literaturinstitut Leipzig in den Fächern Prosa und Lyrik.
S. 11: Abgründe.
S. 28: Brautschau.

* * *

www.die-horen.de

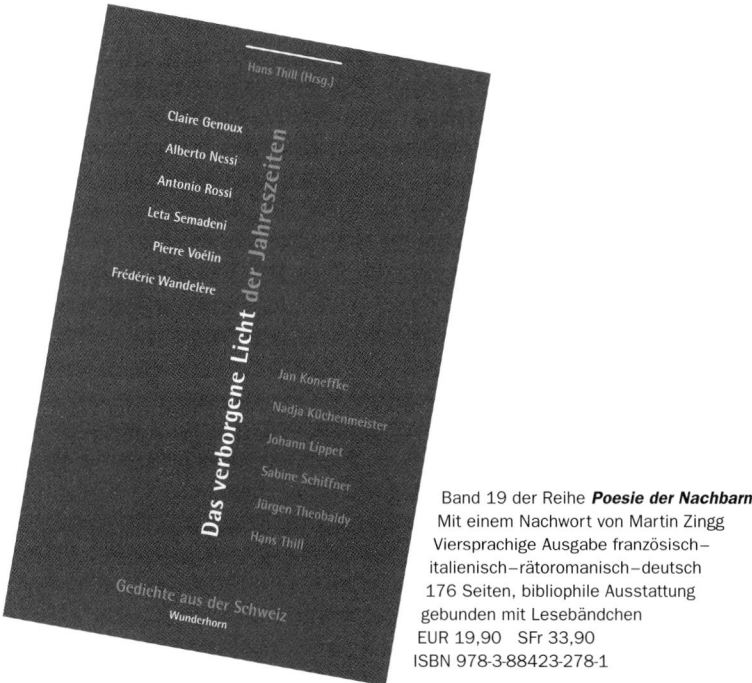

EDITION KÜNSTLERHAUS

Herausgegeben
von Michael Buselmeier

MIRELA IVANOVA
Einsames Spiel
Gedichte

Wunderhorn

HANS BENDER
Geschichten
aus dem **Kraichgau**

Wunderhorn

PETRE STOICA
Aus der Chronik des Alten
Gedichte

Wunderhorn

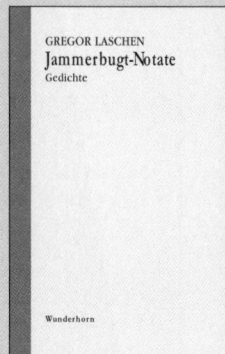
GREGOR LASCHEN
Jammerbugt-Notate
Gedichte

Wunderhorn

In Zusammenarbeit mit dem Künstlerhaus Edenkoben und dem Land Rheinland-Pfalz werden in der Reihe **Edition Künstlerhaus** jährlich zwei Titel herausgegeben: Gedichte oder Kurzprosa jeweils eines deutschen oder ausländischen Autors. Die Bände in bibliophiler Aufmachung haben einen Umfang von 48 bis 64 Seiten und kosten jeweils EUR 13,50. Alle vorgestellten Autoren haben eine Beziehung zum Künstlerhaus Edenkoben, als Vorlesende, Stipendiaten oder als Teilnehmer an der Übersetzer-Werkstatt »Poesie der Nachbarn«.

Bisher erschienen:

Hans Arnfrid Astel
Sternbilder
West-östliche Konstellationen

Hans Bender
Geschichten aus dem Kraichgau

Michael Braun
Der zertrümmerte Orpheus
Über Dichtung

Michael Donhauser
Venedig: Oktober
Halbe Sonette

Walter Helmut Fritz
Was einmal im Geist gelebt hat
Miniaturen

Ludwig Harig
Der Wiedergeborene
Reportagen

Rolf Haufs
Drei Leben und eine Sekunde
Ein Fall

Barbara Honigmann
**Am Sonntag spielt der
Rabbi Fußball**
Kleine Prosa

Mirela Ivanova
Einsames Spiel
Gedichte – Aus dem Bulgarischen
von Norbert Randow

Terje Johanssen
Die ertrunkene Stadt
Gedichte – Aus dem Norwegischen
von Michael Buselmeier, Wolfgang Butt,
Uwe Kolbe, Gregor Laschen, Brigitte
Oleschinski und Johann P. Tammen

»Eine Fundgrube
für Sammler & Entdecker!«

»Poesie Vis-à-vis«

Warten auf die Aale
– Zeitgenössische Literatur
aus dem Elsaß.
Herausgegeben von
Adrien Finck & Johann P. Tammen.
124 Seiten, 13,– Euro.
ISBN 3-89429-095-1.

Aus jenseitigen Dörfern
– Zeitgenössische sorbische Literatur.
Herausgegeben von
Kito Lorenc & Johann P. Tammen.
138 Seiten, 13,– Euro.
ISBN 3-89429-179-6.

Unverhoffte Himmel
– Zeitgenössische makedonische Poesie.
Herausgegeben von
Norbert Randow &
Johann P. Tammen.
172 Seiten, 18,– Euro.
ISBN 3-89701-987-6.

Zu beziehen über
»edition die horen«
im Wirtschaftsverlag NW
Verlag für neue Wissenschaft GmbH
Postfach 10 11 10
D-27511 Bremerhaven
Telefon 04 71/9 45 44 61
Telefax 04 71/9 45 44 88
e-mail: info@nw-verlag.de
Internet: www.nw-verlag.de

edition **die horen**

* z.Z. leider vergriffen!

»Poesie der Nachbarn«
Herausgegeben von Gregor Laschen

Mein Gedicht ist mein Körper – Poesie aus Dänemark.
192 Seiten, 13,– Euro. ISBN 3-88314-914-4.*

Inzwischen fallen die Reiche – Poesie aus Ungarn.
172 Seiten, 13,– Euro. ISBN 3-89429-036-6.

Ich bin der König aus Rauch – Poesie aus Spanien.
172 Seiten, 13,– Euro. ISBN 3-89429-121-4.

Ich hörte die Farbe blau – Poesie aus Island.
192 Seiten, 13,– Euro. ISBN 3-89429-180-X.*

Eine Jacke aus Sand – Poesie aus den Niederlanden.
192 Seiten, 13,– Euro. ISBN 3-89429-290-3.

Hör den Weg der Erde – Poesie aus Bulgarien.
188 Seiten, 13,– Euro. ISBN 3-89429-490-6.

Die Mühle des Schlafs – Poesie aus Italien.
172 Seiten, 13,– Euro. ISBN 3-89429-930-4.*

Der Finger Hölderlins – Poesie aus Frankreich.
186 Seiten, 13,– Euro. ISBN 3-89429-731-X.

Das erste Paradies – Poesie aus Norwegen.
185 Seiten, 13,– Euro. ISBN 3-89701-025-9.

Das Zweimaleins des Steins – Poesie aus Irland.
187 Seiten, 13,– Euro. ISBN 3-89701-198-0.

Die Freiheit der Kartoffelkeime – Poesie aus Estland.
175 Seiten, 13,– Euro. ISBN 3-89701-381-9.

Ich ist ein andrer ist bang – Poesie aus Rumänien.
190 Seiten, 13,– Euro. ISBN 3-89701-571-4.

Die Bogenform der Erinnerung – Poesie aus Portugal.
188 Seiten, 13,– Euro. ISBN 3-89701-729-6.

Die Heimkehr in den Kristall – Poesie aus Finnland.
185 Seiten, 13,– Euro. ISBN 3-89701-887-X.

Atmen lang von Babel her – Poesie aus Griechenland.
208 Seiten, 13,– Euro. ISBN 3-89701-985-X.

Königs Schiffe vor Eden – 15 Jahre Poesie der Nachbarn.
Eine Dokumentation.
180 Seiten, 18,– Euro. ISBN 3-89701-986-8.

**Unverhoffte Himmel /
Zeitgenössische
makedonische Poesie.
Herausgegeben von
Norbert Randow &
Johann P. Tammen.**
ISBN 3-89701-987-6.
172 Seiten, 18,-- Euro.

Ausgewählte Gedichte von
Michail Rendžov, Radovan
Pavlovski, Bogomil Gjuzel, Ef-
tim Kletnikov, Simjon Simev,
Katica Kjulavkova, Liljana Dir-
jan, Vera Čejkovska, Jordan
Danilovski & Saša Gigov Giš.
– Nachdichtungen von Anne-
marie Bostroem, Stefan Dö-
ring, Ulrike Draesner, Elke Erb,
Kerstin Hensel, Uwe Herms,
Gregor Laschen, Richard Pie-
traß, Brigitte Struzyk, Johann
P. Tammen und Ernest Wich-
ner. – Mit einem Vorwort von
Norbert Randow und Bildern
von Jovan Balov.

**Königs Schiffe vor Eden –
15 Jahre »Poesie der Nach-
barn – Dichter übersetzen
Dichter« / Bilder und
Reflexionen.
Herausgegeben von
Gregor Laschen.**
ISBN 3-89701-986-8.
180 Seiten, 18,– Euro.

Eine Dokumentation. Mit
Fotos von Ingo Wilhelm, Isolde
Ohlbaum, Paul van Schie,
Anita Schiffer-Fuchs u.v.a.m.
– Mit einem Vorsatz von Gre-
gor Laschen und poetologi-
schen Texten vieler der in 15
Jahren am Projekt beteiligten
Autoren. – »Diese zwischen
den Literaturen vermittelnde
Werkstatt hat sich wahrlich
bewährt.«

Walter Hinck / FAZ

**Atmen lang von Babel her /
Poesie aus Griechenland.
Herausgegeben von
Gregor Laschen.**
ISBN 3-89701-985-X.
208 Seiten, 13,-- Euro.

Gedichte von Katerina
Angelaki-Rooke, Stratis
Paschalis, Maria Kyrtzaki,
Maria Topali, Mimis Souliotis
und Charis Vlavianos –
Nachdichtungen von Róža
Domašcyna, Gerhard Falkner,
Dorothea Grünzweig, Rolf
Haufs, Gregor Laschen und
Johann P. Tammen. – Mit
einem Nachwort von Torsten
Israel und neun Bildern von
Hans Arp.

»POESIE DER NACHBARN –
DICHTER ÜBERSETZEN
DICHTER.«

Eine literarische Reihe aus-
gewählter Gedichte der europäischen Moderne.

Die bibliophile Quadrat-
buchreihe. Zweisprachig,
illustriert, kommentiert und
mit bio-bibliographischen
Daten der beteiligten Dichter
und Nachdichter.

»Poesie Vis-à-vis« –
Blicke zum Nachbarn.

> Es ist eine Lust, in diesen Büchern zu lesen, die zweisprachig und
in exzellenter Aufmachung einen wahren Vorschein spiegeln
vom europäischen Traum der Gemeinsamkeiten.
> LUDWIG HARIG / SÜDDEUTSCHE ZEITUNG

> Mal wieder so ein Abend querdurch, so ein Wühl und Plansch-
abend. Bücherbadetag. Allein die Alben der ›edition die horen‹,
herausgegeben von Gregor Laschen: Zweisprachig natürlich ...
Gott erhalt's!
> BENEDIKT ERENZ / DIE ZEIT

»Das Meer ein altehrwürdiges / Haus ist aus erfundenem Holz.«

(Der Tischkalender)

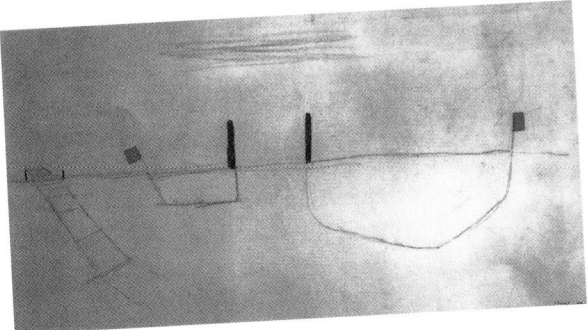

Johann P. Tammen

... UND HIMMELWÄRTS MEERE
... AND SKYWARD THE SEAS
... FARRAIGÍ I DTREO NA SPÉIRE

Ausgewählte Gedichte/Selected Poems/Rogha Dánta

Schreibheft

€ 10,50 (D)

Zeitschrift für Literatur

IM FALTENWURF DER ZEIT STEHT DER GEDANKE STILL – GHÉRASIM LUCA: EINE ZUMUTUNG
Ghérasim Luca: Der passive Vampir. Das Geheimnis der Leere und der Fülle. *Prosa* **Ghérasim Luca:** Bumerang. Der tote Tod. Das Wortmaterial. *Gedichte* **Stefan Ripplinger:** Je wird Jeu. *Ghérasim Lucas Spiel mit der Existenz* **Ann Cotten:** L'espionne laconique quête la voie confuse. *Auto und Tauto lesen Luca*

SELBSTAUSSAGEN IM KONJUNKTIV – HELMUT HEISSENBÜTTEL: EINE HOMMAGE
Helmut Heißenbüttel: QuasiAutobiographie. *13 Ansätze zur Selbstaussage* **Helmut Heißenbüttel:** 10 Lektionen über Das Reich **Helmut Heißenbüttel:** Hommage à Henri Michaux **Helmut Heißenbüttel, Radioredakteur** Aus den Korrespondenzen mit Theodor W. Adorno, Arno Schmidt und Hans Magnus Enzensberger

Herausgegeben von Norbert Wehr

67

Rigodon-Verlag
Nieberdingstr. 18
D-45147 Essen
Tel.: 0201-778111 / Fax: 0201-775174
E-mail: schreibheft@netcologne.de
www.schreibheft.de

Neu in der edition text + kritik

EXILFORSCHUNG
Ein internationales Jahrbuch
Herausgegeben von Claus-Dieter
Krohn, Erwin Rotermund, Lutz Winck-
ler und Wulf Koepke unter Mitarbeit
von Inge Hansen-Schaberg

Band 24/2006
**Kindheit und Jugend im Exil –
Ein Generationenthema**
etwa 290 Seiten
ca. € 31,--/sfr 54,10
ISBN 3-88377-844-3

Kindheit unter den Bedingungen
von Verfolgung und Exil muss einerseits als komplexes, tief gehen-
des und oftmals traumatisches Geschehen gesehen werden, andererseits können produktive, kreative
Lebensentwürfe nach der Katastrophe zu der nachträglichen Bewer-
tung des Exils als Bereicherung
geführt haben. Dem wird in diesem
Band anhand neu erschlossener
Quellen begegnet.

Anne Maximiliane Jäger (Hg.)
**»Einmal Emigrant –
immer Emigrant?«
Der Schriftsteller und Publizist
Robert Neumann (1897 – 1975)**
etwa 260 Seiten
ca. € 25,--/sfr 43,80
ISBN 3-88377-845-1

Der Band zu Robert Neumann
(1897 – 1975) versammelt Aufsätze
zu den autobiografischen Schriften, die in ihrer Mischung aus
Fakten und Fiktionen ein instruk-
tives Beispiel für die Autobiografie
zwischen historischem Doku-
ment und literarischer Identitäts-
konstruktion bieten; zu seiner
Rolle als eigenwilliger Aufklärer
im Rahmen der deutschen
Nachkriegsgegenwart; zu Aspekten
seiner erzählenden Prosa bis
hin zum »Werkstattbericht« über
die gerade entstehende kommentierte Teiledition seines
Nachlasses.

edition text + kritik
Postfach 80 05 29 | 81605 München | Levelingstraße 6 a | 81673 München
info@etk-muenchen.de | www.etk-muenchen.de

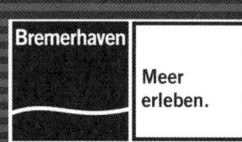

Felici

Caffè Bar

... ein Kurzurlaub in Italien:
Espresso delicato, Tramezzini, Pasta!

Öffnungszeiten:
Montag bis Samstag: 8.00 - 22.00 Uhr,
Sonntag: Ruhetag, Terrasse bis 22.00 Uhr

Am Schweizer Platz, 60594 Frankfurt am Main
Telefon (069) 96 23 08 17, Telefax (069) 96 23 08 19

Wallstein Literatur

Frühjahr 2007

www.wallstein-verlag.de
info@wallstein-verlag.de

Ulf Erdmann Ziegler
Hamburger Hochbahn
Roman
330 S., geb., Schutzumschlag
€ 19,90 [D]; € 20,50 [A]; SFr 34,50
ISBN 978-3-8353-0096-5

»Architekt wird man, wenn man zur Kunst keinen Mut hat und Physik auf die Dauer zu anstrengend findet.«

Gregor Sander
Abwesend
Roman
156 S., geb., Schutzumschlag
€ 16,– [D]; € 16,50 [A]; SFr 28,40
ISBN 978-3-8353-0143-6

»Ihr seid wirklich die bekanackteste Familie, die ich kenne. Eine kommunistisch-ypsch-kapitalistische Familie mit einer Filiale in der neutralen Schweiz. Ich meine, besser kann es nicht laufen.«

Ruth Klüger
Gelesene Wirklichkeit
Fakten und Fiktionen in der Literatur
222 S., geb., Schutzumschlag
€ 22,– [D]; € 22,70 [A]; SFr 37,90
ISBN 978-3-8353-0026-2

»Man braucht kein Germanist zu sein, um Ruth Klügers Literatur-Essays mit Faszination zu lesen, ihre Argumentation ist scharfsinnig, ihr Stil lakonisch und pointiert, ihr Urteil unerbittlich, aber immer nachvollziehbar.«
Sigrid Löffler, ORF

Fred Wander
Hôtel Baalbek
Roman
Mit einem Nachwort von Erich Hackl
ca. 240 S., geb., Schutzumschlag
ca. € 19,90 [D]; € 20,50 [A]; SFr 34,50
ISBN 978-3-8353-0150-4

»Wer von den Werken Ruth Klügers oder Imre Kertész spricht, muß auch das von Fred Wander nennen.«
die tageszeitung

David Constantine
Etwas für die Geister
Gedichte
Übersetzt von Johanna Dehnerdt und Hauke Hückstadt
ca. 192 S., geb., Schutzumschlag
ca. € 22,– [D]; € 22,70 [A]; SFr 37,90
ISBN 978-3-8353-0103-0

»Dichtung wird aus Wörtern gemacht, und Wörter sind eine gängige Währung.«
David Constantines Gedichte in einer zweisprachigen Ausgabe.

Daniel Hoffmann
Lebensspuren meines Vaters
Eine Rekonstruktion aus dem Holocaust
272 S., geb., Schutzumschlag
ca. € 24,– [D]; € 24,30 [A]; SFr 41,20
ISBN 978-3-8353-0149-8

Auf der Grundlage von Aufzeichnungen, Erzählungen, Briefen, Dokumenten und Gesprächen erzählt ein Sohn die Geschichte seines jüdischen Vaters von den zwanziger Jahren bis ins Nachkriegsdeutschland.